Netzwerkforschung

Herausgegeben von
R. Häußling, Aachen
C. Stegbauer, Frankfurt am Main

In der deutschsprachigen Soziologie ist das Paradigma der Netzwerkforschung noch nicht so weit verbreitet wie in den angelsächsischen Ländern. Die Reihe „Netzwerkforschung" möchte Veröffentlichungen in dem Themenkreis bündeln und damit dieses Forschungsgebiet stärken. Obwohl die Netzwerkforschung nicht eine einheitliche theoretische Ausrichtung und Methode besitzt, ist mit ihr ein Denken in Relationen verbunden, das zu neuen Einsichten in die Wirkungsweise des Sozialen führt. In der Reihe sollen sowohl eher theoretisch ausgerichtete Arbeiten, als auch Methodenbücher im Umkreis der quantitativen und qualitativen Netzwerkforschung erscheinen.

Herausgegeben von
Roger Häußling, Aachen
Christian Stegbauer, Frankfurt am Main

Marina Hennig · Christian Stegbauer (Hrsg.)

Die Integration von Theorie und Methode in der Netzwerkforschung

 Springer VS

Herausgeber
Marina Hennig   Christian Stegbauer

Springer VS
ISBN 978-3-531-17865-3   ISBN 978-3- 531-93464-8 (eBook)
DOI 10.1007/978-3-531-93464-8

Die Deutsche Nationalbibliothek verzeichnet diese Publikation in der Deutschen Nationalbibliografie;
detaillierte bibliografische Daten sind im Internet über http://dnb.d-nb.de abrufbar.

© Springer Fachmedien Wiesbaden 2012

Einbandentwurf: KünkelLopka Medienentwicklung, Heidelberg

Gedruckt auf säurefreiem und chlorfrei gebleichtem Papier

Springer VS ist eine Marke von Springer DE.
Springer DE ist Teil der Fachverlagsgruppe Springer Science+Business Media
www.springer-vs.de

Inhalt

Probleme der Integration von Theorie und Methode in der Netzwerkforschung

Christian Stegbauer / Marina Hennig

Viele Menschen sprechen von sozialen Netzwerken. Schlägt man die Zeitung auf, hört man Politikern zu oder liest die wissenschaftlichen Journale unterschiedlicher Disziplinen, überall ist der Begriff des sozialen Netzwerkes präsent. Dabei meinen häufig diejenigen, die von sozialen Netzwerken reden, völlig unterschiedliche Sachverhalte. Oft wird auf Internetportale zur Beziehungspflege Bezug genommen oder einfach auf die auf die uns allen bekannte Erfahrung, über die Nützlichkeit von sozialen Kontakten zu anderen verwiesen. Dabei wird betont, dass „es nicht unbedingt darauf ankomme, was man weiß, sondern wen man kennt". In der Wissenschaft wird der Begriff des sozialen Netzwerks in den verschiedensten Disziplinen wie der Sozialpsychologie, der Anthropologie, der Politik-, Wirtschafts- und Sozialwissenschaften usw. verwendet und ist dort meist etabliert oder in der Etablierung begriffen.

Mit Hilfe der Netzwerkforschung können soziale Phänomene in den genannten Disziplinen besser erklärt werden. Jedoch sind Untersuchungen in diesen Bereichen voraussetzungsvoll. So muss eine empirische Netzwerkforschung drei Komponenten integrieren. Dies sind eine angemessene Theorie, eine Methode, die in Bezug zur Theorie steht und es müssen die entsprechenden Daten (Anwendung) vorhanden oder mit den zur Verfügung stehenden Mitteln beschaffbar sein. Mit den Schwierigkeiten, die sich aus diesem Dreiklang ergeben, mehr aber den darin enthaltenen Chancen, für das Verständnis von Sozialem beschäftigt sich das hier vorliegende Buch.

Alle drei Komponenten, die Theorie, die Methodologie und die Zugänglichkeit an Daten haben sich in den letzten Jahren enorm entwickelt. Tatsächlich sind auf diesem Gebiet durch die Beteiligung von Disziplinen wie der Mathematik, der Informatik und der Steigerung der Rechnerkapazitäten zahlreiche Fortschritte zu verzeichnen. Das Potential der Netzwerkforschung lässt sich nach unserer Überzeugung wesentlich steigern, wenn wir aufzeigen, wie sich die verschiedenen Fortschritte besser verzahnen lassen. Ein Anliegen des Buches ist es, die für die Netzwerkforschung konstitutive Frage zu behandeln, wie in der Netzwerkanalyse (als Methode), die Erhebung und Zugänglichkeit von Daten und die Netzwerktheorie stärker zu integrieren sind.

Die Netzwerkforschung hat bereits bedeutsame Fortschritte zur Beantwortung gesellschaftsrelevanter Fragen auf verschiedenen Ebenen hervor gebracht. Allerdings sind die hier gestellten Fragen in der Praxis immer zu beantworten. Aus diesem Grund fragen wir, mit welchen empirischen Methoden unsere soziologischen Theorien untersuchbar sind und inwiefern aus den angewendeten Theorien neue Methoden erwachsen sollen. Daher ist es wichtig einerseits den Austausch zwischen empirischer Forschung und Methodenentwicklung zu befördern und zum anderen zwischen den verschiedenen Wissenschaftsdisziplinen, die an der Entwicklung der einzelnen Bereiche in der Netzwerkforschung beteiligt sind. Denn die Netzwerkforschung selbst ist ein Netzwerk unterschiedlicher Wissenschaftsdisziplinen und Anwender, die in sehr unterschiedlicher Weise Einfluss auf die Netzwerkforschung nehmen.

So wurden Anwendungen von Methoden der Analyse und der Veranschaulichung, vor allem in der Physik, Mathematik und Informatik entwickelt. Die Theorien stammen aus ebenso verschiedenen Wurzeln (vor allem Ethnologie, Psychologie, Soziologie). Diese heterogene Herkunft hat für eine Vielfalt an theoretischen Standpunkten gesorgt. Ganz ähnlich ist es mit den Methoden. Es handelt sich nicht um ein einheitliches methodologisches Gerüst mit dem die Netzwerkforschung zu tun hat. Die Methoden entstammen eben auch aus den unterschiedlichen methodologischen Traditionen mit ihren dazugehörigen Theorien. Eine gemeinsame Grundlage aller Richtungen bildet die Untersuchung von Beziehungsstrukturen. Diese kann aber an ganz unterschiedlichen Zugriffspunkten und Aggregatebenen erfolgen.

Man kann also von unterschiedlichen Warten aus Netzwerkforschung betreiben. Möglich ist es beispielsweise, den Einzelnen in das Blickfeld zu nehmen. Man analysiert dann die Beziehungen eines fokalen Akteurs zu den Alteri und vielleicht auch die Bezüge dieser Alteri untereinander. Eine solche Analyse kann qualitativ, etwa mittels Netzwerkkarten erfolgen oder quantitativ, indem ein Netzwerkgenerator in einer Bevölkerungsumfrage mitläuft. Verhalten, Einstellungen oder der ganze Habitus (Beitrag Hennig/Kohl in diesem Band) einer Person, als Aggregate einer Klasse oder Schicht können, so der Anspruch aus solchen Daten erklärt werden. Bei einer solchen Vorgehensweise kann man Attribute mit Netzwerkerkenntnissen verbinden und erhält auf diese Weise informativere Daten, als wenn man sich auf eines der beiden Gebiete beschränkt. Eine theoretische Fundierung solchen Vorgehens findet man beispielsweise in Bourdieus Überlegungen zur Reproduktion der Klassengesellschaft über die sozialisatorische Aneignung kulturellen und sozialen Kapitals mit dem jeweils klassenspezifischen Habitus. Wurzeln dieser Sichtweise finden sich bei Marx.

Eine andere Vorgehensweise findet sich bei der Erhebung gesamter Netzwerke – hier spielen Eigenschaften von Personen eine weit geringere, eher zu vernachlässigende Rolle. Hier analysiert man ein (wie auch immer) abgegrenztes Netzwerk und interessiert sich für die Beziehungsstruktur in diesem Gesamtnetzwerk. Meist liegen für solche Gesamtnetzwerke weniger gehaltvolle Informationen über die einzelnen Teilnehmer vor – dafür weiß man in der Regel mehr über die Möglichkeiten von Informationsflüssen, über die Gruppenkonstellation und über die Positionen innerhalb des umgrenzten Rahmens. Es interessiert also meist nicht der Einzelne mit seiner individuellen Sozialisation, sondern die Situation oder eine in einer Abfolge von Situationen entstandene Beziehungsstruktur. Hier würde man sagen, ist die Situation bedeutender als die Sozialisation. Man hat also eine ganz andere Auffassung von der Entstehung und Bedeutung des Sozialen. Eine theoretische Fundierung findet sich hier stärker in allen Erklärungen, die Situationen, Konstellation und die emergente Strukturen betrachten. Korrespondenzautoren auf einer sehr allgemeinen Ebene wären Simmel, Goffman, White.

Der Aufbau des Buches orientiert sich an unserem Anliegen. In einem ersten Teil werden schwerpunktmäßig Methoden und Theorien behandelt. Der zweite Teil widmet sich stärker

Anwendungsbeispielen. Wir beginnen mit einem theorieorientierten einführenden Text von Marina Hennig und Steffen Kohl, der den Versuch unternimmt, Netzwerkstruktur und im Habitus begründete Verhaltensmuster zusammen zu denken.

Die weiteren Beiträge des ersten Teils sind stärker mit der methodologischen Fundierung der Netzwerkforschung verbunden. Beschreibungen von Netzwerkstrukturen möchten oft die Bedeutung einzelner Akteure in einem Gesamtnetzwerk untersuchen. Hierzu wurden eine Reihe von Zentralitätsmaßen entwickelt (z.B. Freeman 1977; 1979). Die Berechnung von Zentralitätsmaßen zählt mittlerweile zu den Standardverfahren in der Gesamtnetzwerkforschung. Wie immer, wenn sich Verfahren sehr weit etabliert haben, findet man Beispiele mit falschen Interpretationen dieser Maßzahlen. Der Beitrag von Ulrik Brandes, Sven Kosub und Bobo Nick geht hierauf ein und stellt die grundsätzliche Frage danach, was eigentlich mit Zentralitätsmaßen gemessen wird. An verschiedenen Beispielen machen die Autoren deutlich, wo Probleme in der Anwendung der verschiedenen Maßzahlen liegen.

Im nächsten Beitrag wird ein anderes grundlegendes Problem der Netzwerkforschung behandelt. Es geht darum, wie Analysen interpretiert werden und wo Grenzen der Interpretation vorhanden sind. So sieht der Forscher die Beziehungen in einem sozialen Raum immer anders als die Beteiligten selbst. Ein Umstand, der sich aus der meist verwendeten Methode der Aggregierung von Individualauskünften über Beziehungen ergibt (m.a.W. der Aggregation von egozentrierten Netzwerken). Im Beitrag von Christian Stegbauer wird gezeigt, dass es systematische Unterschiede zwischen der Betrachtung von Forschern und Beteiligten selbst gibt und deren Konsequenzen werden angedeutet. Hierbei werden Beispiele aus Erhebungen der kognitiven sozialen Struktur in Schulklassen verwendet.

Mit Daten aus Netzwerken, die in Schulklassen erhoben wurden, arbeitet auch der folgende noch stärker formal-methodisch orientierte Beitrag von Michael Windzio. Er behandelt die Frage, wie man mit fehlenden Netzwerkpersonen umgeht, wenn man mit p*-Regressionsmodellen arbeitet. Bei der vorgeschlagenen Lösung handelt es sich um ein Verfahren der Imputation, also der Vervollständigung der fehlenden Daten.

Um soziale Ressourcen, die sich in Sozialkapital ausdrücken lassen, geht es im folgenden Beitrag von Sören Petermann. Er stellte sich in seinem Beitrag der Herausforderung wie sich der Gesamtumfang sozialen Kapitals angemessen operationalisieren und empirisch bestimmen lässt. Seine Überlegungen werden am Beispiel einer Bevölkerungsbefragung in Nordrhein-Westfalen und Sachsen-Anhalt dargestellt. Im letzten Beitrag des ersten Buchabschnitts geht es um eine Verknüpfung der Feldanalyse mit der Netzwerkforschung. Steffen Bernhard geht der Frag nach, wie sich die Netzwerkanalyse in einen solchen Rahmen einbetten lassen. Er schlägt den Weg vor, quantitative und (dominierend) qualitative Verfahren der Netzwerkanalyse triangulativ zu verzahnen.

Der zweite Bereich des Buches konzentriert sich stärker auf Anwendungsbeispiele. Hier sind solche Beiträge gesammelt, bei denen nicht so sehr das Lösen eines methodologischen oder theoretischen Problems im Vordergrund steht. Die Aufsätze in diesem Abschnitt sind stärker an eher praktisch zu nennenden Untersuchungsobjekten orientiert und zeigen hieran Forschungsmöglichkeiten auf. Natürlich werden in den hier versammelten Beiträgen auch die unterschiedlichen Aspekte der Theorie, der Daten und des empirischen Zugangs zusammen adressiert. Der zweite Teil beginnt mit Studien über Schule und Wissen, in dem zwei Aufsätze zusammen geordnet sind. Zunächst wird von Imke Dunkake der Versuch unternommen, den Bildungserfolg von Schülern auf Beziehungsstrukturen, die netzwerkanalytisch erfasst werden, zurück zu führen. Ein Aspekt davon ist die Untersuchung der Beziehung von Schulleistungen und Stellung im Klassenverband.

Kollaborationsprozesse bei der Wissensproduktion stehen im Mittelpunkt des Beitrags von Iassen Halatchliyski und Ulrike Cress, welche die Zusammenarbeit verschiedener Autoren am Beispiel von Wikipedia untersuchen. Insbesondere werden die Verbindungslinien zwischen zwei benachbarten Wissensgebieten betrachtet.

Der folgende und letzte Buchabschnitt wurde von uns mit „Organisation und Raum" überschrieben. Der erste Beitrag von Herbert Schubert, Holger Spieckermann und Michael Noack befasst sich mit der Kooperation unterschiedlicher Organisationen aus dem Nonprofit und Profit-Bereich in Nordrhein-Westfalen. Mit dem Ansatz wurde versucht, Hinweise für unterschiedliche Muster der interorganisationalen Zusammenarbeit zwischen Nonprofit und Profi-Organisationen zu finden.

Anika Neumann und Tobias Schmidt befassen sich im letzten Beitrag des Buches mit den Voraussetzungen des Wirksamwerdens von sog. „Raumpionieren". Bei letzteren handelt es sich um Akteure oder Gruppen von Akteuren, die Ideen für die neue Nutzungsformen von geographischen Stadträumen ins Spiel bringen. Die Autoren weisen darauf hin, dass zur Erklärung der Wirkung der dadurch erzeugten neuen Sichtweisen das Eingebettetsein in eine spezifische Netzwerkstruktur nicht ausreicht. Um Ideen bedeutungsvoll werden zu lassen, ist ihr Wissen, die Art und Weise, wie sie kommunizieren und warum sie sich engagieren von Bedeutung.

Zur Orientierung des Lesers haben wir die Autoren gebeten, jeweils eine Seite mit einer Zusammenfassung den einzelnen Beiträgen voranzustellen. Die Zusammenfassung gibt nicht nur Hinweise auf den Inhalt der Untersuchung, sie soll auch hinsichtlich der Bezugstheorie, der Daten und der verwendeten Methode, orientieren.

Die von uns gewählte Form des Sammelbandes erscheint uns geeignet, der Netzwerkforschung und den Vertretern unterschiedlicher Wissenschaftsdisziplinen eine gemeinsame Plattform zu geben. Meist sind die Disziplinen in ihrer Forschung bzw. Anwendung auf sich selbst gestellt. Oft sind die netzwerkanalytischen Herangehensweisen dort noch neu und erst in der Etablierung begriffen. Die Netzwerkforschung als interdisziplinäres Forschungsgebiet ermöglicht es aber die verschiedenen Bereiche miteinander in Kontakt zu bringen und so die interdisziplinäre Forschung voranzutreiben. Dabei gilt es nicht nur die unterschiedlichen Herangehensweisen der Disziplinen an die Netzwerkanalyse zu konstatieren sondern auch ein Verständnis für die unterschiedliche Sprache und Vorgehensweisen der Disziplinen zu entwickeln. Wenn wir das tun, dann können wir erwarten, dass es möglich wird, noch stärker voneinander zu lernen. Hierdurch wird die Forschung verbessert und mit Hilfe der neuen Ideen, die zwischen den Fächern zirkulieren, entstehen neue Sichtweisen auf die jeweils eigene Disziplin. Es ist zu erwarten, dass hierdurch Impulse ausgelöst werden, die das Potential besitzen, zu beträchtlichen Veränderungen in den jeweiligen Disziplinen zu führen. Netzwerkforschung in diesem Zusammenhang ermöglicht das Brückenbauen zwischen ansonsten abgeschotteten Bereichen. Die Netzwerkforschung (Burt 1992) sieht in solchen Beziehungen über ansonsten eher abgeschottete Bereiche hinaus, das größte Potential für Innovationen. Unsere Idee mit dem vorliegenden Band ist es also auch, ein solches Netzwerktheorem praktisch in der Forschung wirksam werden zu lassen. Aus diesem Grunde liegt uns daran, gemeinsam den zukünftigen Entwicklungsprozess zu gestalten. Hierin liegen zu gestaltende Herausforderungen einerseits und großartige Chancen andererseits, die sich immer in einem interdisziplinären Forschungsfeld stellen und mit denen auch dieses Buch konfrontiert ist. Das Buch repräsentiert eine große Breite an Zugängen zur Netzwerkforschung.

Das Buch hat aber auch noch eine weitere Funktion: Wir schaffen damit die Möglichkeit, die Ansätze und Themen in der Netzwerkforschung in einer Weise sichtbar zu machen, wie es mit Aufsätzen in renommierten Fachzeitschriften der einzelnen Disziplinen kaum möglich ist. Wir hoffen mit diesem Sammelband nicht nur Probleme der Integration von Theorie und Methode in der Netzwerkforschung anzusprechen, sondern auch den zukünftigen Austausch zwischen verschiedenen Wissenschaftsdisziplinen und praktischen Anwendern weiter zu befördern.

Literatur

Burt, Ronald S. (1992): *Structural holes. The social structure of competition.* Cambridge, Mass.: Harvard University Press.

Freeman, L. C. (1977): A set of measures of centrality based on betweenness. *Sociometry* 40: 35–41.

Freeman, L. C. (1979): Centrality in social networks: Conceptual clarification. *Social Networks*, 1(3): 215–239.

Fundierung der Netzwerkperspektive durch die Habitus und Feldtheorie von Pierre Bourdieu

Marina Hennig / Steffen Kohl

Abstract

Netzwerke nehmen eine Vermittlungsposition zwischen Mikro- und Makroebene ein, denn was wir als gesellschaftliche Realität wahrnehmen, spielt sich in Netzwerken oder durch Netzwerke ab. Ein wesentliches Problem in der Netzwerkforschung besteht bisher jedoch darin, dass soziale Netzwerke ofensichtlich über Strukturen verfügen, die zwar mit dem netzwerkanalytischen Instrumentarium adäquat beschrieben werden können, soziale Strukturen aber mehr umfassen als mit manifesten Interaktionsbeziehungen erfasst wird. Das heißt, dass die netzwerkanalytische Forschung zwar einen wichtigen Aspekt sozialer Strukturen erfasst, die Mikro-Makro-Problematik allerdings über soziale Beziehungsnetzwerke hinaus weist. Vor diesem Hintergrund ist das Ziel unseres Beitrages, die Netzwerkforschung stärker theoretisch zu fundieren und damit eine Grundlage für die gleichzeitige Berücksichtigung von Makro- und Mikroebene bei der Erklärung sozialen Handelns zu schaffen. Dazu verknüpfen wir Bourdieus Habitus- und Feldtheorie mit den Grundannahmen der Netzwerkforschung. Durch diese Verknüpfung wird es möglich, Netzwerkstrukturen als Muster sozialer Praktiken zu beschreiben, die durch mikro- und makrostrukturelle Merkmale wechselseitig hervorgebracht und beeinflusst werden. Mit Hilfe der egozentrierten Netzwerkanalyse konnten wir das geschaffene theoretische Fundament empirisch validieren. Im Zentrum der empirischen Untersuchung des Zusammenhangs von Habitus und Netzwerkstruktur stand die kombinierte Erhebung von Milieuzugehörigkeit, Gesellungsstilen und egozentrierten Netzwerken. Im Ergebnis zeigt sich, dass ein Großteil der Netzwerkstrukturmerkmale eng mit Habitusmerkmalen (Milieu und Gesellungsstil) verbunden sind. Die theoretische Verknüpfung von Habitus/ Feldtheorie und der Netzwerkanalyse und deren empirische Validierung liefert uns einerseits ein theoretisches Fundament für die Netzwerkforschung, andererseits eine Grundlage zur weiteren empirischen Erforschung des wechselseitigen Zusammenhanges von Makro- und Mikroebene bzw. Habitus und Netzwerken.

1. Einleitung

Warum soll die Netzwerkperspektive fundiert werden? Ausgangspunkt für die Notwendigkeit einer theoretischen Fundierung der Netzwerkperspektive ist die Kritik, dass in ihr sowohl die Eigenaktivitäten der Individuen eines sozialen Netzwerkes als auch die gesellschaftlich vorgegebenen handlungsrelevanten Normen und Werte vernachlässigt werden (vgl. Trezzini 1998, Windeler 2001). In der Regel wird versucht, emergente Aggregationsphänomene mit Hilfe der Netzwerkperspektive zu erklären. Das ist darauf zurückzuführen, dass die Struktur innerhalb der Netzwerkperspektive nicht als eine von Individuum unabhängige Realität angesehen wird. Im Gegenteil, sie entsteht eben gerade durch die konkreten Interaktionsbeziehungen zwischen den Individuen und kann deshalb nicht losgelöst davon erfasst werden. Das ursprünglich zum Augsangspunkt genommene eigenständige Individuum wird jedoch wieder ausgeblendet, wenn es in der Folge nur noch um die beschränkenden Auswirkungen sozialer Strukturen auf die Handlungsmöglichkeiten dieser Individuen geht (vgl. Wellman 1988, 20). Die Netzwerkperspektive startet von den sichtbaren empirischen Sozialbeziehungen, um daraus die emergenten Strukturen eines sozialen Systems abzuleiten und unterschiedliche Positionen oder Rollen von Einheiten innerhalb eines Interaktions- bzw. Beziehungsnetzwerkes zu bestimmen.

> „Somit liefert die Netzwerkanalyse in erster Linie deskriptive und komplexitätsreduzierende Erkenntnisse zu Interaktionszusammenhängen, die zwar einen wichtigen, aber eben nur einen Teil eines umfassenden Sozialstrukturkonzeptes ausmachen." (Trezzini 1998, 522)

Das liegt vor allem daran, dass die Grundposition der Netzwerkanalyse durch einen relationalen Strukturalismus geprägt ist, in dem konkrete soziale Beziehungen zum Ausgangspunkt für das Auffinden emergenter sozialer Strukturen gemacht werden. Schwierig wird es daher, wenn danach gefragt wird, wie sich existierende Netzwerke überhaupt herausgebildet haben, sich reproduzieren oder sich verändern. So führt die reduktionistische Gleichsetzung von Sozialstruktur mit der Beziehungsstruktur in der Netzwerkanalyse zu einem eingeschränkten Strukturbegriff. Beispielsweise ist die Feststellung von Granovetter, dass das Auffinden eines Jobs unter anderen vom jeweiligen Beziehungsnetz abhängt, durchaus richtig und wichtig. Warum ein solches Beziehungsnetz aber gerade so ausgestaltet ist, wie es ist, bleibt unklar (vgl. Trezzini 1998).

Ein wesentliches Problem in der Netzwerkforschung besteht bisher darin, dass jedes soziale Netzwerk offensichtlich über eine Struktur verfügt, die mit dem netzwerkanalytischen Instrumentarium adäquat beschrieben werden kann, es wäre jedoch verkürzt, anzunehmen, dass sich soziale Strukturen erschöpfend über die Struktur von manifesten Interaktionsbeziehungen erfassen lassen (vgl. Trezzini 2010). Das heißt, dass die netzwerkanalytische Forschung zwar einen wichtigen Aspekt sozialer Strukturen erfasst, die Mikro-Makro-Problematik allerdings über soziale Beziehungsnetzwerke hinaus weist (vgl. Trezzini 2010), denn Netzwerke nehmen eine Vermittlungsposition (Weyer 2000) zwischen Mikro und Makroebene ein. Das bedeutet, dass sich alles, was wir als gesellschaftliche Realität wahrnehmen, in Netzwerken oder durch Netzwerke abspielt.

> „In einer solchen Sichtweise werden Intentionen und Handlungen von individuellen und kollektiven Akteuren der Mikroebene, die Einbettung dieser Akteure in ein übergreifendes Netzwerk sozialer Interaktionen der Mesoebene und kollektive Systemmerkmale und emergente Struktureigenschaften der Makroebene zugeordnet." (Trezzini 2010: 196)

Mit Blick auf die Mikro-Makro-Problematik finden sich zur theoretischen Unterfütterung der Netzwerkanalyse einige vielversprechende Anstrengungen im Rahmen des Rational-Choice-Ansatzes (Doreian 2006; Hummon 2000), des Strukturationsansatzes von Giddens (Haines 1988) und der Systemtheorie von Luhmann (Bommes und Tacke 2005; Holzer 2008; White et al. 2007).

Auf Bourdieus Habitus- und Feldtheorie zur Fundierung der Netzwerkanalyse wurde bisher leider selten (lediglich De Nooy 2003; Gulas 2007; Bernhard 2008) Bezug genommen, denn aus unserer Sicht finden sich hier einige interessante Ansatzpunkte für die Verbindung von Mikro- und Makroebene, die wir für die Netzwerkanalyse fruchtbar machen wollen. Unser Ziel ist es daher, die Netzwerkanalyse mit der Habitus- und Feldtheorie von Pierre Bourdieu zu verknüpfen und die Netzwerkanalyse damit theoretisch zu fundieren. Sowohl der Netzwerkanalyse als auch der Habitus- und Feldtheorie liegen relationale Sichtweisen zu Grunde, die die Verknüpfung beider Ansätze ermöglichen. Im Sinne der Habitustheorie können Netzwerkstrukturen als Muster sozialer Praktiken angesehen werden, denen tiefer liegende Strukturen zu Grunde liegen, die durch den Habitus der Akteure entstehen und verändert werden. Damit werden soziale Netzwerke in ihrer Abhängigkeit von sozialstrukturellen Akteursposition und den damit verbundenen Handlungsdispositionen betrachtet und erklärt. Durch die Einbeziehung der Feldtheorie als Äquivalent zum Habitus wird den Handlungsmotiven unabhängig vom Netzwerk sowie den Wert- und Normvorstellungen der Akteure ein theoretischer Raum gegeben (vgl. Beckert 2005).

Im Laufe des Beitrages werden wir beide Ansätze zunächst in ihren Grundannahmen kurz skizzieren und auf die wesentlichen Punkte der Verknüpfung eingehen. Anschließend werden einige der daraus resultierenden theoretischen Überlegungen an einem empirischen Beispiel verifiziert. Die Daten dazu wurden im Rahmen eines von der DFG geförderten Forschungsprojektes mit einer kleinen Stichprobe von 53 Personen erhoben. Die Datenerhebung hat sich dabei streng an den theoretischen Arbeiten zur Verknüpfung von Habitus-/Feldtheorie und Netzwerkperspektive orientiert.

2. Die Grundannahmen der Habitus- und Feldtheorie

Die relationale Weltsicht bildet die Grundlage des bourdieuschen Denkens:

> „Sie behauptet nämlich, dass die ganze mit ihm bezeichnete „Realität" darauf beruht, dass die Elemente, aus denen sie besteht, einander wechselseitig äußerlich sind. Die von außen und direkt sichtbaren Lebewesen, ob Individuen oder Gruppen, leben und überleben nur im und durch den Unterschied, das heißt nur insofern, als sie relative Positionen in einem Raum von Relationen einnehmen, die obgleich unsichtbar und empirisch stets nur schwer nachzuweisen, die realste Realität (...) und das reale Prinzip des Verhaltens der Individuen und der Gruppen darstellen." (Bourdieu 1998: 48)

Bourdieu benutzt einen Strukturbegriff, der auf einer Begriffstrias von Raum, Feld und Habitus basiert. Während sich der Raumbegriff auf die Sozialstruktur in der Makroebene bezieht und im Wesentlichen die relative Verteilung von Geld und Bildung umfasst, zielt der Feldbegriff auf individuelle Bereiche wie Geschmack und Lebensstil auf der Mikroebene ab. Der

Habitus ist dabei das Verbindungselement zwischen Raum und Feld und gleichsam struktu-rierte und strukturierende Struktur. Struktur entsteht bei Bourdieu aus den objektiven Bezie-hungen, die sich in der Positionierung von Individuen im sozialen Raum von arbeitsteiligen Gesellschaften widerspiegeln. Objektive Beziehungen sind Relationen, die auf der unglei-chen Verteilung von Geld und Bildung beruhen, also nicht mit Interaktionen verbunden sind. Diese Struktur beeinflusst Wahrnehmungs- und Handlungsschemata von Individuen, die sich wiederum auf Handlungspraxis und damit auch subjektive Beziehungen auswirken. Mit dem Habitus bietet Bourdieu ein Konzept an, dass sich im relationalen Denken nahtlos zwischen Makrostruktur (Raum) und Mikrostruktur (Feld) einfügt. Der Habitus ist das in den Körper eingegangene Soziale, oder anders ausgedrückt ist er das Erzeugungsprinzip, welches letzt-lich Praktiken hervorbringt, die teilweise unabhängig von bewusstem oder rationalem Kal-kül erzeugt werden, weil sie dem Bewusstsein nicht vollkommen zugänglich sind (Fröhlich 1994). Der Habitus äußert sich dabei in Form von Denk-, Wahrnehmungs- und Beurteilungs-schemata. Da er nicht nur Handlungen erzeugt, sondern auch Ordnungsgrundlage für Wahr-nehmung und Denken ist, setzen sich über ihn die Strukturen der Kapitalverhältnisse, also die soziale Ordnung, in den Köpfen der Akteure fest. Dadurch wird aus objektiven Grenzen, die sich durch die Soziallage ergeben, ein Sinn für Grenzen, und die Welt erscheint als natür-lich vorgegeben. Diese unhinterfragte Erfahrung der Welt mit ihren sozialen Ungleichheiten als Überlieferungen bezeichnet Bourdieu als Doxa. Soziale Ungleichheiten werden also inso-fern über habituelle Schemata zur zweiten Natur des Individuums, indem sich klassenspezi-fische Grenzen der eigenen sozialen Lebenswelt in natürlichen Grenzen der Lebenswelt ver-wandeln. Der Habitus ist hier gleichermaßen Prinzip der Eröffnung von Möglichkeiten, wie auch ihrer Begrenzung, denn die bestehende Strukturierung des Habitus schließt aus, dass er alles verarbeitet, was in der Welt ist. Durch die Berücksichtigung einer historischen Kompo-nente, die Erfahrungen und kulturelle Kontext von Akteuren einbezieht, kann man den Habi-tus als ein Element bezeichnen, das eine Tiefenstruktur (Erfahrung und kultureller Kontext) bei der Erklärung von Handeln einschließt.

Wenn Bourdieu von Beziehungen spricht, dann handelt es sich zwar um Beziehungen zwischen sozialen Akteuren, die sich nach ihren Merkmalen von einander unterscheiden – es sind für ihn aber keine sozialen, sondern distinktive Beziehungen. Was im Modell von Bour-dieu vernachlässigt wird, sind eben jene sozialen Beziehungen, die Akteure untereinander verbindet, denn Akteure kommunizieren und interagieren, sie üben Macht aufeinander aus, produzieren materielle sowie immaterielle (symbolische) Güter und tauschen diese (vgl. Gu-las 2007). Hier kommt die Netzwerkperspektive ins Spiel, denn sie stellt die auf Interaktio-nen beruhenden Beziehungen ins Zentrum ihrer Analyse.

3. Grundannahmen der Netzwerkperspektive

Die Netzwerkperspektive vereint mehrere Annahmen: Erstens, dass sich jeder Akteur an ei-nem sozialen System, in dem sich viele andere Akteure befinden, die als Referenzpunkte für Entscheidungen angesehen werden, beteiligt. Und zweitens die große Bedeutung der Aufklärung der verschiedenen Strukturebenen eines sozialen Systems, wobei Struktur aus „Regel-mäßigkeiten in Relationsmustern unter konkreten Entitäten [...]." besteht (White et al. 1976 zitiert nach Knoke und Kuklinski 1982: 10). Weiterhin sind Akteure und ihre Handlungen in-terdependent, wobei nicht nur die einzelnen Dyaden zwischen Ego und Alter, sondern deren Einbettung in ein Netz weiterer Beziehungen Gegenstand der Untersuchung sind. Der Ana-lyse sozialer Netzwerke kann dabei eine duale Qualität zugeschrieben werden, zum einen die Möglichkeit komplette Sozialstrukturen (Netzwerke) zu beleuchten, zum anderen das Erfas-sen einzelner Elemente innerhalb dieser Strukturen (Knoke und Kuklinski 1982: 10).

Das von Ronald Burt entwickelte Grundmodell des sozialen Handelns geht davon aus, dass individuelles Handeln in seinen Möglichkeiten und Orientierungen durch Netzwerkstruk-turen bedingt wird. Diese sozialen Netzwerkstrukturen werden im Gegenzug durch die viel-fachen Handlungsvollzüge reproduziert.

Abbildung 1: Grundmodell sozialen Handelns von Ronald Burt (1982)

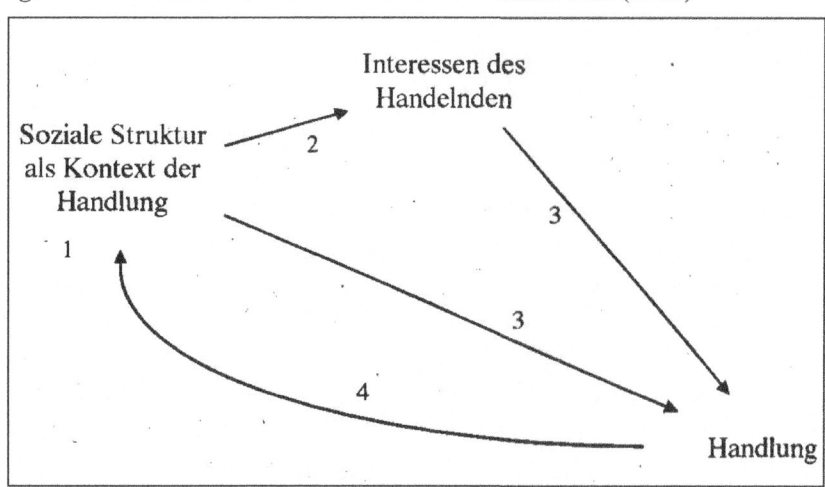

Quelle: Burt 1982: 9

Die Grundannahmen des Modells manifestieren sich in den entsprechend nummerierten Kau-salpfaden:

1. Punkt 1 zeigt die Makroebene, welche die Gesellschaft als eine relationale und durch Positionen stratifizierte Sozialstruktur beschreibt.

2. Mit Pfeil zwei wird verdeutlicht, dass die Entwicklung von Akteursinteressen durch ihre Position in der Sozialstruktur geformt wird.

3. Die Pfeile mit der Nummer 3 zeigen, dass die Position in der Sozialstruktur und die dadurch bestimmten Interessen zwingend für die Handlung sind.

4. Pfeil 4 deutet an, dass die Handlungen der zweckorientierten Akteure die soziale Struktur reproduzieren und unter Umständen auch verändern.

Das Modell von Burt entspricht weitestgehend dem strukturellen Handlungsmodell von James Coleman (1990). Er nimmt lediglich einen zusätzlichen direkten Pfad von der Sozialstruktur auf die Handlung eines Akteurs auf. Die Sozialstruktur prägt also nicht nur die Interessen und Werte von Akteuren sondern beeinflusst auch direkt ihre Handlungsressourcen.

Wellman kritisiert die traditionelle Sozialforschung mit dem Paradigma der strukturellen Analyse sozialer Netzwerke über fünf grundlegende Prämissen (Wellman 1988):

1. Individuelles Verhalten ist mit Blick auf strukturelle Zwänge und Gelegenheiten zu interpretieren statt durch innere Antriebe, internalisierte Normen oder Ziele, die Akteure bewegen.

2. Die Analyse konzentriert sich auf die Beziehungen zwischen den Individuen statt auf ihre persönlichen Merkmale.

3. Die strukturierten Beziehungsmuster zwischen den Netzwerkakteuren sind prägend für das Verhalten der Netzwerkmitglieder.

4. Strukturen ergeben sich als ein Netzwerk aus Netzwerken. Netzwerke sind dabei nicht notwendig dicht und eng geknüpft.

5. Analytische Verfahren zielen auf die Abbildung der Beziehungen, Netzwerke und Strukturen. Sie ergänzen und ersetzen zum Teil konventionelle statistische Verfahren, welche die Unabhängigkeit der Elemente voneinander voraussetzen.

Die Kritik hinter diesen Prämissen richtet sich gegen eine Sozialforschung, die untersuchte Individuen nur nach Merkmalen wie Alter, Geschlecht oder Status gruppiert. Analysen hingegen, die die strukturelle Einbettung von Akteuren als Erklärungsvariable verwenden, können, so die Grundannahme der strukturellen Analyse, individuelles Verhalten besser erklären. Solch eine strukturelle Analyse im Sinne Wellmans geht über die direkten Beziehungen der Akteure hinaus und untersucht weitergehend auch indirekte oder weitläufige Beziehungsmuster, die sich erst bei der tieferen Analyse des Kontextes um einen Ego-Akteur zeigen. Während der eine Akteur über einen Freund beispielsweise indirekt den Chef einer Abteilung erreicht, der ihm möglicherweise eine gute Stelle anbieten kann, findet der andere Akteur vermittelt über seine Freunde nur andere Facharbeiter, die ihm keinen vergleichbaren Vorteil bieten können.

Obwohl fast alle Beziehungen gegenseitigen Charakter haben, sind sie nicht a priori enge, positive und symmetrische Beziehungen. Sie können auch schwach oder antagonistisch sein, sie werden oft unfreiwillig eingegangen und sind selten völlig ausbalanciert. Sozialstruktur ergibt sich als Blick auf diese strukturierten Netzwerke. Sie weisen eng verbundene Gruppen oder Cluster auf, Abgrenzungen zwischen verschiedenen Clustern und schwache Verbindungslinien zwischen den Gruppen. Solche Netzwerke prägen die Handlungsmöglichkeiten und -zwänge der eingebetteten Individuen und Gruppen/Cluster. Sie kanalisieren den Zugang zu hoch bewerteten Ressourcen in asymmetrischer Weise und prägen sowohl Kooperation als auch Konkurrenz zwischen den Akteuren.

Die Netzwerkperspektive beginnt bei der Erklärung von Handeln mit beobachtbaren Strukturen in Form von Netzwerkstrukturen. Daher bilden subjektive Beziehungen als sichtbare bzw. emergente Strukturen den zentralen Untersuchungsgegenstand. Die Stärke der Netzwerkanalyse besteht dabei vor allem darin, die relationale Perspektive im Bereich der intersubjektiven Beziehungen zu verankern, indem davon ausgegangen wird, dass sich Akteursbeziehungen in Netzwerken auf das Handeln von Individuen auswirken:

> „The structure of relations among actors and the location of individual actors in the network have important behavioral, perceptual and attitudinal consequences both for the individual units and for the system as a whole." (Knoke und Kuklinski 1982: 13)

Diese Stärke stellt aus der Perspektive Bourdieus auch gleichzeitig einen Schwachpunkt dar, weil strukturelle Einflussfaktoren als objektive Beziehungen außer Acht gelassen werden. Dies führt nach Bourdieu dazu, dass Konsequenz und Ursache subjektiver Beziehungen verwechselt werden, soziale Beziehungen häufig nur einen statischen Ausschnitt widerspiegeln und Entwicklungen bzw. Veränderungen in den Netzwerkstrukturen dadurch nicht berücksichtigt werden. Soziale Entwicklung, ob nun Reproduktion oder Wandel, wird von den Netzwerkforschern nur ungenügend betrachtet, da sie sich vorrangig auf die aktuellen Interaktionsbeziehungen von Akteuren konzentrieren (De Nooy 2003: 319). Intersubjektive Beziehungen stehen in der Netzwerkperspektive im Vergleich zu den objektiven Beziehungen also deutlich im Vordergrund.

4. Die Verknüpfung von Netzwerkperspektive mit der Habitus- und Feldtheorie

Nach Bourdieu strukturieren Machtbeziehungen die Gesellschaft oder, um genauer zu sein, sie strukturieren jedes Feld innerhalb der Gesellschaft und die Beziehungen zwischen den Feldern. Distinktionsbeziehungen sind verbunden mit unterschiedlichem Besitz von Kapital. Personen oder Einrichtungen mit mehr Kapital, ob ökonomisches, soziales, kulturelles oder symbolisches, haben mehr Macht (vgl. Bourdieu 1983). Charakteristisch für Bourdieus Denken ist dabei, dass die relative Summe des Kapitals wichtiger ist, als der absolute Betrag. Dieser unterschiedliche Besitz von Kapitalien wird dann in Form objektiver Beziehung ausgewiesen, da sie außerhalb von Intentionen und Wahrnehmungen der Individuen existieren. Im Gegensatz dazu sind intersubjektive Beziehungen, wie sie die soziale Netzwerkperspektive betrachtet, manifeste Beziehungen. Aus der Perspektive Bourdieus ergeben sich diese aus objektiven Beziehungen und sind Folge aber nicht Ursache sozialer Struktur. Bourdieu (1996) kritisierte die soziale Netzwerkanalyse, weil sie Struktur mit Interaktion verwechselt, verkennt damit aber ihr Potenzial. Denn es lässt sich nicht leugnen, dass Personen, die in ein Feld involviert sind, Macht- und Distinktionsverhalten auch über intersubjektive Beziehungen erkennen. Deshalb können Informationen über intersubjektive Beziehungen verwendet werden, um den Betrag und die Verteilung jeglicher Art von Kapital zu bewerten. Wenn Bourdieu behauptet, dass Interaktionen durch die Verteilung der Kapitaltypen gesteuert werden, können sie auch verwendet werden, um diese Verteilung zu messen. Während ökonomisches

und kulturelles Kapital meist über Attribute wie finanzieller Besitz, Typ der Ausbildung oder
sozialer Hintergrund der Eltern gemessen wird, wird soziales Kapital meist mittels der Beziehungen bestimmt, in die Individuen oder Organisationen involviert sind. Bourdieu liefert also
die Grundlage für einen solchen Ansatz, wenn er definiert, dass soziales Kapital

> „die Gesamtheit der aktuellen und potentiellen Ressourcen ist, die mit dem Besitz eines dauerhaften Netzes
> von mehr oder weniger institutionalisierten Beziehungen des gegenseitigen Kennens und Anerkennung ver-
> bunden sind“. (Bourdieu, 1992: 63)

Es scheint so, als hätte er hier wirklich die Art von intersubjektiven Beziehungen im Sinn,
wie sie in der sozialen Netzwerkanalyse analysiert werden. Obwohl die Beziehungen aus der
Vergangenheit stammen können, ist es ziemlich wahrscheinlich, dass sie in der Gegenwart
überleben müssen, um als Ressource zu fungieren.

Im Rahmen seiner Feldtheorie betont Bourdieu die Bedeutung der Vergangenheit und
konzentriert sich auf objektive Beziehungen innerhalb eines breiteren sozialen Feldes. Objektive Beziehungen bzw. Strukturen müssen dabei anerkannt werden, damit sie auf die Praxis
wirken können. Das funktioniert nicht zuletzt über das symbolische Kapital, welches in einem Wechselverhältnis zwischen Gruppen und deren Merkmalen, wie physische Stärke oder
Reichtum, und der Wahrnehmung der Akteure, die den symbolischen Wert dieser Merkmale
durch ihre Anerkennung erzeugen, steht. Bourdieu betont, dass die Kategorien der Wahrnehmung auf den unterschiedlichen Besitz von Kapitaltypen zurückzuführen sind und die objektiven Beziehungen im sozialen Feld[1] dazu dienen, die vorhandenen Machtbeziehungen und
damit die soziale Ungleichheit zu legitimieren. Das bedeutet aber nicht, dass gegenwärtige
intersubjektive Beziehungen innerhalb eines einzelnen Feldes keinen Einfluss oder theoretische Relevanz haben, außer, dass sie die Verteilung der Kapitaltypen anzeigen (Hennig und
Kohl 2011). Die Feldstruktur wird nicht bloß über objektive Beziehungen reflektiert, sondern
es bestehen Wechselwirkungen, wobei intersubjektive Beziehungen eine Eigendynamik besitzen, auf objektive Beziehungen einwirken und zu Veränderungen führen können. Das ist
aber mit dem Ansatz von Bourdieu nicht zu erklären.

Hier setzt die Netzwerkperspektive an, denn sie stellt die auf Interaktionen beruhenden
Beziehungen in den Mittelpunkt ihrer Betrachtung. Dabei befinden sich soziale Akteure an
den Knoten einer Vielfalt von Beziehungen. Aus der Perspektive der Netzwerkanalyse bedeutet relational dann, solchen sozialen Beziehungen und nicht nur den Distinktionsbeziehungen
eine Priorität einzuräumen.

> „‚Primat der Relationen‘ heißt dabei, dass – anders als der Begriff des ‚Knotens‘ vielleicht suggeriert – die Ak-
> teure selbst als ein Geflecht von Beziehungen aufgefasst werden müssen.“ (Gulas 2007: 71)

Von der Struktur dieses Beziehungsgeflechtes hängt es dann ab, was ihnen möglich ist und
was nicht. Es handelt sich hierbei sowohl um symmetrische, als auch asymmetrische Beziehungen, die gesellschaftliche Hierarchien erzeugen und reproduzieren. Daher gilt das, was
Bourdieu über den sozialen Raum sagt, ebenso für die Netzwerke:

---

1   Felder sind in diesem Sinne abgegrenzte Bereiche, in denen Akteure mit gleichen Interessen handeln und in-
     teragieren.

„[...] dass man nicht jeden mit jedem zusammenbringen kann – unter Missachtung der grundlegenden, zumal ökonomischen und kulturellen Unterschiede" (Bourdieu 1985: 14).

Deshalb muss die Bedeutung der Distinktionsbeziehungen bei Bourdieu um die Bedeutung der sozialen Beziehungen erweitert werden.

Um die Praxis- und Feldtheorie mit der Netzwerkperspektive zu verbinden, muss man die Idee akzeptieren, dass die Praxis innerhalb eines Feldes zumindest teilweise für die Feldstruktur verantwortlich ist, anderenfalls ist sie irrelevant (De Nooy 2003). Denn Praxis wird nur wichtig, wenn Interaktion, Aktivitäten und Äußerungen in einem aktuellen Feld in der Lage sind, objektive Machtbeziehungen zu vermitteln und Kategorien der Wahrnehmung zu modifizieren. Mit anderen Worten: Man muss berücksichtigen, dass die Struktur eines Feldes nicht ausschließlich von externen Macht-/ Distinktionsbeziehungen und den historisch festgelegten Kategorien der Wahrnehmung abhängt, sondern die Interaktion in einem Feld auch durch die Praxis innerhalb des Feldes selbst hervorgebracht wird. Die Kategorien dienen dabei der Inklusion und Exklusion und beeinflussen, wer zu wem eine Beziehung hat, wer sozial eingebunden, und wer isoliert ist. Sie symbolisieren und konsolidieren die Muster der Inklusion und Exklusion, denn sie verändern sich in den Identitäten, die später als selbstverständlich betrachtet werden. In einer solchen Perspektive stehen Klassifikationen und Beziehungsmuster in einem sich wechselseitig verstärkenden, prozesshaften Verhältnis. Objektive Beziehungen, als Machtbeziehungen im sozialen Raum beeinflussen die Interaktion innerhalb von Feldern und gestalten so deren Struktur. Durch die Interaktionen verfestigen sich dann Klassifikationen, Vorurteile und Identitäten, auf die andere Gruppen reagieren. Objektive Beziehungen sind also keine autonomen Kräfte die direkt und kontinuierlich jedes Feld bestimmen, sondern werden wirksam, wenn Menschen oder Gruppen an Interaktionen innerhalb eines Feldes beteiligt sind. Sie bringen Eigenschaften hervor und entwickeln Eigenschaften eines Feldes, wodurch ein Gruppenprozess ausgelöst wird, der Sieger und Verlierer bei den Mitgliedern des Feldes (Mikroeffekt) und eine Umpositionierung im Feld unter Berücksichtigung der Herausforderungen des Feldes (Makroeffekt) mit sich bringt. Dabei werden neue symbolische Distinktionen und Werte geschaffen, oder bestehende wieder bestätigt bzw. verworfen.

Daher gilt es zu analysieren, wie objektive Beziehungen und die Bedeutung von Kategorien in einer betrachteten Periode die Interaktion und Struktur eines Feldes beeinflussen. Die Korrespondenzanalyse, wie sie Bourdieu genutzt hat, kann diese Aufgabe nicht leisten, weil sie von der wirklichen Interaktion unter Personen und Organisationen abstrahiert. Deswegen ist die Netzwerkanalyse unentbehrlich, denn es gibt eine lange Tradition netzwerkanalytischer Techniken, die sich auf individuelle Strategien im Entwickeln, Aufrechterhalten oder Abbrechen intersubjektiver Beziehungen konzentrieren. Diese Techniken analysieren nicht das gesamte Muster eines Netzes, sondern konzentrieren sich auf die unmittelbare Nachbarschaft (Beziehungen) eines Knotens (Akteur) im Netz. So ist die Reziprozität von Beziehungen eine der ältesten Struktureigenschaften, die beschreibt, inwieweit Akteure vorherige Wahlen, Geschenke oder Bewertungen erwidern. Außerdem werden Bedingungen von Interaktionen analysiert, wie z.B. Attribute von Sender und Empfänger in einer Beziehung. Damit ist es möglich zu prüfen, ob Interaktionen vorrangig zwischen Akteuren stattfinden, die aus dem gleichen sozialen Milieu stammen, oder eine ähnliche soziale Position einnehmen. Mit anderen Worten, haben wir durch die Verknüpfung der Praxistheorie mit der Netzwerkanalyse die Möglichkeit, individuelle Strategien als eine Kombination aus objektiven Positionen, individuellen Eigenschaften sowie Interaktionen zu analysieren. Wir können damit überprüfen, ob und inwieweit der Habitus und die darin inkorporierten Denk- und Handlungsschemata Interaktionen mit ähnlichen und unterschiedlichen Alteri befördern oder verhindern. Wenn diese Faktoren die Interaktionen von Akteuren systematisch beeinflussen, erscheinen sie als Muster von Beziehungen auf dem Level des Feldes oder Subfeldes und sind Voraussetzung, um substantielle Klassifikationen auszulösen.

Durch unsere Verknüpfung werden aber auch die Defizite, die vor allem aus dem strukturalistischen Fundament der Netzwerkperspektive stammen, behoben. Durch den Habitus werden die Möglichkeiten der Interaktion – unter anderem durch die erworbene Fülle der einzelnen Erfahrungen, die Menschen aufgrund ihrer Tätigkeit in der Welt machen, die zu einem komplexen Erfahrungswissen verarbeitet und immer wieder transformiert werden, selektiert. Der Habitus, der durch die Verinnerlichung materieller, kultureller und sozialer Existenzbedingungen entsteht und ein gleichsam dauerhaftes wie flexibles System gruppenspezifischer Wahrnehmungs-, Denk- und Handlungsschemata darstellt, konstituiert die Praxisformen der Akteure und die damit verbundenen alltäglichen Wahrnehmungen. Die unterschiedlichen Ausprägungen des Habitus sind dabei sowohl von den Erfahrungen, als auch der sozialen Position, die der Einzelne im sozialen Raum einnimmt, abhängig.

Der Habitus als Bindeglied zwischen objektiven und subjektiven Beziehungen ist also zum einen Ausdruck der gesellschaftlichen Sozialstruktur und zum anderen notwendige Bedingung der Reproduktion der Praxis in Netzwerkstrukturen. Als Modus Operandi begrenzt er nicht nur die Praxisformen des sozialen Akteurs, sondern erzeugt gleichsam einen Raum der Möglichkeiten für ihn. Habitus sind keine bloße Kopie objektivierter Geschichte, da sie ständig in Praxis umgesetzt werden müssen, welche wiederum erst durch das Handeln von Akteuren in Feldern zustande kommt. Durch die Verknüpfung der Netzwerkperspektive mit dem Habituskonzept können Netzwerkstrukturen als Muster sozialer Praktiken aufgefasst werden, denen eine Tiefenstruktur zugrunde liegt. Diese Tiefenstruktur leitet sich aus dem Habitus ab, der als Ursache für Formen des Denkens und Handelns, aber auch der Interaktionsbeziehungen angesehen werden kann. Damit wird es möglich, zu verstehen, warum bestimmte Handlungen andere konkrete Handlungen auslösen und ebenso, wie Konsistenz, Integration und Zurückweisung in intersubjektiven sozialen Beziehungen entstehen.

Wir wollen dies an einem Beispiel verdeutlichen. Ein Gymnasiallehrer nimmt aufgrund seines Berufs eine bestimmte Position in der gesellschaftlichen Hierarchie ein. Diese Position nehmen alle anderen Gymnasiallehrer ebenfalls ein und sind dadurch strukturell äquivalent. Die Netzwerkanalyse geht nun davon aus, dass diese Lehrer aufgrund ihrer Position auch eine strukturell äquivalente Position im Netzwerk einnehmen, da mit gleichen Positionen gleiche Rollensets zusammenhängen, die wiederum gleiche ein- und ausgehende soziale Beziehungen aufweisen. Daher unterstellt die strukturalistische Netzwerkanalyse, dass Akteure in strukturell äquivalenten Netzwerkpositionen auch in ähnlicher Weise handeln[2]. Erweitert man jetzt das Konzept um den Habitus, dann wird damit berücksichtigt, dass jeder Gymnasiallehrer unter bestimmten sozialstrukturellen Bedingungen aufgewachsen ist, die über die Inkorporierung dieser in den Habitus ufern und dadurch ihre Wahrnehmungs- und Handlungsdispositionen bestimmen. So stammt der eine z.B. aus dem Bildungsbürgertum, ein anderer wiederum aus dem Arbeitermilieu. In Folge der unterschiedlichen Soziallagen ihres Aufwachsens haben die Lehrer einen unterschiedlichen Erfahrungs- und Wahrnehmungshorizont entwickelt, der sich in einem unterschiedlichen Habitus spiegelt. Dieser Habitus beeinflusst auch das Eingehen und die Ausgestaltung sozialer Beziehungen, denn soziale Akteure reproduzieren ihre sozialen Beziehungen und damit ihren Habitus durch den ständigen, sichtbaren Gebrauch und Austausch von materiellen und/oder symbolischen Gütern. Es ist also durchaus denkbar, dass Erfahrungen und Habitus zweier Akteure mit gleicher Position unterschiedlich sind, und damit auch ihre Netzwerke und ihr Verhalten. Dazu gehören auch die Geschichten (White et al. 1976), die durch Mitglieder einer sozialen Gemeinschaft erzeugt und verbreitet werden, und einen Mechanismus der Distinktion darstellen. Das bedeutet, dass zwar alle Gymnasiallehrer aufgrund ihrer Rollensets innerhalb eines Feldes ähnliche Positionen in ihren Netzwerken einnehmen, es heißt aber nicht, dass sie tatsächlich die gleichen Beziehungen haben oder in gleicher Weise handeln. Hinzukommt, dass die sozialen Beziehungen der Lehrer nicht nur auf das berufliche Feld beschränkt sind, sondern sie als Individuen auch in anderen Feldern wie der Familie oder im Sportverein interagieren, woraus ebenfalls soziale Beziehungen resultieren[3]. Mit anderen Worten: Jeder Akteur ist in eine Vielzahl von Beziehungen eingebunden, die von der Kernfamilie und der engeren Verwandtschaft über Freunde, Arbeitskollegen bis hin zu flüchtigen Bekanntschaften und Begegnungen reichen. Da der Habitus und die daran gebundenen Schemata aber ein flexibles Element beinhalten und sich unterschiedliche Habitus dadurch gegenseitig annähern können, ist es wahrscheinlich, dass sich ein Gymnasiallehrer mit deutlich anderen Erfahrungen und Wahrnehmungen als der Großteil anderer Gymnasiallehrer über die Zeit hinweg annähern wird. Anderenfalls würden Spannungen entstehen, die zwar ausgehalten werden können, aber unter Umständen auch zu feldspezifischer Isolation führen.

---

[2] Die strukturalistische Netzwerkanalyse der 70er Jahre geht von einer primär stratifikatorisch differenzierten Gesellschaft aus, indem „sozialstrukturellen Positionen und Bindungen einen kausalen Primat" (Bommes &Tacke 2010: 29) eingeräumt wird. Das Konzept des Status-Rollen-Set (Burt 1982), dass Grundlage für das Konzept der strukturellen Äquivalenz war, geht davon aus, dass soziale Beziehungen durch Rangordnungen und Zugehörigkeiten bestimmt sind und daher die „Teilnahmebedingungen an Kommunikation entsprechend durch sozialstrukturell definierte Status-Rollen-Sets bestimmbar sind" (Bommes & Tacke 2010: 29).

[3] Bommes & Tacke (2010) stellen die strukturalistische Perspektive der Netzwerkanalyse ebenso wie wir in Frage, in dem sie argumentieren, dass die Netzwerktheorie übersieht, dass der Übergang von einer gesellschaftlichen Differenzierungsform zur anderen mit einem radikalen Wechsel der Inklusionsmodi von Individuen einhergehen und dass gesellschaftliche Differenzierung nur möglich ist, wenn Individuen nicht mehr nur eine Position in der Sozialstruktur einnehmen, sondern auf Grundlage der Freisetzung der Individuen aus ständischen Beziehungen auch zumindest partiell an den ausdifferenzierten Kontexten der Kommunikation teilnehmen (Bommes & Tacke 2010: 29).

Durch die Verknüpfung können wir nun untersuchen, warum sich bestimmte Typen von sozialen Beziehungen entwickeln, welcher Zusammenhang zwischen Relationen und Verhalten der Akteure besteht oder welche Eigendynamik soziale Beziehungen besitzen. So entstehen soziale Netzwerke in Abhängigkeit von den sozialen Positionen, die Akteure in der Sozialstruktur und in einzelnen Feldern einnehmen. Der Habitus drückt bei Mitgliedern von Netzwerken, ohne es bewusst zu wollen und zu bemerken, grundlegende Überzeugungen und tiefer liegende Werte aus, die als Erkennungs- und Distinktionsmerkmale für Nichtmitglieder dienen.

Die Netzwerkperspektive geht davon aus, dass sich die sozialen Akteure an den Schnittpunkten der Beziehungen des sozialen Tausches konstituieren. Das bedeutet in der Konsequenz, dass auch die Ausbildung des Habitus ohne soziale Beziehungen nicht denkbar ist. Andererseits erfordert die Herausbildung und Reproduktion sozialer Beziehungen bestimmte Habitusformen. Damit fungiert der Begriff der „strukturierten Struktur" als „strukturierende Struktur", denn die Art zu Denken, Wahrzunehmen und zu Handeln hängt sowohl von den Individuen ab, mit denen man durch soziale Beziehungen verbunden ist, als auch von den sozialen Netzwerken, die einen Akteur umgeben. Folglich wirkt die Verortung in der Sozial- und Beziehungsstruktur über den Habitus wechselseitig vermittelt auf das Handeln bzw. die Praxis der Akteure ein, wobei die Sozialstruktur über den Habitus die Interessen, Handlungsdispositionen und Identitäten von Akteuren beeinflusst.

Die Implementierung des Habitus im Akteur ist genauso unbewusst wie die Fähigkeit bzw. das Unvermögen, soziale Beziehungen einzugehen und aufrechtzuerhalten. Damit können Vorstellungen vom Akteur als Nutzenmaximierer nicht mehr aufrecht erhalten werden, weil Interessen nicht nur durch objektive und subjektive Beziehungen beeinflusst werden. Im Handeln der Akteure werden letztlich habituelle Praktiken hervorgebracht, die teilweise unabhängig vom bewussten und rationalen Kalkül entstehen, da sie dem Bewusstsein nicht vollkommen zugänglich sind.

Mit dem hier vorgestellten integrativen Modell wird die Schwäche der Netzwerkanalyse, individuelles Handeln von Akteuren zu erklären ohne diese als Subjekte mit Erfahrungen und Vergangenheit einzubeziehen, mit Hilfe von Bourdieus Habituskonzept überwunden. Das Individuum verschwindet nicht mehr bei der Erklärung von Struktur, sondern wird mit seinen subjektiven und objektiven Erfahrungen und Beziehungen in einem relationalen Forschungskonzept in den Mittelpunkt gerückt.

5. Daten und empirische Ergebnisse

Wir möchten einige der hier dargelegten theoretischen Überlegungen an empirischen Beispielen verdeutlichen. Im Rahmen eines DFG Projektes haben wir den Habitus und die egozentrierten Netzwerke mit Hilfe einer sozialstrukturellen Stichprobe bei 53 Befragten in Berlin erhoben. Der Habitus fungiert dabei als Bindeglied zwischen objektiven und intersubjektiven Beziehungen, da er einerseits Ausdruck der gesellschaftlichen Sozialstruktur, andererseits notwendige Bedingung der Reproduktion der Praxis in den Netzwerkstrukturen ist. Der Habitus wurde über verschiedene Einstellungsitems zu Gesellschaft, Beruf und Privatleben, Lebenszielen, Verhaltensweisen, verschiedene Aspekte der Politik sowie Meinungen zu Autorität und Unterordnung erfasst und mit den soziodemografischen und ökonomischen Merkmalen der Befragten in Beziehungen gesetzt. Wir sind dabei dem Milieukonzept gefolgt, das den Gedanken der Korrespondenz von sozialen und mentalen Strukturen aufnimmt. Dabei repräsentiert ein soziales Milieu zugleich auch einen bestimmten Habitustyp, denn nach Durkheim (1988) und Bourdieu (1987) entstehen Milieus durch unterschiedliche soziale Lagen und Stellungen im gesellschaftlichen Gefüge und sind mit bestimmten Lebensweisen verbunden, in der sich allgemeine Grundhaltungen gegenüber der Welt ausdrücken. Da es sich beim Habitus um ein mehrdimensionales Konzept handelt, haben wir neben den Indikatoren für das Milieu auch Einstellungen zum Umgang mit Freunden, Familie und Bekannten erfasst. Diese bilden eine eigene Dimension, die sich nicht den Milieus zuordnen lässt. Beide Dimensionen[4], also Milieuzugehörigkeit und Gesellungsstil, beeinflussen die Interaktionsbeziehungen unserer Befragten.

Die Zugehörigkeit der Befragten zu verschiedenen Milieus gibt uns zwar Einblick in ihre Denk- und Wertschemata und durch ihre soziale Lage lässt sich ihre Position im sozialen Raum erfassen. Damit können wir aber noch nichts darüber sagen, wie sich diese objektiven Beziehungen auf subjektive Beziehungen auswirken. Die subjektiven Beziehungen wurden als egozentrierte Netzwerke erhoben, wobei die Netzwerkbeziehungen (Alteri) der Befragten (Egos) mit Hilfe von Listen erfasst wurden. Die Stimulusfrage dazu lautet: „Nun interessieren mich die Personen, mit denen Sie in ihrem Leben so zu tun haben. Denken Sie dabei an verschiedene Bereiche Ihres Lebens, wie Familie, Freunde, Beruf oder Freizeit". Die Befragten erhielten drei farbige Listen mit fortlaufenden Nummern, auf die sie die Namen der Personen eintragen sollten, die in ihrem Leben eine Rolle spielen.

Die erste Liste (rot) umfasste alle Personen, die dem Befragten sehr nahe stehen. Die zweite Liste (gelb) erfasst die Personen, die den Befragten nahe stehen und die dritte Liste (blau) die Personen, die ihnen nicht nahe stehen. Anschließend wurden Informationen zu den jeweils genannten Personen erhoben: Das Alter[5] und die Dauer wie lange Ego und Alter sich kennen[6], die Art der Beziehung in welcher der Befragte zu den genannten Person steht, ob es sich beispielsweise um ein Kind, die Mutter oder den Vater, einen Freund oder Arbeitskollegen handelt. Weiterhin sollte der Befragte angeben, wie ähnlich die Vorstellungen über das Leben[7] zwischen ihm und der genannten Person sind, die Häufigkeit des Kontakts zu der genannten Person, den Beruf der genannten Person, wie sich der Ego in Diskussionen[8] mit Alter verhält, und wie sich die Personen kennengelernt haben.

---

4   Eine genaue Darstellung zu den Milieus sowie den Gesellungsstilen findet sich in Hennig und Kohl (2011)

5   Wie alt ist die Person: „1 = sehr viel jünger als ich, 2 = etwas jünger als ich, 3 = etwa in meinem Alter, 4 = etwas älter als ich, 5 = sehr viel älter als ich.

6   1 = erst kürzlich kennengelernt (unter einem Jahr), 2 = noch nicht so lange (1–2 Jahre), 3 = einige Zeit (3–5 Jahre), 4 = lang (6–10 Jahre), 5 = sehr lange (länger als 10 Jahre)

7   Was denken Sie? Wie stimmen Ihre Vorstellungen und Einstellungen zum Leben mit denen der genannten Person überein? 1 = stimmen absolut überein, 2 = sind ähnlich, 3 = sind wenige ähnlich, 4 = absolut unterschiedlich, 9 = trifft altersbedingt nicht zu.

8   Wenn Sie allgemein an Diskussionen mit der Person denken. Wie verhalten Sie sich dabei in der Regel? 1 = ich versuche die Person zu überzeugen, 2 = ich höre der Person überwiegend zu, 3 = teils/teils, 4 = ich diskutiere nicht mit der Person.

Aus Sicht der Netzwerkperspektive haben wir festgehalten, dass die Akteure selbst als ein Geflecht von Beziehungen aufgefasst werden müssen. Abbildung 2 zeigt zwei Befragte mit ihren Netzwerkbeziehungen. Die Größe der Knoten entspricht dabei der durchschnittlichen Nennung von Ego für den jeweiligen Beziehungskontext. Das heißt, dass jeder Knoten die jeweilige Anzahl von Familienbeziehungen oder Arbeitskollegen wiedergibt. Die Distanz der Knoten zum Zentrum (Ego) entspricht der durchschnittlichen Nähe (sehr nah/nah/entfernt) zwischen den Befragten und den Genannten für den jeweiligen Beziehungstyp. Die Farbe des Knotens gibt an, wie stark sich die Vorstellungen und Einstellungen zum Leben aus Sicht von Ego mit seinen Alteri ähneln. Je heller der Knoten ist, desto ähnlicher sind die Vorstellungen. Wir können so eher homophile Beziehungen von eher heterogenen unterscheiden. Die Linienstärke gibt die Interaktionshäufigkeit an: Je dicker die Linie ist, desto häufigeren Kontakt gibt es zwischen dem Befragten und den Alteri des jeweiligen Beziehungstyps.

Abbildung 2:   Netzwerkstruktur von zwei Befragten aus unterschiedlichen sozialen Milieus

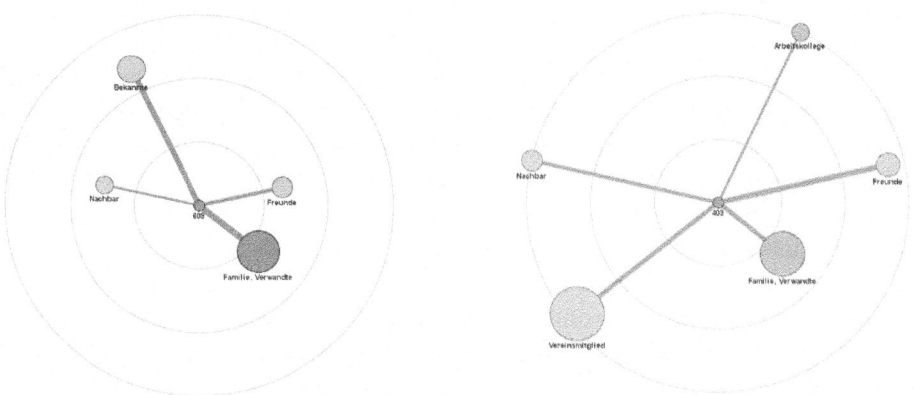

Die Beziehungen im Netzwerk des Befragten aus dem traditionsverwurzelten Milieu (Abbildung 2) sind bezüglich der geteilten Lebensvorstellungen sichtlich homogener, als die der postmaterialistischen Person. Hier divergieren besonders die geteilten Lebensvorstellungen von Ego und seiner Familie/Verwandtschaft, was auf Spannungen im Netzwerk schließen lässt. Dafür sind die genannten Freundschaftsbeziehungen der postmaterialistischen Person durch sehr viel mehr Nähe gekennzeichnet, als die der traditionsverwurzelten. Dieses Einzelbeispiel, das vor allem zur Veranschaulichung unserer Herangehensweise dient, zeigt, dass die Zugehörigkeit zu unterschiedlichen Milieus, wie theoretisch angenommen, auch zu unterschiedlichen Rahmungen und Möglichkeiten von Interaktion führen kann.

Aggregiert man die Netzwerkbeziehungen auf der Milieuebene (Abbildung 3), erhält man Muster milieutypischer Möglichkeiten und Grenzen subjektiver Beziehungen.

Abbildung 3: Aggregierte Netzwerkstruktur für das postmaterialistische und das traditionsverwurzelte Milieu

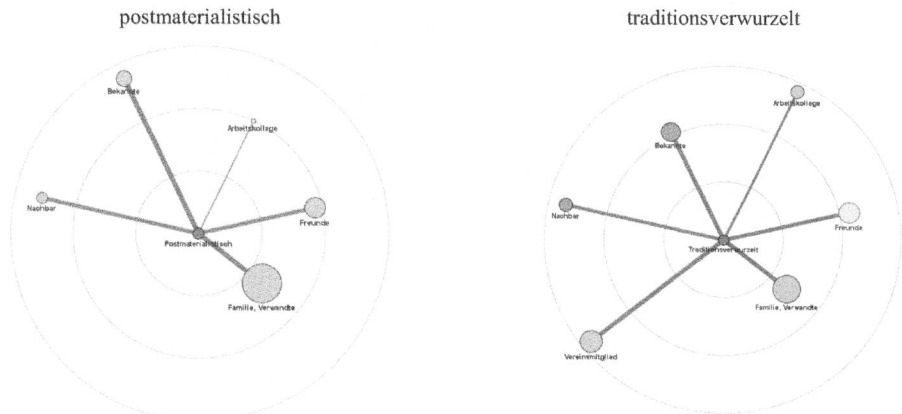

Vergleichen wir die Muster der Interaktionsbeziehungen zwischen dem traditionsverwurzelten Milieu und den Postmaterialisten, dann sehen wir klare Unterschiede in der Zusammensetzung ihrer Netzwerke. Bei den Postmaterialisten sind die zentralen Kontaktpartner Angehörige der Familie, Freunde und Bekannte. Marginal gibt es auch Kontakte zu Arbeitskollegen und Nachbarn. Bei den Traditionsverwurzelten sind die Anteile der Personen aus den unterschiedlichen sozialen Feldern relativ gleichmäßig verteilt, so dass Vereinsmitglieder und Bekannte einen ähnlich hohen Anteil an den Netzwerken haben, wie Familienmitglieder und Freunde. Beide Milieus unterscheiden sich nicht nur durch ihren Habitus von einander, sondern auch bezüglich des Geschlechtes, denn während der Anteil von Männern und Frauen bei den Postmaterialisten fast ausgeglichen ist, finden wir im traditionsverwurzelten Milieu überwiegend männliche Befragte.

Nun sind die Milieus in sich aber keinesfalls homogen. Sie unterscheiden sich sowohl in ihrer sozialstrukturellen Zusammensetzung, d.h. in der Position im sozialen Raum als auch in Bezug auf Alter, Geschlecht und Netzwerkstrukturen. Wir finden also auch innerhalb der Milieus Unterschiede hinsichtlich der Grenzen und Möglichkeiten der Interaktionen ihrer Angehörigen.

In Abbildung 4 sind die Netzwerke von 3 Personen aus dem Milieu der Postmaterialisten dargestellt. Die oberen beiden Darstellungen zeigen die Netzwerke von zwei Frauen, die beide über 50 Jahre alt sind und zur Mittelschicht gehören. Während die Frau oben links als qualifizierte Angestellte vollberufstätig ist, befindet sich die Frau oben rechts, die früher Beamtin im mittleren Dienst war, bereits im Ruhestand. Beide leben in einer Partnerschaft.

Abbildung 4:   Netzwerkstruktur von drei Befragten aus dem postmaterialistischen Milieu

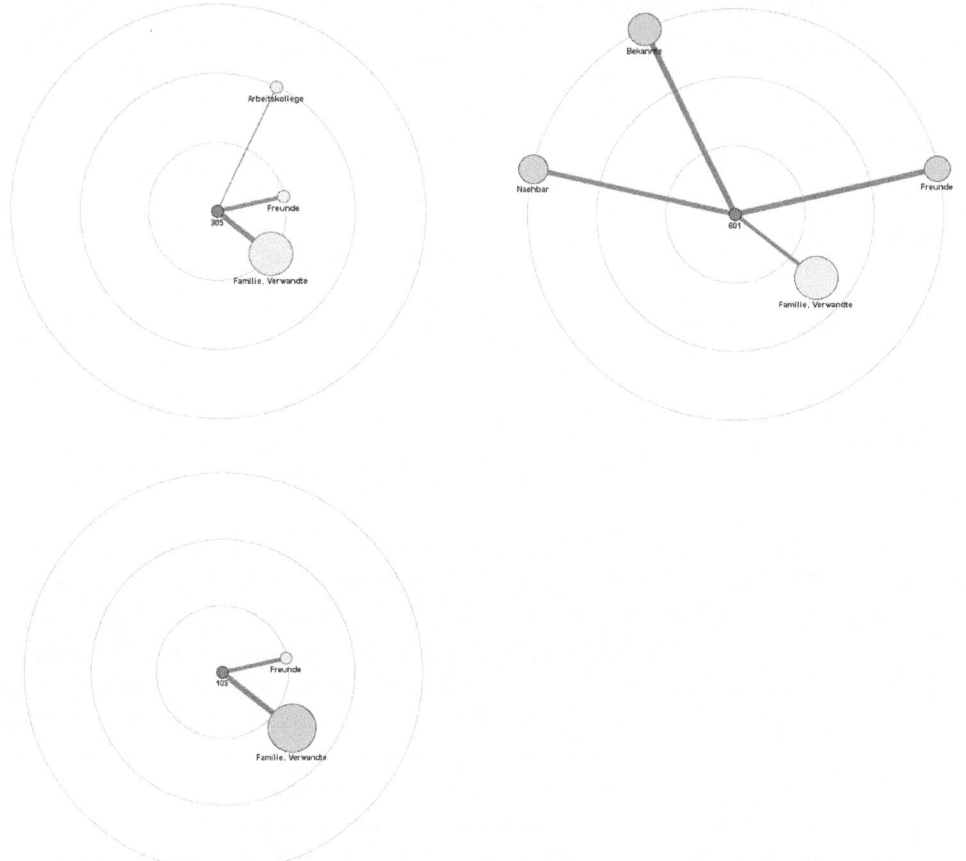

Außer einem ähnlichen Kreis von Familienbeziehungen finden wir bei den beiden Frauen oben trotz sehr ähnlicher sozialstruktureller Gegebenheiten und derselben Milieuzugehörigkeit kaum Ähnlichkeiten in der Netzwerkstruktur. Der einzige sozialstrukturelle Unterschied zwischen beiden Frauen besteht darin, dass die Frau oben rechts nicht mehr berufstätig ist und daher entsprechend mehr Zeit für die Pflege ihrer Beziehungen hat. Dies spiegelt auch ihr Netzwerk wider, denn im Gegensatz zu dem Netzwerk der vollberufstätigen Frau (oben links) hat sie deutlich mehr Beziehungen zu Freunden, Nachbarn und Bekannten. Die dritte Person (unten links) ist ein Mann der gleichen Altergruppe, aus der Mittelschicht, mit einer Partnerin. Er ist als ausführender Angestellter ebenfalls vollberufstätig. Es fällt auf, dass sich die beiden vollberufstätigen Personen links in ihren Netzwerken sehr ähnlich sind, und sich zusammen deutlich von der Frau oben rechts unterscheiden, obwohl alle drei Angehörige der Mittelschicht sind, ähnliche berufliche Positionen erlangt haben und zum selben Milieu gehören. Der unterschiedliche Anteil an Zeit zur Pflege von Beziehungen wegen des unterschiedlichen Erwerbsstatus erklärt möglicherweise einen Teil der Unterschiede in der Netzwerkstruktur. Die strukturelle Ähnlichkeit bzw. Unähnlichkeit innerhalb eines Milieus resultiert hier jedoch noch aus einer weiteren Dimension des Habitus, nämlich den Gesellungsstilen. Diese stellen eine eigenständige Dimension dar, die unabhängig von der Milieuzugehörigkeit existieren, damit also nicht korrelieren. Nehmen wir die Gesellungsstile zu den drei Postmaterialisten hinzu, dann zeigt sich, dass die beiden Personen links oben und links unten denselben Gesellungsstil (konventionell familienzentriert) haben, während die Person oben rechts einem völlig anderen Gesellungsstil (anspruchsvolle Kommunikation) zuzuordnen ist. Dieser Gesellungsstil drückt die Vorstellung der Befragten zum Umgang mit Freunden, Bekannten und der Familie aus, und ist durch Lebenssituation sowie Vergangenheit der Akteure geprägt. An diesem Beispiel kann sehr schön verdeutlicht werden, wie netzwerkstrukturelle Differenzen innerhalb von Milieutypen durch die Berücksichtigung der Gesellungsstile erklärt werden können. Dieses Ergebnis bestätigt zunächst die Annahme, dass der Habitus als solches ein mehrdimensionales Konzept ist, und empirisch auch als solches umgesetzt werden muss. Inwieweit lässt sich dieses Einzelbeispiel aber mit unseren Daten generalisieren?

Mit Hilfe bivariater ANOVA-Untersuchungen haben wir Mittelwerte und Varianzen der unterschiedlichen Netzwerkkennzahlen nach Milieus und Gesellungsstilen auf signifikante Differenzen hin untersucht. Im Ergebnis finden wir für beide Dimensionen des Habitus, die wir gemessen haben (Milieuzugehörigkeit und Gesellungsstil) teilweise gemeinsame und teilweise unabhängige Einflüsse auf die Netzwerkstrukturen der Befragten. Die folgende Tabelle (1) zeigt die bivariaten Zusammenhänge zwischen Milieu bzw. Gesellungsstil und den Kennzahlen für die Netzwerkstruktur. Die Sternchen zeigen die Signifikanzniveaus der F-Tests an.

Tabelle 1: Signifikanzen bei der Erklärung von Netzwerkkennzahlen durch Habituselemente mittels einfaktorieller ANOVA-Berechnungen

	Milieu	Gesellungsstil
Netzgröße	0,1685	**0,0009*****
Rollendiversität (IQV Index)	**0,0188****	**0,0039*****
Statusdiversität (IQV Index)	0,2729	0,7039
Altersdiversität (IQV Index)	0,2912	0,2256
Multiplexität	0,2910	0,3182
Reziprozität	**0,0110****	0,3532
Anteil Alteri, zu denen häufiger Kontakt besteht	**0,0647***	**0,0356****
Anteil Verwandte am Netzwerk	**0,0081*****	**0,0048*****
Anteil Alteri mit ähnlichen Vorstellungen am Netzwerk	0,7219	**0,0422****

*** sehr signifikant <0,01; ** signifikant <0,05; * schwach signifikant <0,1

Die Ergebnisse der bivarianten Analysen zeigen, dass einige Netzwerkmerkmale, wie die Statusdiversität, Altersdiversität und Multiplexität weder von der Milieuzugehörigkeit, noch vom Gesellungsstil systematisch beeinflusst werden. Andere Strukturmerkmale werden entweder von der Milieuzugehörigkeit oder vom Gesellungsstil beeinflusst. Dazu gehören die Netzwerkgröße, Reziprozität und Vorstellungshomogenität. Die Rollendiversität, Kontakthäufigkeit und der Anteil von Verwandten am Netzwerk werden sowohl von der Milieuzugehörigkeit als auch dem Gesellungsstil unabhängig voneinander beeinflusst.

Dass die Evidenz der hier gezeigten Analysen begrenzt ist, weil sie einerseits exemplarisch sind und andererseits auf Grund der kleinen Fallzahlen nur bivariat und ohne Kontrollvariablen durchgeführt werden konnten, ist uns bewusst. Trotz der eingeschränkten Repräsentativität finden wir aber deutliche Hinweise auf den Zusammenhang von Habitus und Netzwerkstrukturen und können unsere theoretischen Annahmen erhärten. Handlungsspielräume und Handlungsgrenzen von Akteuren, die in den sozialen Feldern zum Tragen kommen, hängen mit dem Habitus und seinen Elementen zusammen.

6. Zusammenfassung und Ausblick

Es sollte deutlich geworden sein, dass die theoretische Verknüpfung der Netzwerkperspektive mit der Habitus- und Feldtheorie deshalb möglich ist, weil beide einem relationalen Grundkonzept folgen. Relational bedeutet in beiden Fällen, dass die Realität aus Elementen besteht, die sich wechselseitig äußerlich sind. Bei Bourdieu bezieht sich das auf Positionen im sozialen Raum, also die Sozialstruktur, die systematisch auf das Handeln von Akteuren wirkt. Aus der Netzwerkperspektive sind es die Netzwerkstrukturen, also die Akteursgeflechte selbst, die Einfluss auf das Handeln der Akteure haben. Wir haben es also mit zwei Logiken von Relationen zu tun. Die eine bezieht sich auf objektive, die zweite auf subjektive Beziehungen. Diese müssen teilweise unabhängig voneinander gedacht werden, da erstere außerhalb des Bewusstseins und der Intention der Akteure liegen. Letztere sind dagegen manifest und basieren auf Interaktionen. Damit ist allerdings nicht gemeint, dass Interaktionsbeziehungen immer und ausschließlich auf rationalem Handeln beruhen oder jederzeit bewusst erlebt und gestaltet werden.

Während objektive Beziehungen vor allem auf Unterscheidung bzw. Distinktion zielen, spiegeln subjektive Beziehungen Muster sozialer Praktiken in Interaktionen wieder. Beide Formen stehen dabei in einem wechselseitigen Verhältnis. Das bedeutet, dass sich das soziale Leben in Netzen von Beziehungen abspielt, wobei die Distinktion nur ein, wenn auch wichtiger Aspekt von Interaktionsbeziehungen in sozialen Netzwerken ist, der jedoch um den Beziehungsaspekt erweitert werden muss. Durch die Berücksichtigung des Habituskonzeptes bei der Erklärung von Netzwerkstrukturen gelingt es zudem, dass Individuum wieder stärker in den Mittelpunkt zu rücken, wobei der Habitus als Mittler zwischen objektiven und subjektiven Beziehungen/Strukturen fungiert.

Im Rahmen unserer theoretischen Überlegungen kamen wir zu dem Schluss, dass nicht nur der Habitus Einfluss auf Interaktionsbeziehungen und damit auch auf Netzwerkstrukturen der

Individuen hat, sondern Interaktion mit Anderen selbst Einfluss auf den Habitus haben. Das Wechselspiel zwischen sozialstruktureller Position, Habitus und Interaktionsmustern, und die dahinter liegenden Wirkungszirkel, gilt es in Zukunft genauer zu untersuchen.

Literatur

Beckert, Jens, 2005: Soziologische Netzwerkanalyse. S. 286–312 in: *Dirk Käsler* (Hg.), Aktuelle Theorien der Soziologie. Von Shmuel N. Eisenstadt bis zur Postmoderne München: Beck.

Bernhard, Stefan, 2008: Netzwerkanalyse und Feldtheorie. Grundriss einer Integration im Rahmen von Bourdieus Feldtheorie. S. 121–130 in: *Christian Stegbauer* (Hg.), In: Netzwerkanalyse und Netzwerktheorie: Ein neues Paradigma in den Sozialwissenschaften. Wiesbaden: VS Verlag für Sozialwissenschaften.

Bommes, Michael und *Valerie Tacke*, 2005: Luhmann's system theory and network theory. S. 282–304 in: *David Seidl* und *Kai Helge Becker* (Hg.), Niklas Luhmann and organzation studies. Malmö: Lieber & Copenhagen Business School Press.

Bommes, Michael und Valerie Tacke, 2010: Das Allgemeine und das Besondere des Netzwerkes. S.25–50 *in:* Netzwerke in einer funktional diffenezierten Gesellschaft, VS Verlag für Sozialwissenschaften.

Bourdieu, Pierre, 1983: Ökonomisches Kapital, kulturelles Kapital, soziales Kapital. S. 183–198 in: *Reinhard Kreckel* (Hg.), Soziale Ungleichheiten. Göttingen: Schwartz.

Bourdieu, Pierre, 1985: Sozialer Raum und Klassen. Frankfurt a. M.: Suhrkamp.

Bourdieu, Pierre, 1987: Die feinen Unterschiede. Kritik an der gesellschaftlichen Urteilskraft. Frankfurt am Main: Suhrkamp.

Bourdieu, Pierre, 1992: Die verborgenen Mechanismen der Macht. Hamburg: VSA-Verlag.

Bourdieu, Pierre, 1998: Praktische Vernunft. Zur Theorie des Handelns. Frankfurt am Main: Suhrkamp.

Bourdieu, Pierre und *Loïc J. D. Wacquant*, 1996: Reflexive Anthropologie. Frankfurt am Main: Suhrkamp.

Burt, Ronald S., 1982: Toward a Structural Theory of Action. Network Models of Social Structure, Perception, and Action. New York: Academis Press.

Coleman, James Samuel, 1990: Foundations of social theory. Cambridge, Mass.: Belknap Press of Harvard University Press.

De Nooy, Wouter 2003: Fields and networks: correspondence analysis and social network analysis in the framework of field theory. Poetics 31: 305–327.

Doreian, Patrick, 2006: Actor network utilities and network evolution. Social Networks 28: 137–164.

Durkheim, Emile, 1988: Über soziale Arbeitsteilung. Frankfurt/Main: Suhrkamp.

Fröhlich, Gerhard, 1994: Kapital, Habitus, Feld, Symbol. S. 42–54 in: *Ingo Mörth* und *Gerhard Fröhlich* (Hg.), In: Das symbolische Kapital der Lebensstile. Zur Kultursoziologie der Moderne nach Pierre Bourdieu. Frankfurt/ New York: Campus Verlag.

Gulas, Christian 2007: Netzwerke im Feld der Macht. Zur Bedeutung des Sozialkapitals für die Elitenbildung. S. 68–94 in: *Elisabeth J. Nöstlinger* und *Ulrike Schmitzer* (Hg.), In: Bourdieus Erben. Gesellschaftliche Elitenbildung in Deutschland und Österreich. Mandelbaumverlag.

Haines, Valerie A., 1988: Social network analysis, structuration theory and the holism-individualism debate. Social Networks 10: 157–182.

Hennig, Marina und *Steffen Kohl*, 2011: Rahmungen und Spielräume sozialer Beziehungen. Zum Einfluss des Habitus auf die Herausbildung von Netzwerkstrukturen. Wiesbaden: VS Verlag für Sozialwissenschaften.

Holzer, Boris 2008: Netzwerke und Systeme. Zum Verhältnis von Vernetzung und Differenzierung. S. 155–164 in: *Christian Stegbauer* (Hg.), Netzwerkanalyse und Netzwerktheorie. Ein neues Paradigma in den Sozialwissenschaften. Wiesbaden: VS Verlag für Sozialwissenschaften.

Hummon, Norman P. , 2000: Utility and dynamic social networks. Social Networks 22: 221–249

Knoke, David und *James H. Kuklinski*, 1982: Network Analysis. Californien: Sage Publications.

Trezzini, Bruno, 1998: Theoretische Aspekte der Sozialwissenschaftlichen Netzwerkanalyse. Schweiz. Z. Soziol. 24: 511–544.

Trezzini, Bruno, 2010: Netzwerkanalyse, Emergenz und die Mikro-Makro-Problematik. S. 193–204 in *Christian Stegbauer* und *Roger Häußling* (Hg.), Handbuch Netzwerkforschung. Wiesbaden: VS Verlag für Sozialwissenschaften.

Wellman, Barry, 1988: Structural analysis. From method and methaphor to theory and substance. S. 19–61 in: *Barry Wellman* und *Stephen D. Berkowitz* (Hg.), Social Structures: a network Approach. Cambridge; New York: Camridge University Press.

White, Harrison C., Scott A. Boorman und *Ronald L. Breiger*, 1976: Social Structure from Multiple Networks. I. Blockmodels of Roles and Positions. The American Journal of Sociology 81: 730–780.

White, Harrison C., Jan Fuhse, Matthias Thiemann und *Larissa Buchholz*, 2007: Networks and Meanings: Style and Switches. Soziale Systeme 13: 543–555.

Windeler, Arnold, 2001: Unternehmungsnetzwerke. Konstitution und Strukturation. Opladen: Westdeutscher Verlag.

Was messen Zentralitätsindizes?

Ulrik Brandes / Sven Kosub / Bobo Nick

Unser Fokus sind die theoretischen Grundlagen gängiger Methoden zur Bestimmung von Zentralität in Netzwerken.

Die Ermittlung der wichtigsten Akteure eines Netzwerks wird als eine der Hauptanwendungen der Graphentheorie in der Analyse von Sozialnetzwerken angesehen (Wasserman and Faust, 1994), und auch in anderen Gebieten gehören Maße, mit denen die strukturelle Wichtigkeit der Knoten eines Graphen beurteilt wird, zum Methodenkanon.

Der Einfachheit halber fassen wir strukturelle Bewertungen der relativen Bedeutung eines Knotens im Folgenden unter dem Begriff Zentralitätsindex zusammen, auch wenn einige davon unter anderen Bezeichnungen wie etwa Status, Prestige oder Einfluss firmieren.

Schon in der Vielzahl der verwendeten Begriffe drückt sich aus, dass Einigkeit weder darüber besteht, was Zentralität überhaupt ist und auf welchem konzeptuellen Fundament sie ruht, noch darüber, mit welcher Methode sie gemessen werden kann (Freeman, 1979). Es verwundert daher nicht, dass in der Literatur eine Unzahl von Zentralitätsindizes vorgeschlagen und angewandt wird (Koschützki et al., 2005a), klare Richtlinien für ihren Gebrauch aber fehlen.

Wir wollen hier vor allem die Notwendigkeit einer theoretischen Fundierung aufzeigen, mit der die Anwendbarkeit bestimmter Maße im jeweiligen Kontext besser begründet werden kann. Am Ende des Aufsatzes wird anhand ausgewählter Ansätze deutlich, dass die bisher unternommenen Versuche der Herleitung und Klassifikation noch weit von diesem Ziel entfernt sind.

Dazu werden wir zunächst die Grundlagen und Definitionen einiger der gängigsten Zentralitäten wiederholen (Abschnitt 1). Die Praxis ihrer Anwendung wird anschließend kritisch hinterfragt, indem Verwendungsbeispiele diskutiert und in einer formalen Analyse auch kontra-intuitive Effekte aufgezeigt werden (Abschnitt 2). Nach einer Übersicht über bisherige und aktuelle Strukturierungsbemühungen (Abschnitt 3) schließt der Aufsatz mit einer Diskussion möglicher Ansatzpunkte für die weitere Forschung (Abschnitt 4).

1. Definition von Zentralitsindizes

Durch die breite Verfügbarkeit entsprechender Software gestaltet sich die Anwendung von Zentralitätsanalysen auf vorhandene Netzwerkdaten in der Regel einfach. Die Beurteilung ihrer Anwendbarkeit setzt hingegen weitaus mehr Kompetenzen voraus. Grundlegende Probleme lassen sich dabei informell erörtern, eine eingehende Betrachtung der auftretenden Schwierigkeiten erfordert jedoch auch ein gewisses Maß an Formalität.

Um Missverständnisse und Mehrdeutigkeiten in den nachfolgenden Abschnitten vorzu-beugen, stellen wir hier zumindest die wichtigsten graphentheoretischen Begriffe sowie die formalen Definition von vier Maßen für Akteurszentralität zusammen. Die ausgewählten Maße zählen dabei einerseits zu den am häufigsten verwendeten, decken andererseits aber auch ein breites Spektrum des Verständnisses von Zentralität ab.

1.1 Graphen

Netzwerkdaten mit verschiedenen Merkmalen werden meist auch mit unterschiedlichen Da-tentypen beschrieben. Um die Diskussion zu vereinheitlichen, verwenden wir im Folgenden jedoch eine Strukturbeschreibung, welche die meisten auftretenden Situationen als Spezial-fälle enthält. So können etwa symmetrische Beziehungen immer durch zwei entgegengesetz-te asymmetrische repräsentiert werden, ohne die Analyseergebnisse zu verändern. Das hier verwendete Strukturmodell wird als *gerichteter Multigraph* bezeichnet, es sollte aber immer klar sein, dass damit keine Einschränkungen gemacht werden.

Gerichteter Multigraph

Symbolisch wird die Struktur eines Netzwerks zunächst durch zwei Mengen repräsentiert: eine (endliche, nicht-leere) Menge V von Knoten repräsentiert die Akteure, und eine Multi-menge $E \subseteq V \times V$ von gerichteten Kanten, d.h. geordneten Paaren von Knoten, durch welche die Beziehungen repräsentiert werden.

Im Gegensatz zu gewöhnlichen Mengen können Multimen-gen das gleiche Element auch mehrfach enthalten. Die Anzahl der Vorkommen eines Elements heisst dann auch dessen Vielfachheit. Im Beispielgraphen rechts ist dies für das Paar (u, w) der Fall, und die beiden Instanzen der Beziehung sind mit d und e bezeichnet.

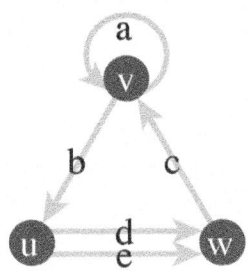

Graphen ohne solche *Multikanten* (auch: *Mehrfachkanten*) bezeichnen wir als (*gewöhnliche*) *Graphen*. Da sie für Zentralitä-ten praktisch keine Rolle spielen, gehen wir davon aus, dass kei-ne Kanten der Form wie $a = (v, v)$ in G enthalten sind. Ein Multi-graph ohne solche *Schleifen* heißt *schlicht*.

Direkte Nachbarschaft

Für einen Knoten $v \in v$ in einem gerichteten Multigraphen $G = (V, E)$ bezeichnet

$\deg^+(v)$ die Anzahl ausgehender Kanten $(v, w) \in E,$ (*Ausgangsgrad*)

$\deg^-(v)$ die Anzahl eingehender Kanten $(w, v) \in E,$ (*Eingangsgrad*)

$\deg(v) = \deg^+(v) + \deg^-(v)$ den Grad von v.   (*Knotengrad*)

Multikanten werden dabei entsprechend ihrer Vielfachheit gezählt. Im obigen Beispielgraphen gilt zum Beispiel $\deg(u) = \deg(w)$, aber $1 = \deg^-(u) \neq \deg^-(w) = 2$.

Für schlichte ungerichtete Multigraphen sind Ausgangsgrad, Eingangsgrad und Grad identisch, weil jede ungerichtete Kante sowohl als eingehend, als auch als ausgehend gezählt wird und in der Definition des Knotengrads jede Kante nur noch einmal gezählt wird.

Länge und Anzahl kürzester Wege

In den Berechnungsvorschriften verschiedener Zentralitätsindizes spielen Abstände zwischen Knoten eine herausragende Rolle. Ein *Weg der Länge k* in einem Multigraphen G ist eine Folge $v_0, \ldots, v_k$ von $k + 1$ aufeinander folgenden Knoten, die für alle $i = 1, \ldots, k$ durch Kanten (v_{i-1}, v_i) verbunden sind. Für Knoten v und w ist der *Abstand* $d(v, w)$ von v nach w in G die Länge eines kürzesten Weges in G, falls ein solcher Weg existiert. Andernfalls definieren wir $d(v, w) = \infty$. Jeder Knoten $v \in V$ hat zu sich selbst den Abstand 0.

Neben der Länge kürzester Wege ist mitunter auch die *Anzahl kürzester Wege* von v nach w von Bedeutung. Diese bezeichnen wir im Folgenden durch $\sigma(v, w)$. Die Anzahl kürzester Wege von v nach w, die über einen *inneren Knoten* u (d.h. $u \neq v$ und $u \neq w$) führen, wird mit $\sigma(v, w|u)$ bezeichnet. Schließlich bezeichnet

$$\delta(v, w \,|\, u) = \frac{\sigma(v, w \,|\, u)}{\sigma(v, w)}$$

den *Anteil der kürzesten Wege* von v nach w, die über u führen. Dabei wird $\frac{0}{0}$ per Definition wie 0 behandelt, weil es in diesem Fall keinen verbindenden Weg gibt.

Im Beispielgraphen aus Abschnitt 1.1 ist $\sigma(v, w) = \sigma(v, w|u) = 2$. Es gilt daher $\delta(v, w|u) = 1$, denn alle kürzesten Wege von v nach w führen über u.

Zusammenhang und Teilgraphen

Probleme bei der Berechnung einzelner Zentralitäten können dann auftreten, wenn unendliche Knotenabstände im Multigraphen existieren. Um diesen Fall gegebenenfalls ausschließen zu können, definieren wir noch ein entsprechendes Erreichbarkeitskriterium.

Ein Multigraph G heißt *stark zusammenhängend*, falls für alle Knoten $v, w \in V$ jeweils ein Weg von v nach w und auch von w nach v existiert. Ein Multigraph $G' = (V', E')$ ist ein Teilmultigraph von $G = (V, E)$ (symbolisch: $G' \subseteq G$), falls $V' \subset V$ und $E' \subseteq E$ gilt. Ein Teilmultigraph $G' \subseteq G$ heißt *starke Zusammenhangskomponente*, falls G' stark zusammenhängend ist und es keinen größeren Teilmultigraphen G'' mit $G' \subset G'' \subseteq G$ gibt, der ebenfalls stark zusammenhängend ist.

Der Beispielgraph aus Abschnitt 1.1 ist stark zusammenhängend, denn jeder Knoten kann jeden anderen in maximal zwei Schritten erreichen. Dies gilt jedoch nicht mehr, wenn beispielsweise die Richtung der Kante b umgedreht wird.

1.2 Zentrale Intuition

Ganz allgemein soll unter einem Zentralitätsindex eine Vorschrift verstanden werden, die jedem Knoten eines Graphen eine Zahl zuordnet. Diese Zahl soll ausschließlich von der Struktur des Netzwerkes abhängen und die Zentralität des durch den Knoten repräsentierten Akteurs angeben. Je höher der Wert, desto größer die strukturelle Wichtigkeit des Akteurs. Damit die durch den Zentralitätsindex zugeordnete Zahl tatsächlich so interpretiert werden kann, muß die Berechnungsvorschrift allerdings noch zu bestimmenden Anforderungen genügen.

Insbesondere sollten intuitiv eindeutige Situationen auch zu den erwarteten Resultaten führen, damit die mit dem Begriff Zentralität verbundenen Konnotationen erhalten bleiben. Der Prototyp eines zentralisierten Netzwerks mit einem eindeutigen Zentrum und einer eindeutigen Peripherie ist der Stern.

Für $n \geq 3$ besteht der Stern mit n Akteuren aus dem einen Knoten im **Zentrum** und weiteren $n - 1$ Knoten in der Peripherie. Während der zentrale Knoten mit allen anderen verbunden ist, sind diese ausschließlich mit dem Zentrum verbunden.

Ein Index, der nur die Struktur berücksichtigt, kann in diesem Fall lediglich zwei Zentralitätswerte vergeben: einen Wert für das Zentrum, und einen weiteren (niedrigeren) Wert, der jedem Knoten in der Peripherie zugeordnet wird. Dies liegt daran, dass letztere miteinander vertauscht werden können, ohne die Struktur zu ändern. Tatsächlich sind sie sogar strukturell äquivalent, weil sie alle genau denselben Nachbarn haben.

Eine Möglichkeit, diese eindeutige Situation zu verallgemeinern, ist die Bestimmung formaler Eigenschaften des Zentrums eines Sterns. Der Grad ihrer Erfüllung in anderen Graphen kann dann als Indikator für das Maß an Zentralität verwendet werden. Beispiele dafür sind:

- Das Zentrum hat den größten Grad aller Knoten des Graphen. Das Zentrum hat $n - 1$ Nachbarn, jeder andere Knoten nur einen.

- Das Zentrum hat die kürzeste Entfernung zu allen anderen Knoten des Graphen. Die mittlere Entfernung des Zentrum zu allen anderen Knoten ist 1, die mittlere Entfernung eines Knotens aus der Peripherie ist

$$\frac{1}{n-1} \cdot (1 + 2 \cdot (n-2)) = \frac{2n-3}{n-1} = 2 - \frac{1}{n-1} > 1.$$

- Das Zentrum liegt auf allen kürzestenWegen zwischen zwei unterschiedlichen Knoten des Graphen. Ein Knoten in der Peripherie liegt nur auf denjenigen kürzesten Wegen, die ihn selbst als einen Endpunkt enthalten.

Genau diese Eigenschaften sind es auch, die im nächsten Abschnitt die Definition einiger Standardzentralitätsmaße ausmachen.

1.3 Formale Definition

Die folgenden drei Zentralitätsindizes sind als direkte Verallgemeinerungen der Eigenschaften des Zentrums eines Sterngraphen definiert.

- Grad-Zentralität: Für einen beliebigen Graphen $G = (V, E)$ ist die Grad- oder Degree-Zentralität $c_D(v)$ eines Knotens $v \in V$ gegeben durch

$$c_D(v) = \deg(v).$$

Die Grad-Zentralität eines Knotens ist umso höher, je mehr inzidente Kanten er besitzt. In schlichten ungerichteten Graphen ohne Multikanten entspricht diese Anzahl stets der Anzahl der direkten Nachbarn.

- *Closeness* (Beauchamp, 1965; Sabidussi, 1966): Für einen stark zusammenhängenden Graphen $G = (V, E)$ und einen beliebigen Knoten $v \in V$ ist die Closeness-Zentralität $c_C(v)$ *von v* gegeben durch

$$c_C(v) = \frac{1}{\sum_{t \in V} d(v, t)} \ .$$

Die Closeness-Zentralität eines Knotens ist umso höher, je geringer seine mittlere Entfernung zu den anderen Knoten im Graphen ist. Je nach Art des Graphen werden gerichtete oder ungerichtete kürzeste Wege betrachtet.

Starker Zusammenhang muss deshalb gefordert werden, weil andernfalls entweder unendliche Entfernungen zwischen Knotenpaaren auftreten oder (bei deren Weglassen) die Anzahl der Summanden nicht mehr notwendig bei allen Knoten die gleiche ist. In beiden Fällen sind die Summen der Distanzen damit nicht mehr sinnvoll zu vergleichen.

- *Betweenness* (Anthonisse, 1971; Freeman, 1977): Für einen beliebigen Graphen $G = (V, E)$ ist die Betweenness-Zentralität $c_B(v)$ eines Knotens $v \in V$ gegeben durch

$$c_B(v) = \sum_{s,t \in V} \frac{\sigma(s, t \mid v)}{\sigma(s, t)} \ .$$

Die Betweenness-Zentralität eines Knotens ist umso höher, je höher sein mittlerer Anteil an den kürzesten Wegen zwischen anderen Knotenpaare $s, t \in V$ ist.

Diese Zentralitäten sind geeignete Verallgemeinerungen der Situation im Stern insoweit, als dass sich für alle drei zeigen lässt, dass sie dem Zentrum des Sterns den größten Wert zuweisen, den irgendein Knoten in irgendeinem Graphen mit der gleichen Anzahl Knoten erhält.

Fester Bestandteil des Methodenkanons sind darüber hinaus solche Zentralitätsindizes, die wechselseitige Abhängigkeiten in die Knotenbewertungen mit einbeziehen. Dieser Rückkopplungseffekt findet sich in Reinform in der folgenden Definition.

- Eigenvektorzentralität (Bonacich, 1972): Für einen stark zusammenhängenden Graphen $G = (V, E)$ ist die Eigenvektorzentralität $c_E(v)$ eines Knotens $v \in V$ gegeben durch

$$c_E(v) = \frac{1}{\lambda} \sum_{(v,w) \in E} c_E(w) \ .$$

Dabei bezeichnet λ den größten Eigenwert der Adjazenzmatrix A von G. Die Lösungen x des so beschriebenen linearen Gleichungssystems $x = \lambda^{-1} A x$ entsprechen Eigenvektoren zum größten Eigenwert, d.h. es gilt $Ax = \lambda x$.

Die Einschränkung auf stark zusammenhängende Multigraphen garantiert, dass eine geeignete Lösung des Gleichungssystems existiert.

Auch die Eigenvektorzentralität liefert auf dem Sterngraphen das zu erwartende Ergebnis.

Obwohl man alle vier Indizes so deuten kann, dass sie
für die Knoten eines Graphen angeben, welcher näher an
den Eigenschaften des Sternzentrums ist, liefern sie im Allgemeinen unterschiedliche Ergebnisse. Das Beispiel rechts
zeigt den kleinsten uns bekannten Graphen, in dem der jeweils zentralste Knoten bezüglich der vier vorgestellten
Maße ein anderer ist.

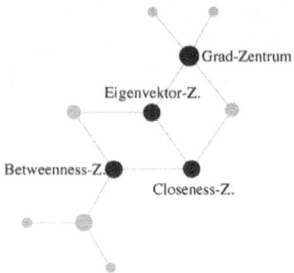

2. Verwendung von Zentralitätsinizes

Dass manche Zentralitätsindizes nicht auf jedem Graphen berechnet werden können, schließt
ihre Benutzung unter Umständen von vorneherein aus. Wir haben dies für Closeness- und Eigenvektorzentralität bereits gesehen. Es gibt jedoch noch weitaus schwerwiegendere Gründe,
warum ein Maß nicht in jedem Kontext angewandt werden kann. Dies soll hier an Beispielen
aus der Literatur und auch an formalen Überlegungen erläutert werden.

2.1 Empirische Beispiele

Einmal definiert und verfügbar gemacht, lässt sich ein Zentralitätsindex auf jeden vom Format
her geeigneten Datensatz anwenden. Es wird damit potenziell zur Erklärung unterschiedlichster
inhaltlicher Zusammenhänge einsetzbar. Die aufwandslose und routinemäßige Bestimmung von
(gewissen, verfügbaren) Zentralitäten birgt damit reichlich Raum für unangemessene Anwendung und Fehlinterpretationen. Exemplarisch soll dies anhand dreier Studien erläutert werden.

Handelswege. Eine mögliche Erklärung für den späteren Aufstieg Moskaus zur dominieren-
den Stadt Russlands besteht in seiner zentralen Lage auf den russischen Schifffahrtswegen im
12. und 13. Jahrhundert. Eine günstige Position im verzweigten System der schiffbaren Flüs-
se könnte die Partizipation an Handelsströmen begünstigt und die Stadt in eine vorteilhafte
soziale und ökonomische Position gebracht haben.

Zur quantitativen Unterstützung dieser These bildet Pitts (1965, 1979) das Netzwerk
der Handelswege in einem ungerichteten Graphen ab, in dem Knoten die Städte und Kanten Handelsrouten zwischen den direkt verbundenen Städten repräsentieren (vgl. Abbildung
1). Dadurch wird es möglich, die relative Bedeutung der einzelnen Städte durch Zentralitätsindizes zu bewerten.

Im ersten Anlauf (Pitts, 1965) werden im ungewichteten Graphen Abstände entlang kürzester Wege und entlang beliebiger Kantenfolgen aufsummiert. Die Bewertung der Zentralität im Handelsnetz erfolgt also aufgrund zweier Modellierungen der Erreichbarkeit anderer
Orte, und Moskau landet auf den Plätzen zwei und fünf bezüglich dieser Maße. In der Fol-
gearbeit (Pitts, 1979) werden dann Abstände zwischen den direkt verbundenen Orten mitbe-
rücksichtigt. In dem so gewichteten Graphen berechnet Pitts wieder den Gesamtabstand (d.h.

Abbildung 1: Mittelalterliche Handelsrouten in Russland nach Pitts (1965).

Abbildung 2: Zentralitätswerte im Handelsnetzwerk nach Pitts (1979).

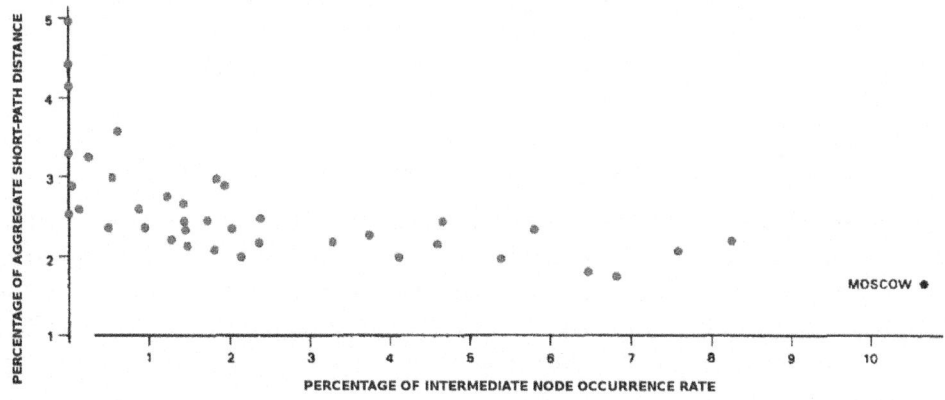

den Kehrwert von Closeness) und neu die Betweenness. Wie in Abbildung 2 zu sehen, hat Moskau dann den geringsten Gesamtabstand und die höchste Betweenness.

Abbildung 3: Verhältnis zwischen Knotengrad und Betweenness im Flugnetzwerk. Links
die Städte mit der höchsten Betweenness und rechts ein Streudiagramm,
in dem ein graues Band den aus einem Permutationstest erwarteten
Zusammenhang anzeigt (aus Guimerà et al. 2005).

City	b	b/b_{ran}	Degree
Paris	58.8	1.2	250
Anchorage*	55.2	16.7	39
London	54.7	1.2	242
Singapore*	47.5	4.3	92
New York	47.2	1.6	179
Los Angeles	44.8	2.3	133
Port Moresby*	43.4	13.6	38
Frankfurt	41.5	0.9	237
Tokyo	39.1	2.7	111
Moscow	34.5	1.1	186
Seattle*	34.3	3.3	89
Hong Kong*	30.8	2.6	98
Chicago	28.8	1.0	184
Toronto	27.1	1.8	116
Buenos Aires*	26.9	3.2	76
São Paulo*	26.5	2.8	82
Amsterdam	25.9	0.8	192
Melbourne*	25.5	4.5	58
Johannesburg*	25.4	2.6	84
Manila*	24.4	3.5	67

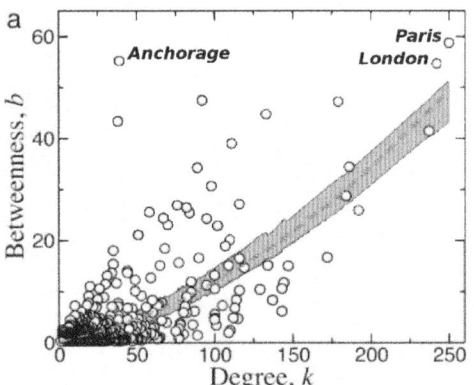

Auf den ersten Blick scheinen die Annahme der Verwendung kürzester Wege als bevorzug-
te Handelsrouten ökonomisch sinnvoll und Closeness und Betweenness als Maße für Aufwand und Partizipation plausibel. Die Begründungen dafür fallen jedoch spärlich aus, und
bei der Konstruktion des Netzwerkes werden auch in der zweiten Arbeit viele Faktoren nicht
berücksichtigt. So wird Handel mit anderen Regionen (Netzwerkabgrenzung) genauso wenig
betrachtet wie die Art der Güter, Handelsvolumina, Fließrichtungen und -geschwindigkeiten,
alternative Transportwege und vieles mehr.

Dieses Beispiel illustriert unter anderem, dass Zentralitätsanalysen im Allgemeinen schon
durch die Konstruktion des Netzwerkes stark beeinflusst werden.

Flugverbindungen. In einer anderen Infrastrukturanalyse wird ein weltweites Netzwerk aus
Städten konstruiert, die durch Passagierflüge miteinander verbunden sind (Guimerà et al.,
2005). Die Autoren stellen für einige Städte starke Abweichung zwischen der Gradzentralität
und Betweenness fest. Da in der Menge aller Graphen mit der gleichen Gradverteilung Knotengrad und Betweenness stark korrelieren, bezeichnen sie die beobachteten Abweichungen
als Zentralitätsanomalien.

Augenfälliges Beispiel für eine solche Zentralitätsanomalie ist in Abbildung 3 (links)
die Stadt Anchorage, die trotz vergleichsweise geringen Knotengrades die zweithöchste Betweenness aufweist. Doch was bedeutet es, dass das Verhältnis der beiden Größen von der Erwartung abweicht?

Dass Gradzentralität und Betweenness sich kaum unterscheiden, wird in vielen Publikationen unterstellt. Da es Beispielgraphen gibt, in denen die Bewertungen sehr deutlich von
einander abweichen, kann eine solche Aussage nur statistisch gemeint sein. Dann kommt es

Abbildung 4: Die Top-10 im Netzwerk aus 7.379 Zeitschriften des Journal Citation Index
und Science Citation Index (aus Leydesdorff 2007).

TABLE 3.   Top 10 journals on three network indicators of centrality in the being-cited direction.

Indegree		Betweenness		Closeness	
Science	4904	*Science*	0.098921	*Science*	0.538172
Nature	4555	*Nature*	0.067541	*Nature*	0.522138
P Natl Acad Sci USA	3776	*P Natl Acad Sci USA*	0.039714	*P Natl Acad Sci USA*	0.490666
Lancet	2834	*Lancet*	0.013324	*Lancet*	0.456274
New Engl J Med	2780	*JAMA-J Am Med Assoc*	0.011943	*New Engl J Med*	0.453366
J Biol Chem	2674	*New Engl J Med*	0.011665	*JAMA-J Am Med Assoc*	0.442401
JAMA-J Am Med Assoc	2510	*Brit Med J*	0.009516	*Ann NY Acad Sci*	0.441714
Ann NY Acad Sci	2375	*J Am Stat Assoc*	0.009486	*J Biol Chem*	0.440729
Brit Med J	2228	*Ann NY Acad Sci*	0.008139	*Brit Med J*	0.433717
Biochem Bioph Res Co	2075	*J Biol Chem*	0.007159	*Biochem Bioph Res Co*	0.420714

aber darauf an, welche Grundgesamtheit und welche Verteilung darauf angenommen werden. Diese Annahmen werden selten explizit erwähnt.

In Guimerà et al. (2005) wird eine Gleichverteilung auf Graphen mit der Gradverteilung des konstruierten Netzwerk angenommen. Die Anomalie ist also relativ zum Ergebnis eines Permutationstests; die beobachtete Abweichung erscheint nur ungewöhnlich, weil sie unter den so ausgewählten Graphen selten auftritt.

Es fehlt jedoch ein Argument, warum die bedingte Gleichverteilung ein gutes Referenzmodell darstellt. Schließlich spielen Entfernungen und staatliche Zugehörigkeiten darin keine Rolle. Aus diesem Grund ist es im Gegenteil gar nicht plausibel, dass ein beliebiger Graph aus dieser Menge ein realistisches Flugnetz darstellen könnte. Zwei der Autoren haben deswegen nur wenig später ein anderes Modell vorgeschlagen (Guimerà and Amaral, 2004), das geopolitische Elemente enthält, auf das wir hier aber nicht näher eingehen.

Die Studie zeigt exemplarisch, dass erheblich genauere Betrachtungen der Zusammenhänge zwischen Zentralitätsindizes erforderlich sind. Weitere Diskussion zu Zentralitätsanomalien findet man auch bei Mutschke (2008).

Zitationen. In einer Analyse der Landschaft wissenschaftlicher Zeitschriften konstruiert Leydesdorff Zitationsnetzwerke, in denen Knoten Zeitschriften repräsentieren und gerichtete Kanten Zeitschriften verbinden, wenn Artikel aus der einen Artikel aus der anderen zitieren bzw. von ihnen zitiert werden (Leydesdorff, 2007). Weitere Netzwerke werden aus der Ähnlichkeit der Zitationsmuster (Werden die gleichen Zeitschriften in ähnlichem Umfang zitiert?) und Einschränkungen der betrachteten Zeitschriften (auf die Zitationsumgebung ausgewählter Zeitschriften) konstruiert. Die Details der Konstruktion (insbesondere Filter- und Normalisierungen) werden auch hier nicht hinreichend eindeutig aufgeführt, sollen in unserem Kontext aber auch nicht weiter interessieren.

Interessant ist vielmehr, dass Closeness und Betweenness in diesen Netzwerken als potenzielle Maße für die Multidisziplinarität und die Interdisziplinarität von Zeitschriften diskutiert werden. Diese Interpretationen werden aus der Definition der Maße und intuitiven Vorstellungen möglicher Konfigurationen hergeleitet und anhand von Beispielen bewertet.

Abbildung 4 zeigt eines der Ergebnisse. Die Diskussion derselben zeigt anschaulich, wie schwierig und riskant es ist, aus intuitiven Vorstellung über das Verhalten von Zentralitätsindizes auf ihre Eignung für inhaltliche Zwecke zu schließen und diese Eignung anschließend empirisch zu überprüfen. Dies gilt umso mehr, wenn in den anekdotisch diskutierten Beispielen durchaus plausible Ergebnisse vorgefunden werden.

Hinzu kommt, dass durch die Anwendung derselben Maße auf ganz unterschiedlich definierte Netzwerke unterstellt wird, dass ihnen zumindest ähnliche Wirkungsmechanismen unterliegen. Warum Wege und gar kürzeste Wege in Zitationsnetzwerken eine Bedeutung haben, wird in Leydesdorff (2007) aber nicht ausgeführt. Dabei wäre dies auch für die Rechtfertigung von Ausschnittsbildungen von Bedeutung.

Damit ist zwar nicht gesagt, dass die Ergebnisse nicht aufschlussreich sein könnten, aber Vertrauen in die generellere Anwendbarkeit der Methodik entsteht so nicht. Die Studie scheint uns daher ein gutes Beispiel für die Notwendigkeit einer inhaltlich-theoretischen Fundierung.

2.2   Formale Eigenschaften

Viele der Missverständnisse und Fehlhandhabungen im Zusammenhang mit Zentralitäten beruhen auf dem noch unzureichenden Verständnis formaler Eigenschaften von Zentralitätsindizes. Die Ergebnisse der Berechnungen entsprechen nämlich keineswegs immer den Vorstellungen, die aufgrund von Nomenklatur und illustrativen Beispielen entstanden sind. Auch dies soll an zwei Beispielen erläutert werden.

Aggregation. Weil Zentralitätsindizes häufig über Summen oder Mittelwerte dyadischer Indizes definiert sind, ist bei der Interpretation der Werte die gleiche Vorsicht wie bei allen solchen Aggregationen geboten.

Beispielsweise scheint Closeness mit der impliziten Vorstellung einer Zentrum-Peripherie-Struktur verknüpft zu werden (Borgatti and Everett, 2006). Schon das einfach Beispiel in Abbildung 5 zeigt aber, dass die Vorstellung von einem mittleren Abstand möglicherweise wenig repräsentativ für die tatsächlichen Dyaden ist.

Sensitivität. Zentralitätsindizes weisen eine unterschiedliche Empfindlichkeit gegenüber Veränderungen der Netzwerkstruktur auf.[1]

Bei der Erhebung von Netzwerkdaten muss jedoch in der überwiegenden Mehrzahl der Fälle mit Ungenauigkeiten gerechnet werden (Marsden, 1990). Können aber schon kleine, lokale Fehler in der Kantenmenge große, globale Änderungen der Zentralitätsbewertung verursachen, dann können letztere nur mit großer Vorsicht interpretiert werden.

Das Beispiel in Abbildung 6 illustriert das anhand von Rückkopplungszentralitäten.

---

[1]   Erste Studien zur Stabilität verschiedener Maße haben Costenbader and Valente (2003) und Borgatti et al. (2006) durchgeführt.

Abbildung 5: Knoten mit gleicher Closeness Zentralität aber qualitativ unterschiedlichen Abstandshistogrammen. Im Gegensatz zu A, ist der mittlere Abstand für die Bs nicht repräsentativ und führt möglicherweise falschen Assoziationen.

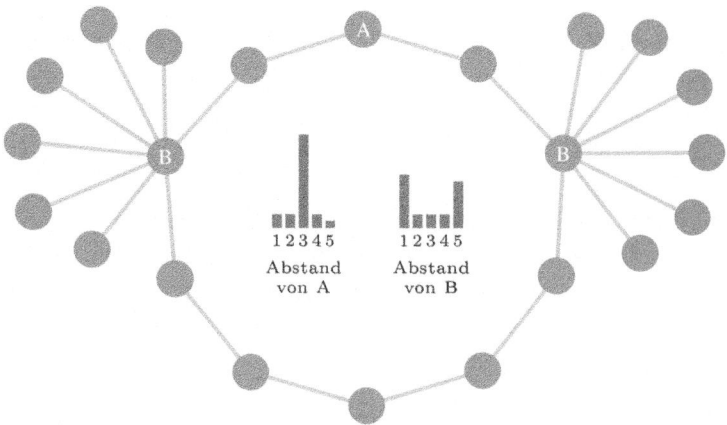

Abbildung 6: Sensitivität der Knotenbewertungen (Streckung/Stauchung) durch Eigenvektorzentralität (links) und PageRank (rechts) hinsichtlich der (Nicht-)Existenz der gestrichelten Kante.

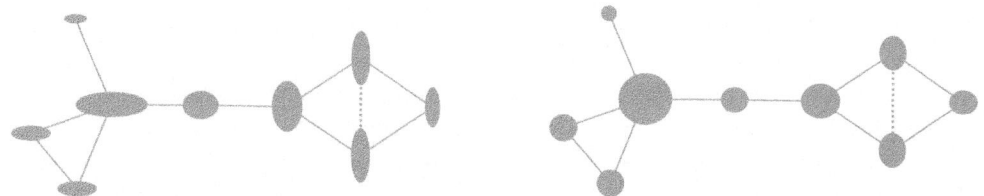

- Im linken Bild ist die Breite der Knoten proportional zu ihrer Eigenvektorzentralität im Graphen ohne die gestrichelte Kante und die Höhe proportional zur Eigenvektorzentralität im Graphen mit der gestrichelten Kante. Da die Summe der Breiten und Höhen gleich skaliert wurde, weisen die deutlichen Streckungen und Stauchungen auf eine erhebliche Sensitivität der Zentralitätsbewertung gegenüber der einen kleinen Änderung hin.

  Die Ursache für die große Instabilität liegt in der Verwendung des Eigenvektors zum größten Eigenwert der Adjazenzmatrix. Dieser konzentriert sein Gewicht auf die Region des Graphen, die am ehesten einem dichtem Zentrum gleicht. Weil der Graph in unserem Beispiel eher bizentral ist, verschiebt die eingefügte Kante das Gewicht vom linken in den rechten dichten Teilgraphen.

■ Nach dem gleichen Prinzip sind die Knoten im rechten Bild entsprechend ihrer Page-Rank-Zentralität skaliert. PageRank ist eine alternative Rückkopplungszentralität, die aus der Relevanzbewertung von Webseiten anhand der sie verbindenden Hyperlinks motiviert ist und in der Suchmaschine Google[2] verwendet wird (Brin and Page, 1998). Für einen gerichteten Graphen $G = (V, E)$ und einen beliebigen Knoten $v \in V$ ist der PageRank $c_P(v)$ von v definiert als

$$c_P(v) = (1 - \omega) \cdot \sum_{(w,v) \in E} \frac{c_P(w)}{\deg^+(w)} + \omega \cdot \frac{1}{n} \; .$$

Es handelt sich also um die mit $0 < \omega < 1$ gewichtete Summe einer gradnormalisierten Eigenvektorzentralität und eines gleichverteilten Rauschens, durch welches die Berechnung auch auf nicht stark zusammenhängenden Graphen ermöglicht wird. Der Page-Rank eines Knotens ist umso höher, je mehr eingehende Kanten er von anderen Knoten mit hohem PageRank hat.

In unserem Beispiel ist die Bewertung durch PageRank deutlich stabiler als die durch Eigenvektorzentralität. Dies läßt sich für den allgemeinen Fall mathematisch beweisen, weist aber vor allem darauf hin, dass zumindest manche Zentralitätsindizes in manchen Situationen zu unsicheren Schlüssen führen können.

3. Klassifikation von Zentralitätsindizes

Wir haben im vorangegangenen Abschnitt argumentiert, dass Zentralitätsindizes nicht universell anwendbar sind und ihre Bewertungen mitunter diffiziler zu deuten sind, als es die motivierende Intuition suggeriert. Ein genaueres Verständnis der Unterschiede zwischen Bewertungen ist daher sowohl für die Beurteilung der Anwendbarkeit eines Maßes, als auch für seine Interpretation nötig.

Hierzu sind bereits einzelne Anstrengungen unternommen worden. In einer experimentellen Studie haben Valente et al. (2008) die Ergebnisse einer Auswahl von Maßen auf ein paar Dutzend sozialen Netzwerken verglichen. Sie stellen auf den Beobachtungsdaten durchaus einige Korrelationen fest, aber es treten eben schon auf diesen wenigen Daten auch deutliche Unterschiede auf. Man kann vermuten, dass für die untersuchten Netzwerke der Grad der Ähnlichkeit zu einem Sternnetzwerk eine wichtige Rolle spielt.

Eine inhaltlich-systematische Herangehensweise wird in Borgatti (2005) vorgeschlagen, indem Zentralitäten anhand ihrer unterstellten Ausbreitungsmodelle klassifiziert werden. Unter der Annahme, dass in einem Netzwerk ein Gut wie etwa Information oder Sympathie verbreitet wird, wird diese Ausbreitung entlang zweier Dimensionen charakterisiert. Die erste Dimension gibt an, auf welcher Art von Wegen die Ausbreitung stattfindet (z.B. kürzeste Wege, überschneidungsfreie Wege, beliebige Wege), und die zweite Dimension gibt an, wie die Weitergabe erfolgt (z.B. Aufteilung, Vervielfältigung, Durchreichung).

---

2   www.google.com

Ein ähnlicher Ansatz wird in Borgatti and Everett (2006) verfolgt, allerdings ist die Klassifikation hier stärker an der Berechnungsvorschrift orientiert. Das Ergebnis ist eine Vierfeldertafel, in der unterschieden wird, ob in die Maße Verbindungsstärken oder Abstände eingehen und ob Zentralität durch gute Position zu (radial) oder zwischen (medial) anderen erreicht wird. Die zweite Unterscheidung ist eher konzeptionell, wir kommen aber weiter unten mit einem formalen Ansatz darauf zurück. Eine konkrete, ebenfalls an den Berechnungsvorschriften orientierte Systematik zur generischen Zusammenstellung von Indizes findet man in Koschützki et al. (2005b).

Da die konzeptionellen Ansätze nicht von den tatsächlichen Eigenschaften der Berechnungsergebnisse, sondern entweder den Bausteinen der Berechnungsvorschriften oder den grundsätzlichen Absichten der Modellierung ausgehen, liefern sie nur Aussagen über eine angenommene Eignung von Maßen. Um prinzipielle Schlussfolgerungen dieser Art besser begründen zu können, wären zusätzlich quantitative Aussagen über Trennschärfe und Abhängigkeit von Instanzen wünschenswert. Die experimentellen Ergebnisse aus Valente et al. (2008) können dazu aber nur erste Vermutungen liefern.

Eine verläßlichere Strategie ist die Festlegung von Mindestanforderungen, die jedes Maß für Zentralität erfüllen muß. Im Gegensatz zu den vorstehenden konzeptionellen Klassifikationen sind in einem solchen axiomatischen Ansatz die Eigenschaften der Bewertungen das zentrale Element. Beispiele findet man etwa in Sabidussi (1966); Kishi (1981); Ruhnau (2000).

Wir wollen hier anhand eines eigenen axiomatischen Ansatzes[3] demonstrieren, dass durch alternative Anforderungen auch verschiedene Typen von Zentralitäten unterschieden werden können. Speziell werden wir Anforderungen definieren, welche die konzeptionelle Einteilung in radiale und mediale Zentralitäten (Borgatti and Everett, 2006) formalisiert. Damit läßt sich dann mathematisch beweisen, dass beispielsweise Closeness und Betweenness Zentralitäten des intutiv erwarteten Typs sind und die Eigenschaften des jeweils anderen Typs nicht erfüllen. Die definierenden Eigenschaften trennen daher zwei Klassen von Zentralitäten und unterstützen so die Interpretation von Ergebnissen.

3.1 Strukturindizes

Wir wollen zunächst sicher stellen, dass Graphen, die dieselbe Struktur aufweisen, auch die gleichen Bewertungen erzielen. Zwei Graphen werden als gleichstrukturiert angesehen, wenn sie bei Weglassung aller Identifikationsmerkmale wie etwa Knotenbezeichnungen nicht unterscheidbar sind.

Formal heißen zwei Multigraphen $G = (V, E)$ und $G' = (V', E')$ daher isomorph (symbolisch: $G \cong G'$), falls eine bijektive Abbildung $\varphi : V \rightarrow V'$ existiert, sodass für alle $u, v \in V$ gilt $(u, v) \in E \Leftrightarrow (\varphi(u), \varphi(v)) \in E'$ mit gleicher Vielfachheit. Die Abbildung φ heißt *Isomorphismus* und wir schreiben $\varphi(G) = G'$. Für $V = V'$ heißt φ *Automorphismus*. Eine Menge K von Multigraphen heißt *Klasse von Mutligraphen*, falls K abgeschlossen ist unter Isomorphismen, d.h., mit G ist auch jeder zu G' isomorphe Graph in K.

---

3   Dieser geht zurück auf einen Beitrag bei der Sunbelt XXII Social Network Conference in New Orleans, 13.-17. Februar 2002 (U. Brandes, *An Improved Mathematical Foundation for Centrality*).

Es sei nun K eine unter Bildung von Zusammenhangskomponenten abgeschlossene Klasse von Multigraphen, d.h. mit G ist auch jede Zusammenhangskomponente von G in K. Außerdem sei $R^*_{\geq 0}$ die Menge aller Vektoren über den nicht-negativen reellen Zahlen. Eine Funktion $s : K \to R^*_{\geq 0}$ heißt *Strukturindex* auf K, falls s

1.   die Knoten bewertet, d.h. für alle $G = (V, E) \in K$ gilt $s(G) \in R^V_{\geq 0}$.

2.   nur die Struktur berücksichtigt, d.h. für alle $G = (V, E)$ und $G' = (V', E')$ mit $G' \cong G \in K$ und für alle $v \in V$ gilt $s(G)_v = s(\varphi(G))_{\varphi(v)}$, falls $\varphi : V \to V'$ ein entsprechender Isomorphismus ist.

3.   die relative Bewertung unabhängig von anderen unverbundenen Teilgraphen macht, d.h. für alle $G = (V, E) \in K$, Zusammenhangskomponenten $C = (V_C, E_C) \subseteq G$ und $v, w \in V_C$ gilt $s(G)_v \cdot s(C)_w = s(C)_v \cdot s(G)_w$.

Strukturindizes dürfen etwaige Knotenbezeichnungen oder inhaltliche Hintergründe also nicht in die Bewertung einfließen lassen. Insbesondere erhalten zwei Knoten, die strukturell äquivalent sind, immer auch die gleiche Bewertung, weil es dann eine Isomorphismus des Graphen in sich selbst (*Automorphismus*) gibt, der die beiden Knoten vertauscht. Ohne weiter darauf einzugehen merken wir nur an, dass die Definition analog für Kantenbewertungen formuliert werden kann.

3.2 Klassifikation von Zentralitäten

Strukturindizes müssen nicht unbedingt etwas messen, dass einem intuitiven Verständnis von Zentralität entspricht. Zählt man beispielsweise für jeden Knoten die Anzahl der strukturell äquivalenten anderen, dann ist das zwar ein Strukturindex, aber das Zentrum eines Sterngraphen schneidet am schlechtesten ab.

Wie aber stellen wir sicher, dass die Bewertungen unserer Intuition nicht widersprechen können? Wie schon Sabidussi (1966) verwenden wir als Kriterium dafür die Veränderung der Bewertung, die das Einfügen einer weiteren Kante bewirkt. Anders als dort betrachten wir aber nicht den absoluten Zugewinn oder Verlust eines Knotens, sondern die Veränderung seiner Position im Ranking der Knoten aufgrund ihrer Zentralität. Wir legen also fest, welchen Knoten das Vorhandensein einer Beziehung nützt oder schadet.

Zu einem Multigraphen $G = (V, E)$ und Knoten $v, w \in V$ bezeichne $G + (v, w)$ daher im Folgenden den Multigraphen, der entsteht durch Einfügen einer weiteren Kante (v, w) in G entsteht. Ein Klasse K von Multigraphen ist abgeschlossen unter Kanteneinfügung, falls mit $G = (V, E)$ stets auch $G + (v, w)$ zu K gehört.

Definition 3.1 *Zu einer unter Kanteneinfügung abgeschlossenen Klasse K von Multigraphen sei $c : K \to R^*_{\geq 0}$ ein Strukturindex. Dann heißt c Zentralitätsindex, falls eine der beiden folgenden Bedingungen für alle $G = (V, E) \in K$ und Knoten $v, w, x \in V$ erfüllt ist*

- Radiale Zentralität:

$$c(G)_v \geq c(G)_x \Rightarrow c(G + (v, w))_v \geq c(G + (v, w))_x \qquad \text{(ausgehend)}$$

bzw.

$$c(G)_w \geq c(G)_x \Rightarrow c(G + (v, w))_w \geq c(G + (v, w))_x \qquad \text{(eingehend)}$$

- Mediale Zentralität:

$$c(G)_v + c(G)_w \geq c(G)_x$$
$$\Rightarrow c(G + (v, w))_v + c(G + (v, w))_w \geq c(G + (v, w))_x$$

In einer (ausgehenden) radialen Zentralität darf sich der Zentralitätsrang eines Knotens v durch eine neue ausgehende Kante (v, w) also nicht verschlechtern können. In einer medialen hingegen müssen beide Endknoten der neuen Kante gemeinsam ihre Stellung behalten. Dies sind jeweils Mindestanforderungen, es ist also durchaus erlaubt (und wird auch in den meisten Fällen so sein), dass die betreffenden Knoten sich tatsächlich sogar verbessern.

Durch die per Definition garantierten Eigenschaften werden folgende Interpretationen der Zentralitätstypen unterstützt:

- *Radiale Zentralitäten:* Da es nicht schaden kann, weitere direkte Kanten hin zu anderen Knoten zu haben, decken sich die Eigenschaften ausgehender radialer Zentralitäten mit der Vorstellung von Einfluss, Zugang, usw. Für eingehende radiale Zentralitäten sind dies dagegen Vorstellungen von Status, Reputation, usw., da es die eingehenden Kanten sind, die eher nützen als schaden.

- *Mediale Zentralitäten:* Da eine weitere Kante für beide Endknoten zusammen nur nützen kann, bewerten solche Zentralitäten vor allem das Beteiligtsein an indirekten Verbindungen, lassen sich also als Maße für Kontrolle, Mediation, usw. auffassen. Es kann aber durchaus sein, dass ein anderer Knoten x mehr von der Kante (v, w) profitiert als einer der beiden Endknoten allein.

Die nachstehende Beobachtung folgt unmittelbar aus der Definition.

Satz 3.2 *Dreht man die Richtung aller Kanten um, wird aus einer eingehenden radialen Zentralität eine ausgehende und umgekehrt. Insbesondere sind ein- und ausgehende radiale Zentralitäten auf ungerichteten Graphen gleich.*

Wir zeigen im Folgenden, dass die Definition von Zentralität und die darin enthaltene Unterscheidung zwischen radialen und medialen bisher üblichen Zentralitäten nicht widerspricht und wie gewünscht sogar eine grobe Interpretationshilfe leistet.

Grad

Die Definitionen der Gradzentralitäten lassen sich auf beliebige Multigraphen anwenden. Sie führen zu lokalen Maßen in dem Sinn, dass nur die Endknoten einer Kante auch von dieser profitieren. Ein hoher Grad wird oft als Zeichen von Aktivität oder Vermittlungspotenzial zwischen Nachbarn interpretiert. Der folgende Satz zeigt daher, dass unsere Anforderungen beide Möglichkeiten offen halten.

Satz 3.3 *Gradzentralitäten sind sowohl radiale als auch mediale Zentralitäten.*

Beweis: Fügt man in einen Multigraphen eine Kante ein, so erhöht sich – je nachdem, welche Art Knotengrad wir betrachten – nur die Zentralität eines oder beider Endknoten. Damit gelten die Ungleichungen aus der Definition der Zentralitäten für Eingangsgrad (medial und ein- aber nicht ausgehend radial), Ausgangsgrad (medial und aus- aber nicht eingehend radial) und allgemeinen Knotengrad (radial wie medial) auf der Klasse aller Multigraphen.

Closeness

Die Closeness eines Knotens ist umgekehrt proportional zu seinem Abstand von allen anderen Knoten eines Netzwerkes. Weil die Vergleichbarkeit zwischen Abstandssummen mit unterschiedlich vielen (endlichen) Abständen nicht gegeben ist, wird Closeness nur auf stark zusammenhängenden Multigraphen (bzw. zusammenhängenden ungerichteten Multigraphen) berechnet. Ein Knoten ist daher zentral bezüglich Closeness, wenn sein Abstand zu allen anderen klein ist.

Der folgende Satz bestätigt die Übereinstimmung von Definition und Intuition.

Satz 3.4 *Closeness ist eine radiale, aber keine mediale Zentralität (auf der Klasse der stark zusammenhängenden Multigraphen).*

Beweis: Sei $G = (V, E)$ ein stark zusammenhängender Multigraph und sei $G' = G + (v, w)$ mit $v, w \in V$. Closeness ist eine ausgehende radiale Zentralität, falls für alle $x \in V$

$$c_C(G)_v \geq c_C(G)_x \Rightarrow c_C(G')_v \geq c_C(G')_x$$

gilt. Für ein festes $x \in V$ folgt aus $c_C(G)_v \geq c_C(G)_x$ zunächst $\sum_{t \in V} d(v, t) \leq \sum_{t \in V} d(x, t)$. Wir zeigen nun, dass für jedes $t \in V$

$$d_G(v, t) - d_{G'}(v, t) \geq d_G(x, t) - d_{G'}(x, t) \geq 0,$$

woraus dann $\sum_{t \in V} d_{G'}(v, t) \leq \sum_{t \in V} d_{G'}(x, t)$ und somit die Behauptung folgt. Die hintere Ungleichung ist klar, da wir eine Kante hinzufügen und also keinen Abstand vergrößern. Ist $d(x, t) - d_{G'}(x, t) > 0$, so muss jeder kürzeste (x, t)-Weg in G' die neue Kante (v, w) benutzen. Es gilt daher $d_{G'}(x, t) = d_{G'}(x, v) + d_{G'}(v, t)$ und wir erhalten:

$$
\begin{aligned}
d(x, t) - d_{G'}(x, t) &= d(x, t) - (d_{G'}(x, v) + d_{G'}(v, t)) \\
&\leq (d(x, v) + d(v, t)) - (d_{G'}(x, v) + d_{G'}(v, t)) \\
&= d(v, t) - d_{G'}(v, t).
\end{aligned}
$$

Die letzte Gleichung gilt, weil die neue Kante (v, w) den Abstand von x nach v nicht verkleinern kann.

Das folgende Gegenbeispiel zeigt, dass Closeness definiert über Abstände *von* einem Knoten zu allen anderen keine eingehende radiale Zentralität ist.

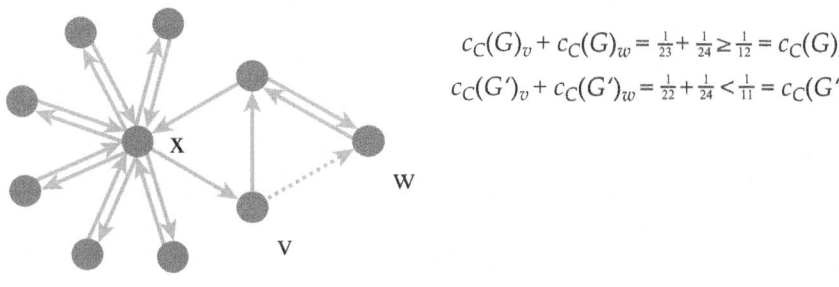

$$c_C(G)_w = \tfrac{1}{3} \geq \tfrac{1}{3} = c_C(G)_v$$
$$c_C(G')_w = \tfrac{1}{3} < \tfrac{1}{2} = c_C(G')_v$$

Aus Satz 3.2 folgt jedoch, dass Closeness eine eingehende radiale Zentralität ist, wenn man stattdessen Abstände von allen anderen *zu* einem Knoten definiert.

Das nächste Gegenbeispiel zeigt, dass Closeness keine mediale Zentralität ist.

$$c_C(G)_v + c_C(G)_w = \tfrac{1}{23} + \tfrac{1}{24} \geq \tfrac{1}{12} = c_C(G)_x$$
$$c_C(G')_v + c_C(G')_w = \tfrac{1}{22} + \tfrac{1}{24} < \tfrac{1}{11} = c_C(G')_x$$

Für umgekehrt definierte Abstände gilt das Entsprechende.

Betweenness

Betweenness wird aus einem anderen Verständnis von Zentralität abgeleitet und immer wieder mit der Vorstellung von Kontrolle über die Verbindungswege anderer Akteure erklärt. Durch die formale Definition von medialen Zentralitäten kann nun bewiesen werden, dass Betweenness tatsächlich etwas prinzipiell anderes misst als Closeness, weil sie genau zur anderen Klasse von Zentralitäten gehört.

Satz 3.5 Betweennes ist eine mediale, aber keine radiale Zentralität.

Beweis: Wir zeigen zunächst wieder mit einem Gegenbeispiel, dass Betweenness keine ausgehende radiale Zentralität ist.

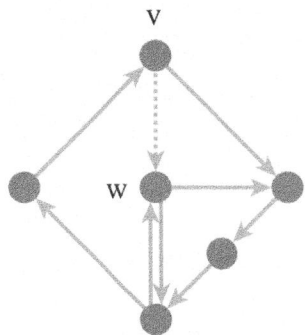

$$c_B(G)_w = 4 \geq 3 = c_B(G)_v$$
$$c_B(G')_w = 4 < 6 = c_B(G')_v$$

Durch Umdrehen aller Kanten erhalten wir ein Gegenbeispiel für eingehende radiale Zentralität.

Für den Nachweis, dass Betweenness aber sehr wohl eine mediale Zentralität ist, seien wieder $G = (V, E)$ ein Multigraph, $v, w \in V$ und $G' = G + (v, w)$. Die Behauptung ist bewiesen, wenn wir zu jedem Paar $s, t \in V$ für alle $x \in V$ zeigen können, dass

$$\delta_{G'}(s, t\,|\,v) + \delta_{G'}(s, t\,|\,w) - \delta_{G'}(s, t\,|\,x) \geq \delta_G(s, t\,|\,v) + \delta_G(s, t\,|\,w) - \delta_G(s, t\,|\,x).$$

Wir können daher $s \neq t \in V$ und $x \in V \setminus \{s, t\}$ wählen, für die anderen Fälle ist nichts zu zeigen.

Liegt die neue Kante (v, w) in G' auf keinem kürzesten (s, t)-Weg, sind alle Größen unverändert und es gilt Gleichheit. Damit sind die Fälle $s = w$ und $t = v$ bereits behandelt. Sind dagegen $s = v$ und $t = w$, dann sind s, t natürlich weder in G noch in G' innere Knoten auf (s, t)-Wegen. Weil dann $d_{G'}(s, t) = 1$ gilt, gibt es in G' überhaupt keinen inneren Knoten, sodass die linke Seite der Ungleichung in jedem Fall Null und die rechte Seite höchstens negativ ist.

Wir können also annehmen, dass $|\{s, t\} \cap \{v, w\}| \leq 1$ und außerdem (v, w) in G' auf einem kürzesten (s, t)-Weg liegt. Die folgenden Argumente bleiben auch richtig, wenn es in G noch gar keinen (s, t)-Weg gab.

In G' gibt es dann genau $\sigma_{G'}(s, v) \cdot \sigma_{G'}(w, t) > 0$ neue kürzeste (s, t)-Wege, die (v, w) enthalten, wobei $\sigma_{G'}(s, v) = \sigma_G(s, v)$ und $\sigma_{G'}(w, t) = \sigma_G(w, t)$ wie vorher. Die Gesamtzahl kürzester (s, t)-Wege und derer, die außerdem v oder w enthalten, wächst also jeweils um k. Daraus folgt zunächst schon einmal, dass $\delta_{G'}(s, t\,|\,v) \geq \delta_G(s, t\,|\,v)$ und $\delta_{G'}(s, t\,|\,w) \geq \delta_G(s, t\,|\,w)$ gelten. Hinzunahme einer Kante (v, w) lässt die Abhängigkeit des Paares s, t von v bzw. w also höchstens steigen.

Liegt x auf keinem der neuen kürzesten (s, t)-Weg in G', dann gilt umgekehrt $\delta_{G'}(s, t\,|\,x) \leq \delta_G(s, t\,|\,x)$, und die Ungleichung ist erfüllt.

Andernfalls liegt x entweder auf einem kürzesten (s, v)-Weg oder einem kürzesten (w, t)-Weg in G' und damit auch schon in G. Ohne Einschränkung liege x im Folgenden auf einem kürzesten (s, v)-Weg. Es reicht jetzt zu zeigen, dass $\delta_{G'}(s, t\,|\,v) - \delta_G(s, t\,|\,v) \geq \delta_{G'}(s, t\,|\,x) - \delta_G(s, t\,|\,x)$.

In G und G' gibt es dann $\sigma(s, v\,|\,x) = \sigma(s, x) \cdot \sigma(x, v)$ viele kürzeste (s, v)-Wege, die auch x enthalten. Insbesondere folgt damit $\delta(s, v\,|\,x) = \frac{\sigma(s, x) \cdot \sigma(x, v)}{\sigma(s, v)}$ in beiden Graphen. Zu den kürzesten (s, t)-Wegen, die x aber nicht v enthalten, kommen in G' gegenüber G keine neuen hinzu; falls (v, w) den Abstand $\delta_G(s, t)$ verkürzt, fallen diese sogar allesamt weg. Es gilt damit immer

$$\delta_{G'}(s, t \mid x) - \delta_G(s, t \mid x)$$
$$= \left(\frac{\sigma_{G'}(s, t \mid x, v)}{\sigma_{G'}(s, t)} + \frac{\sigma_{G'}(s, t \mid x) - \sigma_{G'}(s, t \mid x, v)}{\sigma_{G'}(s, t)} \right)$$
$$\quad - \left(\frac{\sigma_G(s, t \mid x, v)}{\sigma_G(s, t)} + \frac{\sigma_G(s, t \mid x) - \sigma_G(s, t \mid x, v)}{\sigma_G(s, t)} \right)$$
$$\leq \frac{\sigma_{G'}(s, t \mid x, v)}{\sigma_{G'}(s, t)} \quad \frac{\sigma_G(s, t \mid x, v)}{\sigma_G(s, t)}$$
$$= \frac{\sigma_{G'}(s, x) \cdot \sigma_{G'}(x, v) \cdot \sigma_{G'}(v, t)}{\sigma_{G'}(s, t)} - \frac{\sigma_G(s, x) \cdot \sigma_G(x, v) \cdot \sigma_G(v, t)}{\sigma_G(s, t)}$$
$$= \frac{\delta_{G'}(s, v \mid x) \cdot \sigma_{G'}(s, v) \cdot \sigma_{G'}(v, t)}{\sigma_{G'}(s, t)} - \frac{\delta_G(s, v \mid x) \cdot \sigma_G(s, v) \cdot \sigma_G(v, t)}{\sigma_G(s, t)}$$
$$= \delta_G(s, v \mid x) \cdot (\delta_{G'}(s, t \mid v) - \delta_{G'}(s, t \mid v))$$
$$\leq \delta_{G'}(s, t \mid v) - \delta_G(s, t \mid v).$$

Die letzte Ungleichung gilt, weil alle Abhängigkeiten höchstens 1 sind.

Eine Interpretation dieses Ergebnisses ist z.B., dass in Valente et al. (2008) beobachtete Korrelationen zwischen Closeness und Betweenness vermutlich weniger über die Maße, als vielmehr über Eigenschaften der untersuchten Netzwerke aussagen.

4. Diskussion

Wir haben argumentiert, dass die gegenwärtige Verwendung von Zentralitätsindizes weder systematisch noch inhaltlich-theoretisch den Ansprüchen empirischer Forschung genüge tut. Als Grund sehen wir vor allem die unzureichend erforschten formalen Eigenschaften der gängigen Indizes, und das Fehlen schlüssiger Verknüpfungen mit Theorien über Netzwerkgenese und -effekte.

Die verschiedentlich versuchten axiomatischen Begründungen stellen einen möglichen Ausweg dar, weisen aber bisher weder die nötige Reichweite, noch ein ausreichendes Maß an Adaptivität auf. Die aus unserem eigenen hier gemachten Vorschlag resultierende Klassifikation ist nützlich, aber viel zu grob, um mehr als eine erste Leitlinie zu sein. Ihr eigentlicher Beitrag ist vor allem in der formalen Bestätigung zu sehen, dass die unterschiedlichen, hinter den Definitionen von Closeness und Betweenness stehenden Intentionen auch tatsächlich in der beabsichtigtenWeise wirksam werden. Eine mögliche Alternative ist in spieltheoretischen Ansätzen zu sehen.

Letzliches Ziel müsste eine wesentlich trennschärfere Systematik sein, welche die Auswahl von Indizes entlang der theoretischen Konzeption der jeweiligen Netzwerke erlaubt. Die Akzeptanz einer solchen Systematik muß dann durch umfangreiche Untersuchungen zu ihrer konzeptuellen Konsistenz und Vollständigkeit gewährleistet werden. Es ist durchaus denkbar, dass aus diesem Prozess andere, voraussichtlich auch generischer definierte Zentralitätsindizes resultieren.

Die Titelfrage haben wir damit natürlich nicht beantwortet. Wir haben uns vielmehr bemüht, deutlich zu machen, dass die dringlichere Frage darin besteht, was man unter Zentralität verstehen will.

Literatur

Anthonisse, J. M. (1971). The rush in a directed graph. Technical Report BN 9/71, Stichting Mahtematisch Centrum, Amsterdam.

Beauchamp, M. A. (1965). An improved index of centrality. *Behavioral Science*, 10(2):161–163.

Bonacich, P. (1972). Factoring and weighting approaches to clique identification. *Journal of Mathematical Sociology*, 2:113–120.

Borgatti, S. P. (2005). Centrality and network flow. *Social Networks*, 27:55–71.

Borgatti, S. P., Carley, K. M., and Krackhardt, D. (2006). On the robustness of centrality measures under conditions of imperfect data. *Social Networks*, 28(2):124–136.

Borgatti, S. P. and Everett, M. G. (2006). A graph-theoretic perspective on centrality. *Social Networks*, 28(4):466–484.

Brin, S. and Page, L. (1998). The anatomy of a large-scale hypertextual Web search engine. In *Proceedings of the Seventh International World Wide Web Conference*, pages 107–117.

Costenbader, E. and Valente, T. W. (2003). The stability of centrality measures when networks are sampled. *Social Networks*, 25(4):283–307.

Freeman, L. C. (1977). A Set of Measures of Centrality Based on Betweenness. *Sociometry*, 40(1):35–41.

Freeman, L. C. (1979). Centrality in social networks: Conceptual clarification. *Social Networks*, 1:215–239.

Guimerà, R. and Amaral, L. A. N. (2004). Modeling the world-wide airport network. *The European Phyiscal Journal B*, 38:381–385.

Guimerà, R., Mossa, S., Turtschi, A., and Amaral, L. A. N. (2005). The worldwide air transportation network: Anomalous centrality, community structure, and cities' global roles. *Proceedings of the National Academy of Sciences of the United States of America*, 102(22):7794–7799.

Kishi, G. (1981). On centrality functions of a graph. In Saito, N. and Nishizeki, T., editors, *Graph Theory and Algorithms*, volume 108 of *Lecture Notes in Computer Science*, pages 45–52. Springer.

Koschützki, D., Lehmann, K. A., Peeters, L., Richter, S., Tenfelde-Podehl, D., and Zlotowski, O. (2005a). Centrality indices. In Brandes, U. and Erlebach, T., editors, *Network Analysis: Methodological Foundations*, volume 3418 of *Lecture Notes in Computer Science*, pages 16–61. Springer.

Koschützki, D., Lehmann, K. A., Tenfelde-Podehl, D., and Zlotowski, O. (2005b). Advanced centrality concepts. In Brandes, U. and Erlebach, T., editors, *Network Analysis: Methodological Foundations*, volume 3418 of *Lecture Notes in Computer Science*, pages 83–111. Springer.

Leydesdorff, L. (2007). Betweenness centrality as an indicator of the interdisciplinarity of scientific journals. *Journal of the American Society for Information Science and Technology*, 58(9):1303–1319.

Marsden, P. V. (1990). Network data and measurement. *Annual Review of Sociology*, 16(1):435–463.

Mutschke, P. (2008). Zentralitätsanomalien und Netzwerkstruktur. In Stegbauer, C., editor, *Netzwerkanalyse und Netzwerktheorie*, pages 261–272. VS Verlag für Sozialwissenschaften.

Pitts, F. R. (1965). A graph theoretic approach to historical geography. *Professional Geographer*, 17(5):15–20.

Pitts, F. R. (1979). The medieval river trade network of Russia revisited. *Social Networks*, 1(3):285–292.

Ruhnau, B. (2000). Eigenvector-centrality – a node-centrality? *Social Networks*, 22(4):357–365.

Sabidussi, G. (1966). The centrality index of a graph. *Psychometrika*, 31(4):581–603.

Valente, T. W., Coronges, K., Lakon, C., and Costenbader, E. (2008). How correlated are network centrality measures? *Connections*, 28(1):16–26.

Wasserman, S. and Faust, K. (1994). *Social Network Analysis: Methods and Applications*. Cambridge University Press.

Divergenzen zwischen Netzwerkforscher- und Akteursperspektive[1]

Christian Stegbauer

Abstract

Soziale Netzwerke werden normalerweise aus kumulierten Ego-Netzwerken zusammengesetzt. Aus den so gewonnenen Daten werden Schlüsse über die Struktur des Netzwerkes und die Handlungsmöglichkeiten der Akteure gezogen. Eine solche Vorgehensweise erzeugt falsche Schlüsse und fehlerhafte Theorien. Das Problem ist, dass niemand außer den Forschern die auf diese Weise zusammengesetzte Gesamtstruktur erkennen kann. Handlungen aufgrund der strukturellen Positionen im Netzwerk, beruhen aber auf der jeweiligen Sichtweise der Struktur der Akteure in den Netzwerken. Hier – so wird behauptet, finden sich Unterschiede, die für die aus der Interpretation von Gesamtnetzwerken gewonnenen Erkenntnisse von Bedeutung sind. Im Beitrag werden systematisch alle Unterschiede in den Sichtweisen zwischen Forscher und Teilnehmer untersucht. An Beispieldaten werden die zunächst systematisch untersuchten Unterschiede auch empirisch aufgezeigt. Die Sichtweisen der Teilnehmer auf das Netzwerk können nur durch eine Untersuchung der kognitiven sozialen Struktur (was wissen die Teilnehmer über die Beziehungen zwischen den Anderen?) aufgedeckt werden.

1. Einführung

Im Beitrag wird die Frage gestellt, ob nicht Netzwerkforschung an manchen Stellen in die Irre führt. Insbesondere dort erscheinen Ergebnisse und Interpretationen problematisch, wo die Akteursperspektive durch die des Forschers ersetzt wird. Dies ist in vielen Fällen sinnvoll, wenn es etwa um die Untersuchung von Möglichkeiten des Informationsflusses in Netzwerken geht. Hegt man jedoch Verhaltenserwartungen an die Teilnehmer – etwa Handlungen zur Überwindung struktureller Löcher (Burt 1992), so ist die Chance recht hoch, dass nur der Forscher die Löcher kennt, nicht aber der Akteur, von dem ein bestimmtes Verhalten erwartet wird. Ein weiteres Problem betrifft den Einsatz von Zentralitätsmaßen, insbesondere dann, wenn diese auf Geodäten beruhen und dabei das gesamte Netzwerk einbeziehen. Zwar mag es sein, dass bestimmte Informationen, etwa Gerüchte, sich über die dort abgebildeten Bahnen verbreiten – ein bestimmtes bewusstes Handeln zentraler Personen etwa, kann daraus aber kaum abgeleitet werden, weil der Horizont der Sichtbarkeit von Beziehungsstrukturen für die meisten Beteiligten sehr beschränkt ist. Handlungspotentiale sind also in Zusammen-

1   Ich danke Alexander Rausch, dem große Anteile an der Konzeption und Systematik dieses Beitrags zukommen. Für weitere Anregungen danke ich ferner Marina Hennig.

hang mit dem Wissen von Netzwerkstrukturen bei den Teilnehmern zu betrachten. Aus diesem Grund, so soll argumentiert werden, ist es unerlässlich, die Teilnehmerperspektive mit in die Forschung einzubeziehen. Die Akteure haben zudem ihre eigene Sicht auf die Beziehungen zwischen den Anderen. Und diese Sichtweise changiert je nachdem, an welcher Position sie sich im Netzwerk befinden (Stegbauer/ Rausch 2008). Die Sicht der Teilnehmer jedoch ist den Forschern meist unbekannt. Insofern haben wir es mit einer doppelten Problematik zu tun: Die Forscher wissen etwas, was die Akteure nicht wissen – erwägen aber Handlungen der (quasi aus Sicht der) Teilnehmer aufgrund ihrer Informationen. Die Akteure hingegen wissen etwas, was den Forschern in der konventionellen Netzwerkforschung unbekannt ist – ihr Verhalten kann sich nur an dem ausrichten, was sie kennen. Sie nehmen eine zu den Forschern divergierende Perspektive ein. Die Unterschiede zwischen Forscher und Teilnehmersicht werden im Beitrag systematisch dargestellt und an Beispielen aus der eigenen Forschung illustriert.

Den Beitrag kann man im Wesentlichen mit drei Argumenten fundieren: Man kann sagen, erstens, dass Netzwerkforschung sinnvoll ist, weil Strukturen entdeckt werden können, die dem Einzelnen verborgen bleiben. Insofern kann man Netzwerkforschung genau mit der hier kritisierten Differenz zwischen Akteur und Wissenschaftler begründen. Genau in diesem Unterschied liegt ein Großteil des Erfolgs der Netzwerkforschung. Die Differenz ist es, die bei Betrachtern für Aha-Erlebnisse sorgt, die uns etwas gegenüber unserer Alltagsperspektive lernen lässt. Wobei dies nicht ganz stimmt – es handelt sich um die Differenz zwischen der Perspektive eines Einzelnen und der Gesamtsicht, die durch die Netzwerkanalyse ermöglicht wird. Man könnte aber auch die Differenz der Sichtweisen aller Teilnehmer mit dem Gesamtnetzwerk betrachten – dann würde man die kognitive Sozialstruktur berücksichtigen (damit beschäftige ich mich in dem Beitrag ebenfalls).

Kommunikation und Handlung beruhen zweitens auf der Kognition des Einzelnen abhängig von seiner Position im Netzwerk. Der Einzelne wird dabei immer als sozial konstituiert angesehen, wobei vor allem die Situation, bzw. eine Kumulation von Situationen mit den dort konstituierten sozialen Strukturen als entscheidend angesehen wird. Personen sind insofern radikal als sozial konstituiert gedacht – sie sind keineswegs Entitäten per se. Sie führen auch keine anthropologischen Konstanten mit, etwa eine Ausrichtung auf eine Zweck-Mittel-Optimierung (Raub 2010). Eine so radikale Formulierung sieht das Soziale in allen Formen als mit anderen in Situationen konstruierte und rekonstruierte Einheit an. Dies müsste dann aber auch andere als konstant angesehene Mechanismen auf höherer Ebene betreffen, etwa den Wettbewerb (pecking order, White 1992)[2].

Wenn drittens Empfehlungen für das Verhalten in Netzwerken ausgesprochen werden (beispielsweise Burt 1992), dann müssen diese Differenzen der Sichtbarkeit von Beziehungsstrukturen von den Empfehlungsgebern berücksichtigt werden. Solche Empfehlungen betreffen mindestens implizit Karriereüberlegungen (Scheidegger 2008) oder Maßnahmen zur Kreativität (Burt 1999), die dann als „soziales Kapital" ausgezeichnet werden. Zusammengefasst

---

2   Der Wettbewerb entsteht zwar auf einer höheren Ordnungsstufe als die vom methodologischen Individualismus für anthropologisch konstant gesetzte Eigennutzorientierung, als Konstante würde sie aber vor der sozialen Konstruktion stehen – dies ist aus Sicht einer radikalen relationalen Soziologie abzulehnen. So gedacht müsste Wettbewerb ebenso wie Eigennutz ein soziales Konstrukt sein.

werden solche Überlegungen öfters als „instrumenteller Relationalismus" (Burt 1982), bei dem die Relationen als Infrastruktur für Rational-Choice Entscheidungen angesehen werden. Angestrebt wird eine Art von struktureller Autonomie, bei der nach Möglichkeit andere, nicht in Kontakt stehende Gruppen, gegeneinander ausgespielt werden können.

2. Traditionelle Netzwerkforschung

Wie geht die traditionelle Netzwerkforschung vor? Man fragt Personen nach ihren Beziehungen. Im Grunde stellen die so erhobenen Beziehungen nichts anderes als Ego-Netzwerke dar. Anschließend kumuliert der Forscher die Ego Netzwerke zu einem Gesamtnetzwerk. Dieses Gesamtnetzwerk wird ausgewertet und interpretiert.

Auf einige Probleme dieses Vorgehens wurde bereits hingewiesen. So kann man sagen, dass, wenn die Beziehungsstruktur für das Verhalten in Netzwerken von Bedeutung ist, dann ist die einzige Richtschnur für das Verhalten die Wahrnehmung des Netzwerkes durch die beteiligten Personen. Mit anderen Worten – es ist die Kognition der Beziehungen, die das Verhalten beeinflusst, nicht die tatsächlich vorhandenen – und von den Forschern messbaren Strukturen.

Um zu verstehen, wie der Unterschied in der Praxis ausschaut, schauen wir uns ein klassisches Beispiel an. Der krasse Unterschied zwischen dem Horizont der Teilnehmer und dem des Forschers wird in Malinowskis Analyse des Kula Rings aufgezeigt. Malinowski (1984, zuerst 1922), der sich lange Zeit sogar zwangsweise auf den Trobriand-Inseln als Ethnologe aufhielt, beschreibt den Kula-Ring als eine miteinander durch Expeditionen mit Auslegersegelbooten verbundene Inselgruppe in der Nähe von Papua Neuguinea. Die Expeditionen dienten (neben dem untergeordneten Handel) vor allem dem rituellen Austausch von Schmuckgegenständen, die aus Muscheln gefertigt waren.

Malinowski zeigt in seiner Arbeit, dass die Menschen nur ganz geringe Kenntnisse von der sie umgebenden sozialen Struktur besitzen. Er schreibt, dass keinem von den Trobriandern die Struktur des Kula bekannt ist. Sie wissen lediglich, dass die Armbänder und Halsketten (die berühmt sind und teilweise sogar Namen tragen) von Zeit zu Zeit wieder auftauchen. Die Wilden

„sie besitzen keine Kenntnis vom Gesamtumfang irgendeiner ihrer sozialen Strukturen. Sie kennen ihre eigenen Motive, wissen um den Zweck individueller Handlungen und um die dafür geltenden Regeln, wie sich aber aus diesen die ganze kollektive Institution zusammensetzt, liegt außerhalb ihres geistigen Horizonts. Nicht einmal der intelligenteste Eingeborene besitzt eine klare Vorstellung davon, dass das Kula ein großes, organisiertes soziales Gebilde ist, und dessen soziologische Funktion und dessen Auswirkungen kennt er noch viel weniger." (Malinowski 1984: 116, zuerst 1922)

Abbildung 1:   Die Armbänder werden Mwali genannt, die Halsketten Soulava oder Bagi

Quelle: https://webspace.yale.edu/anth500/projects/01_Curley/Armband.html (26.10.2011)

3. Netzwerk und Verhalten

Die vom Forscher entdeckte und dem Eingeborenen unbekannte Struktur beeinflusst sein Verhalten insofern, als er den äußeren Regeln der Beziehungsstruktur unterliegt – die Wege, die die Gegenstände gehen, unterliegen nur an einer Stelle seinem Einfluss. Obwohl die Teilnehmer die gesamte Struktur gar nicht kennen, hat diese dennoch Einfluss auf ihr Verhalten. Das Verhalten gründet sich auf Traditionen, die vielfach von Generationen zuvor ausgehandelt wurden und nun in jedem Vorgang rekonstituiert werden. Regeln für den Tausch werden mit den Gegenständen übermittelt – so sind beispielsweise der Handel von Waren und das Kula strikt voneinander getrennt.

Relationalistisch gewendet, folgt das Handeln der Teilnehmer dem weberschen „subjektiven Sinn". Anders als bei Weber folgt der Sinn nicht unbedingt einem Zweck-Mittel Gedanken, sondern, was die Beteiligten mit ihren Handlungen verbindet, das wird in den Relationen ausgehandelt. Dabei zählt aber aus der Perspektive des Beteiligten nur der Ausschnitt, den er übersehen kann.

Gleichwohl werden über Erzählungen auch Informationen über Aushandlungen woanders bekannt gegeben – es werden kulturelle Tools mit den Gegenständen weitergegeben, die die konkreten Aushandlungen dann beeinflussen. Es entwickeln sich gemeinschaftlich Formen oder diese wurden schon vor langer Zeit entwickelt, die dann als Tradition für den Einzelnen eine sehr starke Verhaltensvorgabe darstellen. Das Beziehungssystem ist also bis in das Verhalten der Einzelnen immer präsent – es zeigt sich, dass Handlungen Einzelner und höhere Aggregatebenen nicht voneinander zu trennen sind. Und trotz dieses Einflusses des Gesamtsystems, welches nur dem Forscher bekannt ist, kommt es in der konkreten Situation vor allem auf den Ausschnitt an, den nur die unmittelbar Beteiligten kennen.

4. Bezugsüberlegungen in der Netzwerkforschung

Die Inselsituation in Zeiten vor Einführung moderner Kommunikationsmittel ist insofern gut für eine solche Analyse geeignet, als sie ein Modell darstellt, bei dem die einzelnen Elemente keine Möglichkeit haben, Kontakte über die jeweils bekannten Bezugspartner hinaus aufzunehmen. Es handelt sich um eine Extremsituation, denn der Ozean versperrt den Beteiligten den Aufbau zusätzlichen Wissens über die Beziehungsstruktur der anderen beteiligten Teilnehmer. Man kann nicht einfach die Inselgruppe durchqueren. Die Besuche auf den Nachbarinseln sind für die Teilnehmer mit ihren Booten lebensgefährliche Hochseeexpeditionen. Den Trobriandern sind also vor allem diejenigen bekannt, mit denen sie in direktem Austausch stehen. Die Nachbarinseln haben sie selbst besucht, sie kennen die wesentlichen Tauschpartner dort und bauen über teilweise lebenslange Tauschpartnerschaften gegenseitiges Vertrauen auf. Doch wie weit reicht ihr Horizont über diese direkten Partnerschaften hinaus? Man kann sich überlegen, dass sie mittels Geschichten auch etwas über die Tauschpartner der Tauschpartner erfahren. Vielleicht, wenn es der Zufall will, treffen sie sogar die Besucher des Tauschpartners aus der anderen Richtung auf einer Expedition zufällig einmal. Viel weiter dürfte ihr Horizont aber nicht reichen. In der Netzwerkforschung wurde gezeigt, dass die Sichtbarkeit von Beziehungsstrukturen nicht sehr weit reicht. Der Horizont der „Observability" liegt nach Friedkins Untersuchung (1983) bei nur zwei Schritten von jeder Person aus gesehen. Die Sichtbarkeit des Netzwerkes ist im vorliegenden Beispiel sehr stark vom Ozean abgeschnitten. Ähnlich wie im Falle der traditionellen Netzwerkforschung weiß hier Malinowski viel mehr über die Struktur als die im Netzwerk gefangenen Teilnehmer selbst. In Abbildung 2 wird die direkte Erfahrung mit durchgehenden Linien dargestellt, die über Geschichten vermittelte Erfahrung durch gestrichelte Linien.

Sicher lässt sich das Kula nicht eins zu eins auf die traditionelle Netzwerkforschung übertragen, es kann aber als Beispiel angesehen werden, an dem die Problematik besonders deutlich wird. Es existiert ein komplexes nicht unmittelbar sichtbares Struktursystem, in dem die Akteure integriert sind. Sie nehmen aber nur einen Teil davon wahr. Wie sie sich verhalten, das ist in starkem Maße von dem Teil abhängig, den sie wahrnehmen. Allerdings nicht nur – ein Teil der Regeln und Tools, die sie in ihrer beschränkten Wahrnehmung unterliegenden Situation anwenden, stammt aus anderen Situationen, die den Teilnehmern selbst unbekannt sind. Sie werden in anderen Situationen entwickelt und werden dann als Formen, Verhaltenselemente und Aushandlungstools angewendet. Ein anderer Teil wird über Geschichten verbreitet. Diese Storys sind eine wesentliche Ressource für Interpretationen und Handlungen. Die Geschichten wandern ein Stück weit unabhängig vom Horizont der unmittelbaren und mittelbaren Kenntnis der Beziehungsstrukturen in der sozialen Umgebung. Die Diffusion von Inhalten, Informationen, Gerüchten etc. geschieht im Netzwerk auch unabhängig von Personen. Um hierzu Hinweise zu gewinnen, ist die traditionelle Netzwerkforschung sehr

sinnvoll, obwohl nicht ausreichend[3]. Dieser Beitrag kritisiert an der traditionellen Netzwerkforschung vor allem den Teil, der aus der Netzwerkstruktur direkte Handlungsempfehlungen
ableitet, ohne auf die Unterschiede der Kenntnisse der Struktur zwischen Forscher und individuellem Teilnehmer einzugehen.

Abbildung 2: Horizont der Sichtbarkeit von Beziehungen am Beispiel der Trobriand Inseln

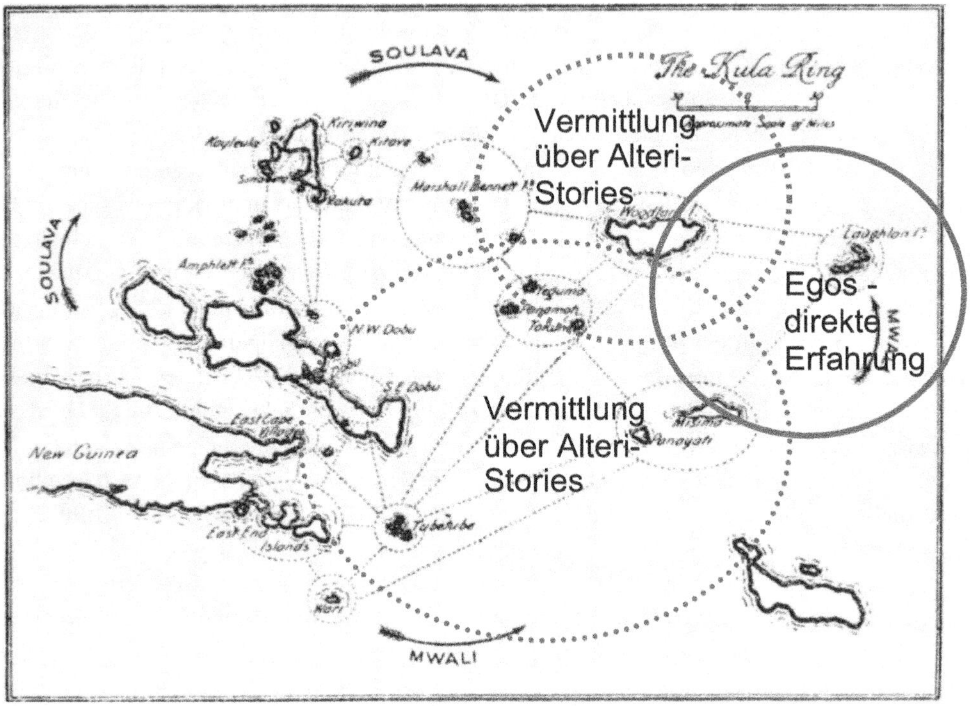

5. Beziehungsstruktur aus Teilnehmer-Sicht

In der konventionellen Forschung stammt das Wissen der Forscher aus kumulierten Ego-Angaben. Fragen hierzu sind: „Mit wem stehst Du in Kontakt?", „Mit wem bist Du befreundet?",
etc. Die Beispieluntersuchung wurde an der Universität Siegen in einer verbindlichen Grund-
lagenvorlesung durchgeführt. Das heißt, dass fast alle Teilnehmer eines Studierendenjahr-
gangs des medienwissenschaftlichen Studiengangs in die Untersuchung einbezogen wurden.

---

3   Sinnvoll ist sie deswegen, weil sie potentielle Wege von Geschichten in ihre Analyse mit einbezieht (etwa
     in Form von geodätenbasierten Netzwerkmaßen, wie die Betweenness-Zentralität). Nicht ausreichend ist sie
     insofern, als sie das „Eigenleben" der Geschichten, das mit der Zeit immer unabhängiger von den konkreten
     Beziehungen wird, nicht berücksichtigen kann.

Abbildung 3: Befragungssituation der Siegener CSS-Untersuchung

Es wurden positive und negative Beziehungen erhoben. Als positive Beziehungen gelten Freundschaften. Die Frage lautete: „Mit welchen Ihrer Kommilitonen/innen würden Sie sagen, sind Sie befreundet?" Die auf diese Weise erhobenen Ego-Angaben wurden konventionell bearbeitet. Damit die Erhebung nicht am schlechten Namensgedächtnis scheitert, wurden die Teilnehmer gebeten, nummerierte Kochmützen zu tragen. In den Fragebogen wurden dann die Kochmützennummern notiert (siehe Abbildung 3).

Zwischen der konventionellen Sichtweise und dem, was die Teilnehmer wissen, klafft eine Lücke. Was aber weiß der Einzelne und inwiefern unterscheidet es sich vom Forscher? Man kann annehmen, dass er seine eigenen Beziehungen kennt. Er hat ein Bild von den Beziehungen zwischen den Anderen, die ihn umgeben. Wenn die Beziehungsstruktur für das Verhalten bedeutend ist, dann ist nur diese Sichtweise entscheidend – das, was der Forscher mehr weiß, spielt dabei gar keine Rolle. Hierzu haben wir gefragt, wer von den anderen Teilnehmern untereinander befreundet ist. Auf diese Weise bekommt man neben der Forschersicht auch ein Bild des Netzwerks jedes einzelnen Teilnehmers.

Mit Hilfe der Daten ist es also möglich, die traditionelle Forschersicht mit dem Netzwerkstrukturwissen der Teilnehmer zu kontrastieren. Die im Folgenden angestellten systematischen Überlegungen zu den Unterschieden der beiden Perspektiven, können mit Hilfe der Empirie aus dieser Studie illustriert werden.

6. Systematische Darstellung der Divergenzen zwischen Forscher und Teilnehmersicht

Bei den folgenden Darstellungen wird immer die Sichtweise einzelner Personen im Netzwerk mit der des Forschers verglichen. Die Ebene des Gesamtnetzwerkes wird an dieser Stelle nicht betrachtet.

Die allermeisten Beziehungen werden als symmetrisch angesehen, exemplarisch hierzu kann man vielleicht Freundschaften nennen. Die Theorie struktureller Balance (Heider 1946) sieht dies gar als konstituierend für Gruppenbeziehungen an, indem entlang positiver Beziehungen aufgrund der Transitivität neue Beziehungen entstehen oder – ebenfalls symmetrisch negative Beziehungen fortgesetzt werden (Davis 1963; 1967). Das bedeutet, dass nicht nur die Beziehungen zwischen zwei Personen als symmetrisch gedacht werden – auch Gruppenbeziehungen werden als tendenziell symmetrisch angesehen. In ähnlicher Weise formuliert von Wiese (1933) den Abstand zwischen den Menschen als konstitutiv für Sozialstruktur (soziale Gebilde). Danach gibt es nämlich nur **einen Abstand** und nicht zwei verschiedene (einen von Ego zu Alter und einen anderen Abstand von Alter zu Ego). Zwei verschiedene Abstände findet man immer dann, wenn die Beziehung nicht symmetrisch ist oder aufgrund eines Erfassungsfehlers als nicht asymmetrisch erscheint.

Beziehungen sollten also grundsätzlich symmetrisch sein, eine Abweichung wird allenfalls als Messfehler angesehen. Demgegenüber zeigen sich in der Forschungspraxis sehr häufig Asymmetrien in den Beziehungen (siehe Davis 1967). Für einige Beziehungen sind sie geradezu konstitutiv (Stegbauer 2008). Auch die Forschungen, die auf triadischen Beziehungen (Davis 1967; Burt 1990; Hummell/ Sodeur 2010) aufbauen, mussten die Verkomplizierung der asymmetrischen Beziehungen mit in ihre Forschung integrieren.[4]

Wenn wir dies auf die Erhebungssituation übertragen, so dürften die meisten Befragten (insbesondere bei Freundschaftsfragen) mit reziproken/symmetrischen Beziehungen rechnen. Hierfür spricht, dass die Teilnehmer (zumindest formal in der Seminarsituation) als formell strukturell äquivalent angesehen werden können[5]. Sie sind formal gleich; es existiert keine

---

4   Bei dieser Diskussion, sollte nicht vergessen werden, dass zahlreiche Beziehungen auch schon per Definition als asymmetrisch anzusehen sind. Hierzu zählen alle Beziehungen, die in einer Hierarchie bestehen. Ähnlich ungleiche Beziehungen finden sich systematisch, wenn Beziehungen zwischen unterschiedlichen Positionen betrachtet werden. Die Asymmetrie ist dann Teil der situativen Aushandlung und kann auf Formen und Traditionen zurückgreifen.

5   Natürlich weisen auch solche formell strukturell äquivalenten Formationen informell unterschiedliche Positionen auf. Diese sind sogar wichtig – auch im Fortgang der Diskussion – weil mit der Position unterschiedliche Horizonte der Sichtbarkeit von Beziehungen zwischen den anderen verbunden sind (Stegbauer/Rausch 2008; Monge/ Contractor 2003:195). Hiermit ist gemeint, dass es keine formale Hierarchie zwischen den Teilnehmern gibt, und man daher mit einer Kommunikation von Gleich-zu-Gleich rechnen kann.

formale Hierarchie zwischen den Beteiligten und schon gar nicht, was potentielle Freundschaften angeht.

Die Akteure können sich nie genau der Symmetrie der Beziehungen sicher sein, denn auch Bezugspartner reden hinter ihrem Rücken über sie; ob gut oder schlecht, es lässt sich kaum feststellen. Außerdem, hierauf hat Harrison White (1992) hingewiesen, gehört es zum Beziehungsmanagement, dass man sich nicht genau über die Beziehung zum Gegenüber auslässt. White nennt dies „interpretative ambiquity". Das bedeutet, dass man bestimmte Beziehungsaspekte offen lässt, man beispielsweise die Abneigung nicht offen zeigt, damit die Beziehung flexibel interpretiert werden kann. Diese Offenheit erlaubt es, miteinander umzugehen, und unter anderen Umständen, in einer anderen Situation beispielsweise, die Beziehung explizit positiv werden zu lassen. Eine solche Unbestimmtheit sorgt aber auch dafür, dass man sich grundsätzlich nicht sicher sein kann über das, was der Andere über Ego angibt.

Abbildung 4: Bestätigte Ego-Beziehung (wechselseitig)

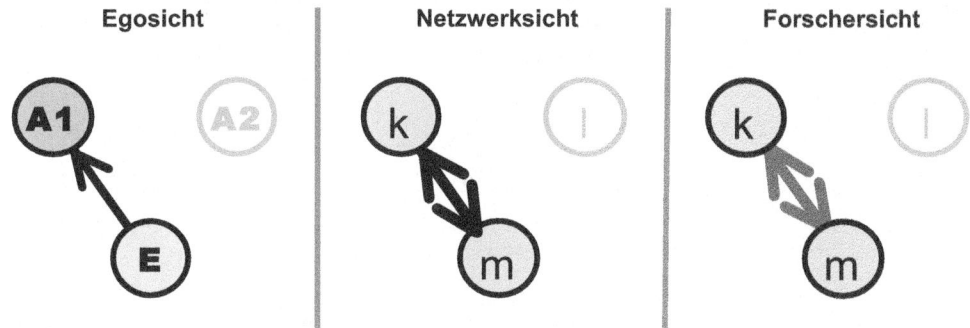

Egosicht:	(1) Beziehungen von Ego zu den Alteri (egozentriertes Netzwerk)
Netzwerksicht:	kumulierte egozentrierte Netzwerke (= Angaben aller Akteure über ihre jeweils eigenen Beziehungen)[6]
Forschersicht:	Mehrwissen des Forschers gegenüber dem Akteur (Ego) aufgrund der Kenntnis des Gesamtnetzwerkes

Ego weiß also nicht, was die umgebenden Alteri ihm gegenüber für Gefühle hegen – was sie tatsächlich in einer Erhebung angeben. Es kann durchaus sein, dass Ego, der im Beispiel A1 (Alter 1) als Freund angibt, gar nicht von A1 genannt wird. Der Befragte, hier E für Ego genannt, kann dies nicht wissen – es bleibt ihm systematisch verborgen. Über dieses Wissen verfügt allerdings der Forscher – er weiß, nach der Kumulation der Beziehungen, welche der von Ego angegebenen Relationen einseitig und welche symmetrisch sind. Tatsächlich ist es so, dass Freundschaft zwar symmetrisch definiert ist, aber in den Erhebungen immer eine größere

---

6   Auch wenn es zunächst so scheint, ist die kumulierte Netzwerksicht nicht immer identisch mit der Forschersicht. Etwa wenn Beziehungen von den Teilnehmern hinzugedichtet werden – der Forscher jedoch weiß, dass diese auf der Ebene der Wahrnehmung vorhandene Beziehung nicht in der kumulativen Darstellung aufscheinen kann (weil in Wirklichkeit nicht vorhanden), vom Teilnehmer falsch beobachtet wurde.

Anzahl an einseitigen Freundschaftsbeziehungen zu finden ist. Dieser Effekt kann aufgrund nicht von allen in gleicher Weise geteilten Freundschaften entstehen, er kann aber auch Ergebnis von Erhebungsfehlern sein (etwa wenn nicht alle die Erhebung gleich ernst nehmen und wirklich alle Beziehungen angeben). Die nichtsymmetrische Freundschaftsangabe kann aber auch auf tatsächlich unterschiedlichen Einschätzungen der Beziehung beruhen. Eine Ursache dafür ist, dass die Beteiligten sich über die gegenseitigen Gefühle oft im Unklaren lassen.

Tatsächlich sind in einer ähnlichen Konstellation (Abb. 5) noch zwei weitere Fälle möglich. So kann die von Ego angegebene Beziehung im Netzwerk sich auch aus Forschersicht als einseitig darstellen. Auch hierüber weiß Ego nichts, es ist aber dem Forscher bekannt.

Abbildung 5:   Bestätigte Ego-Beziehung (einseitig)

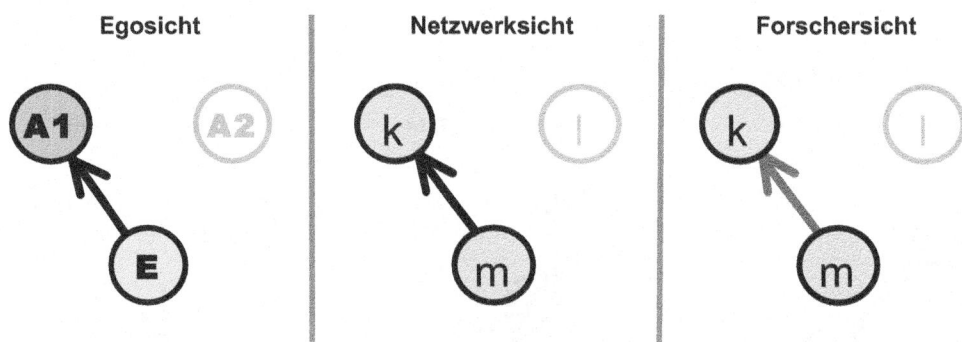

Eine weitere Möglichkeit ist, dass Ego keine Beziehung angibt, aber Alter1 eine Freundschaft behauptet. Ego weiß nichts davon, dass er von Alter gewählt wurde – dies ist aber dem Forscher bekannt.

Abbildung 6:   Nicht bestätigte Beziehung von Alter zu Ego

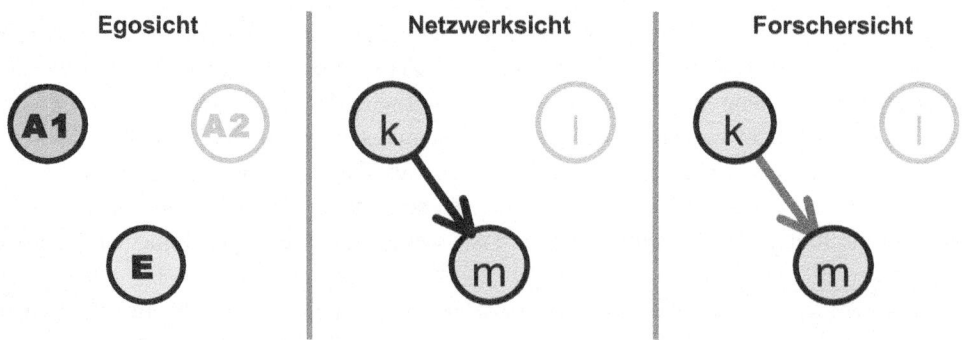

Bei dieser Betrachtung besitzt Ego grundsätzlich nur das Wissen, dass er über seine Beziehungen hat und angeben kann. Der Forscher dagegen weiß, wie sich die umgebenden Personen Ego gegenüber verhalten haben – wurde die Beziehung zu ihm angegeben oder nicht – ist die von Ego angegebene Beziehung tatsächlich von Alter gespiegelt?

Alle drei Fälle bedeuten für den Teilnehmer deutliche Unterschiede hinsichtlich seiner Verhaltensmöglichkeiten. Wenn jemand nichts über die ihm gegenüber gehegten Freundschaftsbeziehungen weiß, kann die mit dieser Beziehung einhergehende Möglichkeit der Unterstützung nicht in Anspruch genommen werden. Wenn die Beziehung einseitig von Ego auf Alter projiziert wird, kann Ego nicht unbedingt mit einer Unterstützung von Alter rechnen. Am ehesten wird sich (potentiell) gegenseitige Unterstützung in symmetrischen Verhältnissen finden. Das alles ist aber den Beteiligten nicht bekannt – das weiß nur der Forscher. Wenn für die Teilnehmer dies alles so transparent wäre, fielen heikle Beziehungsfragen bei Weitem nicht so spannungsreich aus. Man denke beispielsweise an die sensible Frage von Liebesgeständnissen, die bei falsch wahrgenommener Symmetrie die Möglichkeit einer Ablehnung beinhalten. Die Furcht vor einer Zurückweisung lässt wohl viele Partnerschaften, obwohl symmetrische Sympathie vorhanden gewesen wäre, erst gar nicht entstehen. Solche Überlegungen führen die Bedeutung der Divergenz in der Perspektive zwischen Forscher und Teilnehmer deutlich vor Augen. Allerdings mag an dieser Stelle „Beratung" durchaus Beziehungen stiften können – ein Hinweis darauf, dass die Beschränkung der Wahrnehmung durch Dritte, etwa den Forscher, an einigen Stellen durchaus überwindbar sein sollte.

Was der traditionelle Forscher aber nicht weiß, ist, welches Bild Ego von der ihn umgebenden Beziehungswelt besitzt. Das ist möglich durch Untersuchung der kognitiven Sozialstruktur aufzuklären. Diese gehört aber noch nicht zu den Standardinstrumenten der Netzwerkforschung. Zudem ist sie weit schwieriger zu handhaben (weil jeder Teilnehmer ein anderes Netz erkennt), als das eine kumulierte Beziehungsnetz, das aus Egoangaben zusammengesetzt wird.

7. Kognitive Strukturen

In diesem Abschnitt nun geht es darum, was Unterschiede zwischen der Wahrnehmung der umgebenden Beziehungen von Ego und der Forschersicht sind.

Es wurde bereits diskutiert, dass kognitive Strukturen auf der Verhaltensebene die einzigen Strukturen sind, die eine Bedeutung besitzen. Die Untersuchung kognitiver Strukturen geht auf David Krackhardt (1987) zurück. Den Anstoß für diese Forschungsrichtung gaben die Studien von Killworth, Bernard und anderen. Diese Forscher untersuchten, wie korrekt Auskünfte von Informanten über Kommunikationsbeziehungen in Netzwerken waren (Killworth/ Bernard 1976, 1979; Bernard et al. 1984). Die Befragten hatten zwar kein genaues Bild mehr davon, mit wem sie in Kontakt waren – die von ihnen erinnerten Kontakte korrespondierten vielmehr mit ihren Freundschaftsbeziehungen: „Who do you like?" produces about the same answers as asking them „who do you talk?" (Bernard et al. 1984: 499). Das Erinnerungsvermögen ist also getäuscht. Wenn dies schon für die eigenen Beziehungen gilt – was ist dann mit den umgebenden Beziehungen und ihrer Wahrnehmung? Sie dürfte noch größeren Täuschungen unterliegen. Es gibt Hinweise darauf, dass von außen beobachtete Gebilde als Einheiten wahrgenommen werden, die untereinander positiv verbunden sind (Freeman/ Webster 1994).

Die Ego-Sicht auf Beziehungen zwischen Alteri wurde von uns in der Beispielstudie symmetrisch erhoben. Dies ist ein grundsätzlicher Unterschied zur Sichtweise der Forscher, die über die Angaben aller Teilnehmerbeziehungen im Netzwerk verfügen. Obgleich einseitige Beziehungen auch in der Wahrnehmung tatsächlich vorkommen mögen[7], scheint uns die symmetrische Erhebung für die kognitive Struktur eindeutiger zu sein. Hinweise darauf finden wir in der Balance-Theorie, die in ihrer ursprünglichen Fassung auch nur symmetrische Beziehungen kennt.

Abbildung 7: Erkannte Alteri-Beziehung (wechselseitig)

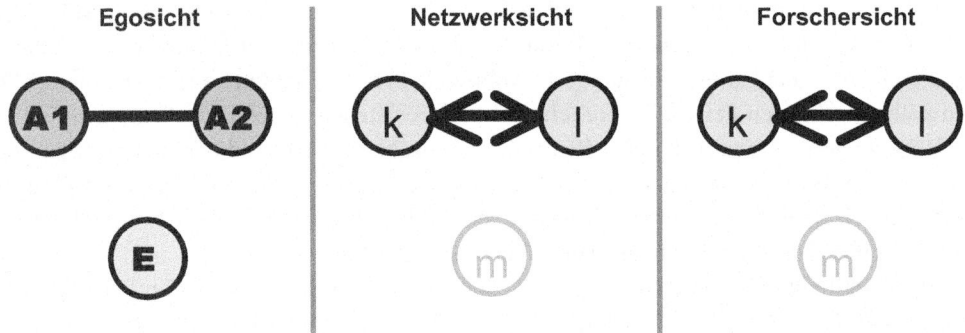

Empirisch kommt es jedoch vor, dass von Ego wahrgenommene und von uns symmetrisch erhobene Beziehungen sich bei den kumulierten Egobeziehungen (traditionelle Forscherperspektive) als asymmetrisch darstellen. Abgesehen davon, dass es sich auch um einen Erhebungsfehler handeln kann (z.B. Teilnehmer sind unterschiedlich fleißig in der Angabe ihrer Beziehungen), haben nur die Forscher in unserer Erhebung die Chance solche Beziehungen als einseitig wahrzunehmen. Hier wird zudem argumentiert, dass in den meisten Fällen die Beobachter nicht in der Lage sind, asymmetrische Beziehungen in der Gruppe zu erkennen.[8] Leider haben wir mit dem von uns eingesetzten Instrumentarium nicht die Möglichkeit, diese Annahme zu überprüfen.

---

7   Zu den Geschichten, die über Teilnehmer verbreitet werden, können durchaus auch solche über asymmetrische Beziehungen gehören, etwa Person xy läuft Person z immer hinterher. Eine solche Einschätzung könnte auch auf eigener Beobachtung beruhen.

8   Divergenzen würden sich auch beim Vergleich unterschiedlicher Erhebungsverfahren zeigen. So dürften teilnehmende Beobachter aufgrund ihrer meist nur situativen, sich über einen kurzen Zeitraum erstreckenden Anwesenheit ein anderes Netzwerk erheben, als die eher auf längerfristige und eher „strong ties" begünstigende Befragung in der traditionellen Netzanalyse.

Abbildung 8: Erkannte Alteri-Beziehung (einseitig)

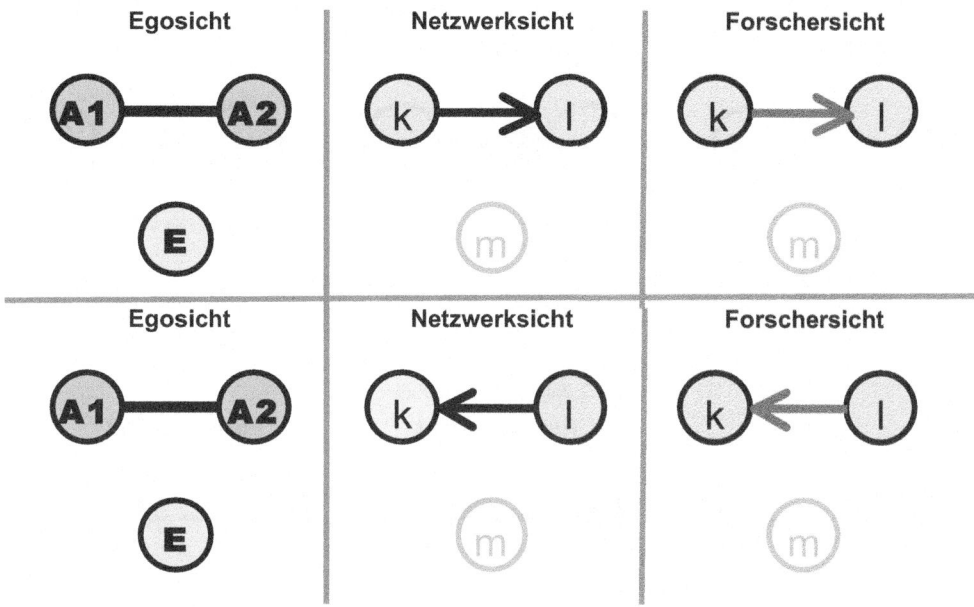

Auf der Ebene des Einzelnen ist es möglich, dass bestimmte Beziehungen nicht erkannt werden. Der Forscher hat die Möglichkeit, die Network-Slices (Krackhardt 1987) der kognitiven Struktur übereinander zu legen. Kumuliert er die Netzwerke auf, so bekommt er ein verdichtetes Netz, bei dem Beziehungen, die von vielen erkannt werden, deutlich sichtbar werden. Erhebungsfehler oder fehlender Fleiß werden auf diese Weise ausgeglichen. Gleichwohl werden sich Teilnehmer im Gesamtnetz finden, die die von vielen anderen erkannten Beziehungen nicht wahrnehmen. Das weist darauf hin, dass es aus Forschersicht ein Fehler wäre, allen diese Kenntnis zu unterstellen. Vielmehr dürfte es von der jeweiligen Position abhängen (Stegbauer/ Rausch 2008), wer welche Beziehung wahrzunehmen in der Lage ist.

Abbildung 9:   Nicht erkannte Alteri-Beziehung

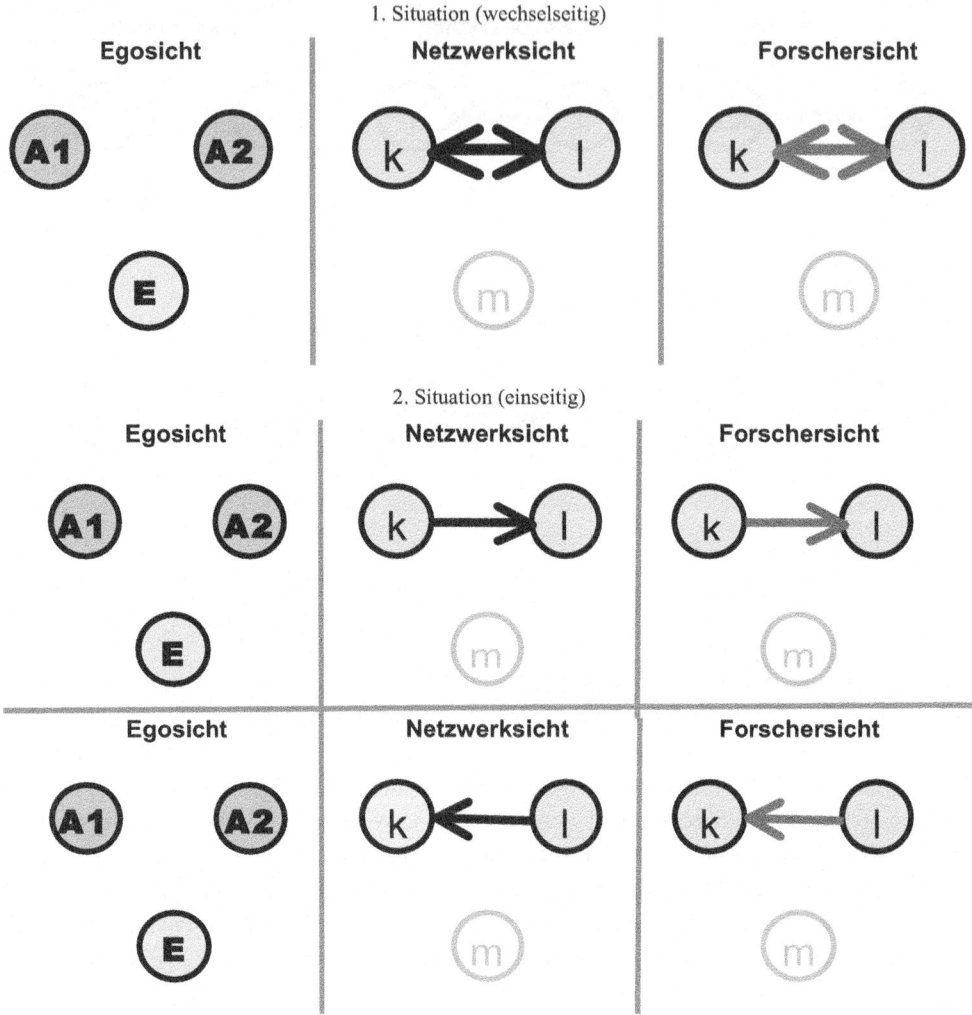

Die interessanteste der diskutierten Varianten ist, dass Personen Beziehungen zu erkennen glauben, die tatsächlich nicht vorhanden sind. Wie ist das möglich? Es kommt empirisch beispielsweise dort vor, wo Subgruppen beobachtet werden. Die Surfercommunity etwa (Freeman/ Webster 1994) wird, weil es immer die Gleichen sind, die an einem Strandabschnitt zusammen lagern, als eine Einheit betrachtet. In einer solchen Einheit (in der Netzwerkterminologie – kohäsive Subgruppe genannt) gehen die Beobachter von gegenseitig positiven Beziehungen aus. Tatsächlich ist auch so eine Annahme durch die Balancetheorie gestützt. Diese Theorie ist offensichtlich von Alltagsbeobachtungen abgeleitet. In der Theorie struktureller Balance konnte nachgewiesen werden, dass Gruppen untereinander positive Beziehungen haben – gäbe es negative Beziehungen, so würde die Gruppe gespalten (Harary 1955; Davis

1967). In ähnlicher Weise argumentiert die Fokus-Theorie, die von einer positiven Beziehung um einen Fokus ausgeht. Eine Clique kann als Fokus angesehen werden, denn in der Clique gehen die beteiligten Personen oft miteinander um – ja das Treffen ist nahezu unvermeidlich. In einer Clique werden auch gemeinsame Aktivitäten geplant und ausgeführt (Feld 1981).

Abbildung 10: Hinzugefügte Alteri-Beziehung

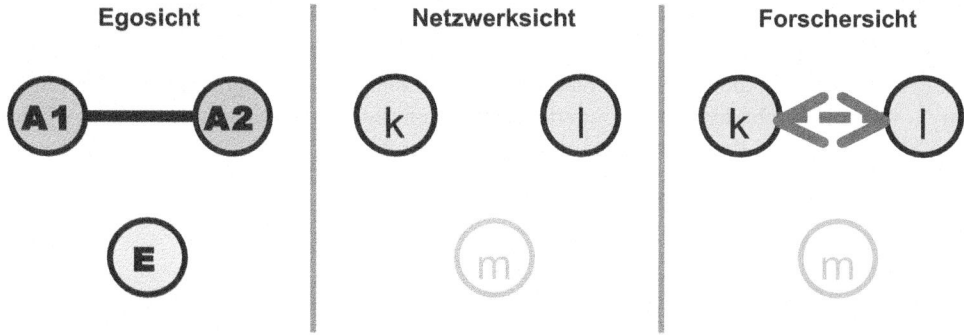

Die soziologische Theorie passt hier also zur Intuition, die freilich durch die Sozialisation gestützt wird (vergl. Nooy 2006 – am Beispiel von Märchen).

An dieser Situation wird deutlich, dass nicht nur Forscher systematische Fehler begehen können, wenn sie den Teilnehmern aufgrund ihrer Kenntnis von den Netzwerkstrukturen Verhaltensoptionen unterstellen – die Teilnehmer machen ebenso Fehler. Es gibt allerdings auch hier einen systematischen Unterschied, der die Divergenz der Perspektiven wiederum deutlich macht: Die Wahrnehmungsfehler der Teilnehmer führen tatsächlich zu Konsequenzen.

Die Fehler, die die Teilnehmer in ihrer Wahrnehmung machen, können für das Verhalten von großer Bedeutung sein, denn handlungsrelevant sind nicht die tatsächlichen Beziehungen, sondern diejenigen, die sich die Menschen vorstellen, von denen sie vermuten, dass sie vorhanden sind. Begründet wird dies im klassischen sog. Thomas-Theorem (Thomas/ Thomas 1928: 572): „If men define situations as real they are real in their consequences."

Zuschreibungen, die über Andere vorgenommen werden, glätten der Einfachheit halber über individuelle Unterschiede hinweg und nehmen eine Orientierung an sozialen Aggregaten (Gruppen, Subgruppen) vor. Solche Zuschreibungen dienen nicht nur der Vereinfachung der Wahrnehmung, damit die hochkomplexe soziale Welt verarbeitet und die Beziehungen erinnert werden können, sie sorgen auch dafür, dass Teile der Umgebung aufgrund kategorialer Zuschreibungen aus der Wahrnehmung ausgeklammert werden.

8. Beispiele aus der Siegener Erhebung

Im Folgenden werden einige Beispiele aus unserer Siegener Erhebung präsentiert. Die einzelnen bis hierhin systematisch präsentierten Formationen können auch empirisch verfolgt werden. In dem vorliegenden Beitrag verbleiben wir auf der Beispielebene und zeigen an einem einzigen Teilnehmer auf, was Unterschiede zwischen der Perspektive dieses Einzelnen und des Netzwerkforschers sind.

Abbildung 11:   Freundschaftsbeziehungen: Was weiß der Teilnehmer?
                   Siegener CSS-Untersuchung – Sicht eines Teilnehmers (die Alteri-Sicht
                   bleibt dem Forscher in der konventionellen Untersuchung unbekannt – hier
                   weiß der Teilnehmer mehr als der Forscher)

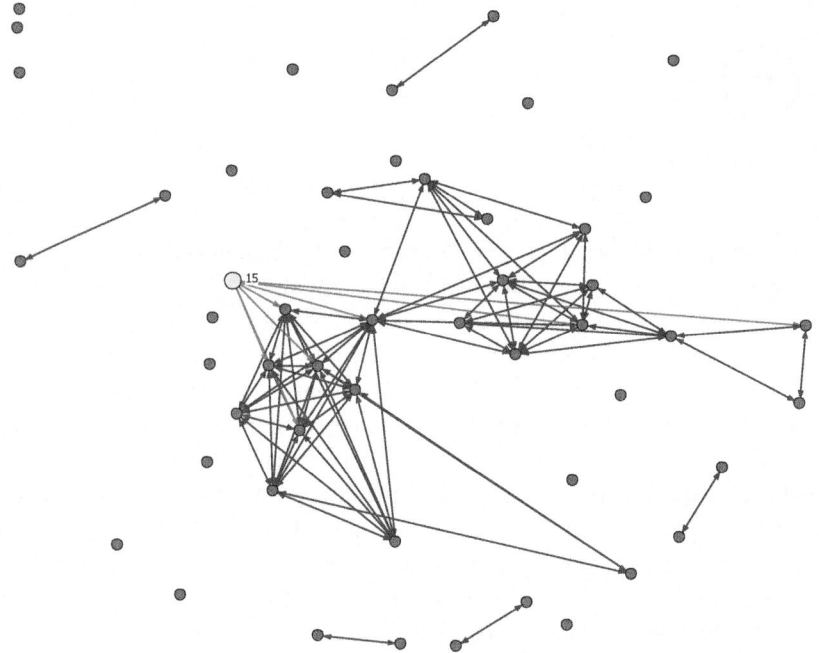

hellere Kanten: Ego-Sicht
dunklere Kanten: Alteri-Sicht (kognitive Netzwerkstruktur dieses Teilnehmers)

In Abbildung 11 wird die Sicht eines Teilnehmers auf das Seminarnetzwerk der Siegener Untersuchung gezeigt. Die hier präsentierten Daten dienen lediglich der Illustration. Die Wahrnehmung des hier präsentierten Teilnehmers weicht insofern etwas vom Durchschnitt ab, als er zu denjenigen gehört, die viele Beziehungen zwischen den umgebenden Teilnehmern wahrgenommen (angegeben) haben. Wie zuvor systematisch aufbereitet, beinhaltet sein Egonetz nur die Beziehungen, die von ihm selbst ausgehen. Diese Beziehungen sind durch die Pfeile auf die anderen Teilnehmer angezeigt. Darüber hinaus ist seine Wahrnehmung des umgebenden Beziehungsnetzes abgebildet[9].

Die Beispielperson nimmt tatsächlich eine Art „Brückenposition" ein. Vielleicht ist dies der Grund für die sehr detaillierte Kenntnis der Gesamtstruktur des Netzwerkes. Grob gesprochen erkennt der Teilnehmer zwei Subgruppen (Cliquen). Cliquen sind definitionsgemäß maximal verbundene Subgraphen. Solche wurden vom Teilnehmer offensichtlich erkannt. Er selbst steht mit Mitgliedern beider Cliquen in Verbindung – ohne selbst Mitglied zu sein. Eine Position, die man nach Burt als Brückenposition beschreiben kann. Der Teilnehmer überbrückt die Grenzen der Subgruppen – sorgt in ähnlicher Weise wie ein weiterer Teilnehmer dafür, dass Informationen zwischen den Gruppen fließen können. Mag sein, dass die Position zwischen den Cliquen tatsächlich dazu führt, dass er über die Beziehungen im Gesamtnetzwerk recht gut Bescheid weiß.

Abbildung 12: Siegener CSS-Untersuchung – Was weiß der Forscher mehr?

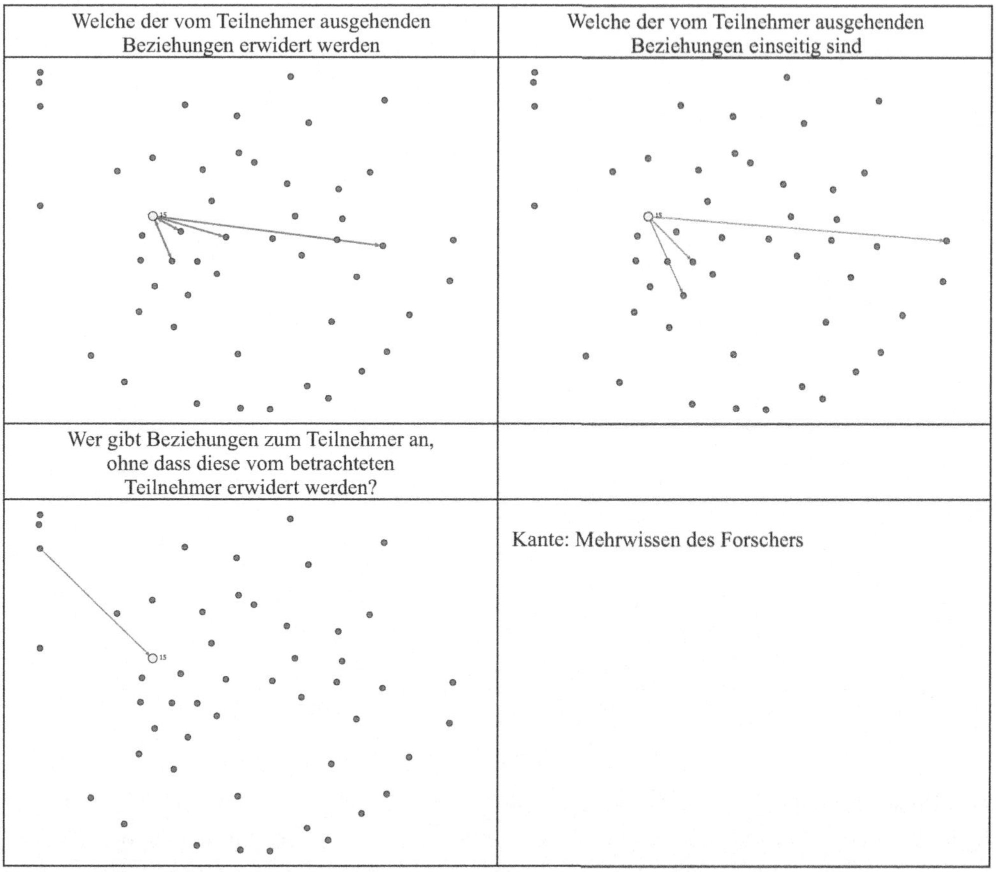

Welche der vom Teilnehmer ausgehenden Beziehungen erwidert werden	Welche der vom Teilnehmer ausgehenden Beziehungen einseitig sind
Wer gibt Beziehungen zum Teilnehmer an, ohne dass diese vom betrachteten Teilnehmer erwidert werden?	Kante: Mehrwissen des Forschers

---

9   Hier gehen systematisch die Pfeile in beide Richtungen. Dies muss so sein, denn die Beziehungen wurden symmetrisch erhoben.

Obwohl der Teilnehmer des hier betrachteten Beispiels ziemlich viel zu wissen scheint, bleiben ihm, wie zuvor schon konstatiert bestimmte Dinge systematisch verborgen. Was ihm an Wissen fehlt, ist, inwiefern die von ihm angegebenen Beziehungen erwidert werden. Der Teilnehmer weiß auch nicht, ob noch zusätzliche Personen ihn als Beziehung angegeben haben. Man kann sagen, dass der Teilnehmer keine Kenntnis über Symmetrie der von ihm kenntlich gemachten Relationen besitzt. Hinsichtlich möglicher Asymmetrien weiß er nicht, ob die von ihm ausgehenden Beziehungen erwidert werden. Zudem kann es sein, dass er von weiteren Teilnehmern gewählt wurde – auch diese Asymmetrie wäre ihm unbekannt.

Im Beispiel wissen wir als Forscher, dass von den sieben angegebenen Freundschaftsbeziehungen gerade einmal vier erwidert werden (Abb. 12. oben links). Auf der oberen rechten Hälfte sind die drei einseitigen Beziehungen eingezeichnet. In Abb. unten links ist angezeigt, dass ein weiterer Teilnehmer eine Beziehung zum Beispielteilnehmer konstatiert, die diesem unbekannt sein dürfte.

Am hier betrachteten Teilnehmer zeigt sich der systematische Unterschied zwischen Beteiligten und Forschern in der Praxis. Dem Teilnehmer ist nicht bekannt, ob die von ihm angegebenen Beziehungen erwidert werden und er weiß auch nicht, ob es auf ihn zusätzliche Freundesbeziehungen, über die von ihm angegebenen hinaus gibt.

Abbildung 13: Siegener CSS-Untersuchung – Was weiß der Forscher mehr? *(Gilt nur bei CSS-Erhebung)*

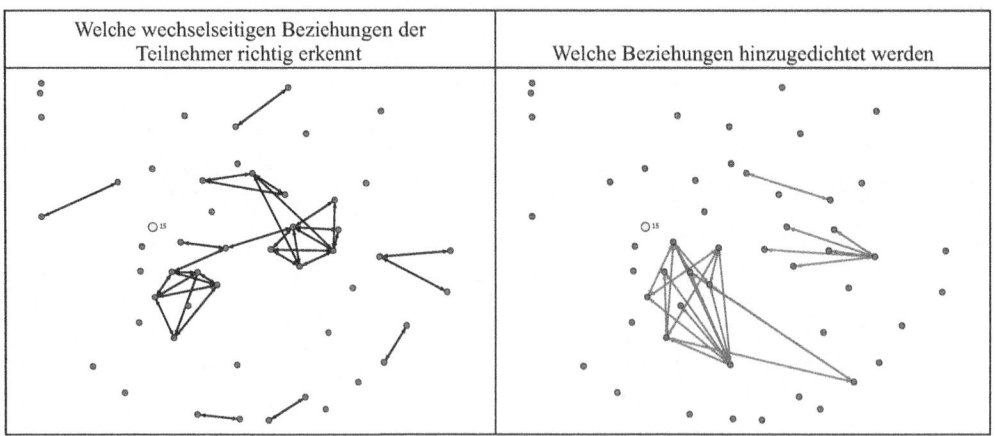

Welche wechselseitigen Beziehungen der Teilnehmer richtig erkennt	Welche Beziehungen hinzugedichtet werden
Kanten: Mehrwissen des Forschers	Kanten: Mehrwissen des Forschers

Der Beispielteilnehmer hat in seinem kognitiven Netzwerkausschnitt tatsächlich sehr viele der auf der Individualebene angegebenen Teilnehmer richtig erkannt. Die beiden Cliquen wurden von ihm wahrgenommen (linke Graphik in Abb. 13). Allerdings nimmt er auch eine ganze Reihe an Beziehungen wahr, die aus der Sicht der Forscher – auf der Netzwerkebene nicht existent sind (rechte Graphik in Abb. 13). Wie lässt sich der Fehler beschreiben? Die

Teilnehmerkonstellation wird als Clique wahrgenommen – allerdings werden Personen zu den Cliquen hinzugenommen, die in Wirklichkeit offensichtlich nicht hinzugehören. Würde man dem Teilnehmer nun bestimmte Verhaltensweisen aufgrund seiner Netzwerkposition zuschreiben, dann läge man mit der Interpretation ohne die kognitive Struktur mit einzubeziehen nicht richtig. Die in Wirklichkeit ausgeschlossenen Personen würden behandelt, als seien sie zur jeweiligen Clique zugehörig. Ihnen werden dann möglicherweise Haltungen unterstellt, die den Cliquen zugeschrieben werden – die aber nicht für Nichtmitglieder der Clique gelten. Das bedeutet, dass die Fremdsicht auf die Teilnehmer eine andere ist, als die Selbstsicht. Es dürfte auch heißen, dass der Teilnehmer mit den als cliquenzugehörig betrachteten Anderen anders über die Cliquenmitglieder redet, als mit solchen, die nicht dazu gehören.

Das hier illustrativ vorgestellte Beispiel zeigt Abweichungen von der Forscherperspektive in zweierlei Hinsicht: Erstens – die Wahrnehmung des Netzwerkes schließt systematisch vorhandene Strukturen aus. Um erfahren zu können, wie die Unwissenheit strukturiert ist, muss die klassische Untersuchung der Beziehungsstruktur durch die Perspektive der kognitiven Struktur ergänzt werden. Wir können nachweisen, dass das Erkennen von Beziehungen abhängig ist von der im Netzwerk eingenommenen Position (Stegbauer/ Rausch 2008). Dies bedeutet aber, dass nicht alle über das gleiche Wissen verfügen – Verhaltenshinweise, etwa hinsichtlich des Ausnützens von struktureller Unabhängigkeit müssten berücksichtigen, dass die Teilnehmer nicht unbedingt erkennen können, was der Forscher weiß. Zweitens – die kognitive Repräsentation des Netzwerkes folgt bestimmten Regeln – etwa, dass zu Cliquen, positive Beziehungen zwischen allen Cliquenmitgliedern gehören. Eine Außensicht auf solche Strukturen folgt Beobachtungen (im Raum) und ist dadurch auf eine gröbere Interpretation der sichtbaren Beziehungen angewiesen. Eine genauere Betrachtung der tatsächlich vorhandenen Relationen würde die Fähigkeiten der Teilnehmer angesichts der vielfältigen Grenzen der Wahrnehmung, der kognitiven und zeitlichen Beschränkungen wohl überbeanspruchen (Stegbauer 2010). Die Beteiligten leben also mit einem bestenfalls rudimentären Bild des sie umgebenden Beziehungsnetzes. Über einen detaillierteren Einblick verfügt der Forscher – so sollte es angesichts der Möglichkeiten der Netzwerkanalyse auch sein, nur sollte der Informationsvorsprung nicht dazu verleiten, den Teilnehmern im Netzwerk zu viel zuzutrauen.

9. Konklusion

In der klassischen Sicht, die sich aus kumulierten Ego-Netzwerken zusammensetzt, weiß der Forscher, ob die von Ego angegebenen Beziehungen wechselseitig oder einseitig sind. Zudem weiß er über die eingehenden Beziehungen von Ego Bescheid, die Ego nicht sieht.

Die Frage ist aber, was der Forscher mit dem Mehrwissen anfängt. Er könnte die Personen im Netzwerk mit diesem Wissen beraten – hierbei könnten asymmetrische Beziehungen angesprochen werden, mit dem Ziel, diese in symmetrische zu verwandeln, damit die Leistungen, die Freundesbeziehungen (so das hier behandelte Beispiel) beinhalten können, auch abrufbar sind. Bestehende Unsicherheiten könnten damit (potentiell und höchstens temporär) abgebaut werden.

Im Alltag jedoch, wenn sich die Menschen in ihren jeweiligen Netzwerken verhalten, dann ist nicht die Forscherperspektive entscheidend, sondern die der untersuchten Egos, also deren Beziehungen und deren kognitive soziale Struktur. Schlüsse, die Forscher aus diesem Wissen ziehen, müssten systematisch hierauf Rücksicht nehmen. Dies bedeutet, dass die kognitive soziale Struktur als essentieller Bestandteil von Netzwerkuntersuchungen eine stärkere Berücksichtigung finden müsste.

Die Unterscheidung zwischen den beiden unterschiedlichen Perspektiven zeigt Probleme auf, sie hat aber auch etwas Positives: sie ermöglicht es – konsequenter mit den Potentialen der beiden hier konfrontierten Sichten umzugehen. So kann beispielsweise die Forscherperspektive potentielle Informationsflüsse beschreiben, etwa, wie sich Informationen oder Klatsch in Netzwerken verbreiten; die Teilnehmerperspektive hingegen zeigt am ehesten Verhaltens- bzw. Handlungsoptionen aus Sicht der einzigen, die zu handeln in der Lage sind, auf. Insofern haben beide Perspektiven ihren Platz im Universum der Netzwerkforschung – es sollte dem Forscher aber klar sein, wo die Grenzen der Interpretation der unterschiedlichen Netzwerkdaten liegen.

Zwar bleiben die verwendeten Methoden immer abhängig vom jeweiligen Erkenntnisinteresse der Forscher, aber zur Wahl der adäquaten Vorgehensweise gehört es, sich über die oft gar nicht bewussten Implikationen der Methoden im Klaren zu sein. Insofern ist es das Ziel des Aufsatzes, Forscher für die kognitive Struktur zu interessieren, zumal dies die einzige Sicht ist, die Teilnehmer zur Verfügung haben.

Hierbei sollte allerdings berücksichtigt werden, dass eine, wie hier vorgenommene Zerlegung des Netzwerkes in die Betrachtung einzelner Beziehungen nur einen Teil der Wahrnehmung und Handlungsorientierung der Teilnehmer ausmacht. Darüber liegt beispielsweise das positionale System, welches über die Einzelbetrachtung von Beziehungen hinaus – Handlung moderiert. Die letzte Anmerkung dieses Textes dient also der Relativierung des Gesagten: Jede Beziehung steht im nicht unwichtigen Kontext der Mesoebene – und hier stellt sich Struktur mit und ohne Einwirken des Einzelnen her.

Literatur

Bernard, H. Russell; Killworth, Peter D.; Cronenfeld, David, 1984: The problem of informant accuracy: The validity of retrospective data. Annual Review of Anthropology 13: 495–517.

Burt, Ronald S., 1982: Toward a structural theory of action. Network models of social structure, perception, and action. New York: Academic Press (Quantitative studies in social relations).

Burt, Ronald S., 1990: Detecting role equivalence. Social Networks 121: 83–97.

Burt, Ronald s., 1992: Structural holes: The social structure of competition. Cambridge, Mass.: Harvard University Press.

Burt, Ronald S.. 1999: The Social Capital of Opinion Leaders. Annals of the American Academy of Political and Social Science 566: 37–54.

Burt, Ronald S., 2004: Structural Holes and Good Ideas. American Journal of Sociology 110: 349–399.

Davis, James A., 1963: Structural balance, mechanical solidarity, and interpersonal relations. American Journal of Sociology 68: 444–462.

Davis, James A., 1967: Clustering and Structural Balance in Graphs. Humans Relations 20: 182–187.

Feld, Scott L, 1981: The Focused Organization of Social Ties. American Journal of Sociology 86: 1015–1035.

Freeman, Linton C.; Webster, Cyntia M., 1994: Interpersonal proximity in social and cognitive space. Social Cognition 12: 223–247.

Friedkin, Noah E., 1983: Horizons of Observability and Limits of Informal control in Organization. Social Forces 62: 54–77.

Harary, Frank, 1955: On the notion of balance of a signed graph. Michigan mathematical Journal 2: 143–146.

Heider, Fritz, 1946: Attitudes and Cognitive Organization. In: Journal of Psychology. 21, S. 107–112.

Hummell, Hans J.; Sodeur, Wolfgang, 2010: Netzwerkanalyse. S. 575–603 in: Wolf, Christof; Best, Henning (Hg.): Handbuch der sozialwissenschaftlichen Datenanalyse. Wiesbaden: VS.

Killworth, Peter D.; Bernard, H. Russell, 1976: Informant accuracy in social network data. Human Organization 35: 269–286.

Killworth, Peter D.; Bernard, H. Russell: 1979: Informant accuracy of triadic structures in behavioral and cognitive data. Social Networks 2: 19–46.

Krackhardt, David, 1987: Cognitive social structures. Social Networks 9: 109–134.

Malinowski, Bronislaw, 1984: Argonauten des westlichen Pazifik. Ein Bericht über Unternehmungen und Abenteuer der Eingeborenen in den Inselwelten von Melanesisch-Neuguinea. Frankfurt: Syndikat (orig.: Argonauts of the Western Pacific. An Account of Native Enterprise and Adventure in the Archipelagoes of Melineasian New Guinea, New York: Reynolds, 1922)

Monge, Peter R.; Contractor, Noshir S., 2003: Theories of communication networks. Oxford: Oxford Univ. Press.

Nooy, Wouter de, 2006: Stories, Scripts, Roles, and Networks. Structure and Dynamics: eJournal of Anthropological and Related Sciences 1: 2, Article 5. http://repositories.cdlib.org/imbs/socdyn/sdeas/vol1/iss2/art5 (30.03.2011)

Raub, Werner, 2010: Rational Choice. S. 269–280 in: Stegbauer, Christian; Häußling, Roger (Hg.): Handbuch Netzwerkforschung. Wiesbaden: VS.

Stegbauer, Christian, 2008: Weak und Strong Ties. Freundschaft aus netzwerktheoretischer Perspektive. S. 105–119 in: Stegbauer, Christian (Hg.), Netzwerkanalyse und Netzwerktheorie. Wiesbaden: VS.

Stegbauer, Christian, 2010: Strukturbildung durch Begrenzungen und Wettbewerb. S. 207–231 in: Fuhse, Jan; Mützel, Sophie (Hg.): Relationale Soziologie. Zur kulturellen Wende der Netzwerkforschung. Wiesbaden: VS.

Stegbauer, Christian; Rausch, Alexander, 2008: Die Position als Filter für die Wahrnehmung von Beziehungen. Ad-hoc-Gruppe: Netzwerkanalyse – Empirische und theoretische Perspektiven. In: Rehberg, Karl-Siegbert; Giesecke, Dana (Hg.): Die Natur der Gesellschaft. Verhandlungen des 33. Kongresses der Deutschen Gesellschaft für Soziologie in Kassel 2006. Frankfurt am Main: Campus.

Thomas, William Isaac; Thomas, Dorothy Swaine, 1928: The child in America: Behavior problems and programs. New York: Knopf.

White, Harrison C., 1992: Identity and Control. A Structural Theory of Social Action. Princeton: Princeton University Press.

Wiese, Leopold von, 1933: System der allgemeinen Soziologie als Lehre von den sozialen Prozessen und den sozialen Gebilden der Menschen (Beziehungslehre). 2., neubearb. Aufl. München: Duncker & Humblot.

Ethnische Segregation in Freundschaftsnetzwerken. Unit-Non-Response und Imputation in einer Befragung von Schulklassen

Michael Windzio

Abstract

Mithilfe von Befragungen in Schulklassen lassen sich Gesamtnetzwerke erheben, die z.B. Analysen von Determinanten inter- oder intraethnischer Freundschaften erlauben. Sozialpsychologische Theorien heben hervor, dass soziale Bewertungen nicht unabhängig von der sozialen Einbettung z.B. in transitive Triaden erfolgen und dass dadurch Dyaden, für die man die Chancen auf einen Kontakt statistisch schätzt, innerhalb eines Netzwerkes nicht unabhängig voneinander sind. Zur Kontrolle der statistischen Abhängigkeit werden neuerdings auch in der Migrations- und Integrationsforschung so genannte Exponential Random Graph ($p*$) Modelle verwendet. Jedoch sollten bei der dafür notwendigen Berechung des Grades der Einbettung einer Dyade in das umgebende Netzwerk möglichst vollständige Netzwerke verwendet werden. Vollständigkeit der Klassen ist während der Erhebung allerdings nicht immer gegeben. Erfasst man Informationen über Bindungen auch zu den während der Befragung abwesenden Schülerinnen und Schülern sowie einige sozial saliente Merkmale wie ethnische Herkunft und Geschlecht, lassen sich diese Ausfälle mit Hilfe von Imputationsverfahren zumindest partiell kompensieren.

In diesem Beitrag wird das Erhebungsverfahren von Gesamtnetzwerken, die Logik der $p*$ Modelle sowie das vorgeschlagene Imputationsverfahren vorgestellt. Anschließend werden die Effekte der Imputation anhand von Modellschätzungen beschrieben.

1. Einleitung

In der Migrations- und Integrationsforschung werden unterschiedliche Dimensionen der Assimilation von Migranten untersucht. Neben der kognitiven bzw. kulturellen Assimilation, die sich auf Wissen und Sprache des Aufnahmelandes bezieht, sowie der strukturellen Assimilation, bei der insbesondere Bildungserwerb und sozialstrukturelle Platzierung im Vordergrund stehen, betrachtet man in der sozialen Dimension die Zusammensetzung der sozialen Netzwerke. Handelt es sich eher um eigen-ethnische Netzwerke, die sich vornehmlich aus Landsleuten zusammensetzen? Oder haben Migranten ebenso Kontakte zu Einheimischen? Soziale Assimilation bedeutet, dass Migranten in derselben Weise zu Kontakten zu Einheimischen oder anderen Migranten neigen, wie dies die Einheimischen selbst tun. Daraus folgt, dass sozialwissenschaftliche Studien zur sozialen Assimilation idealerweise auf Netzwerk-daten basieren sollten. In der empirischen Forschung werden häufig egozentrierte Netzwerke erfasst, die jedoch einen gravierenden Nachteil aufweisen: nur die Kontakte der jeweils be-fragten Personen werden untersucht, allenfalls noch Kontakte innerhalb eines egozentrierten Netzwerkes (Jansen 2006: 82), nicht aber Kontakte, die im Netzwerk über mehrere Schritte erreicht werden können, d.h. Kontakte mit einer höheren Pfaddistanz. Außerdem bilden ego-zentrierte Netzwerke nur faktisch realisierte Bindungen ab, so dass letztlich nicht nach Fak-toren gefragt werden kann, die sich auf das Zustandekommen einer Bindung auswirken. Um Ursachen von Bindungen zu untersuchen, müssen Gesamtnetzwerke erhoben werden, die so-wohl Dyaden mit, als auch Dyaden ohne eine Bindung enthalten.

In einigen neuen Studien wurden Gesamtnetzwerke in Schulklassen erhoben. Weil Da-ten über Gesamtnetzwerke Analysen von Determinanten einer Bindung im Netzwerk ermög-lichen, wurden Schulklassen-Netzwerke auch in der Migrations- und Integrationsforschung untersucht (Moody 2001; Quillian und Campbell 2003; Baerveldt et al. 2007; Mouw und Ent-wisle 2006; Vermeij et al. 2009). Dabei wurde für Kinder und Jugendliche in den USA und den Niederlanden eine recht deutliche ethnische Segregation der Netzwerke festgestellt. Ne-ben dem großen Potential der Analyse von Gesamtnetzwerken sind aber auch einige Proble-me offenkundig. So ist die Analyse umso aussagekräftiger, je vollständiger die Netzwerke z.B. einer Schulklasse erfasst werden können. Durch fehlende Knoten wird faktisch die Grenze des Schulklassen-Netzwerkes neu gezogen (vgl. Erlhofer 2008: 256). Die Vollständigkeit der Erhebung wiederum ist abhängig von der An- oder Abwesenheit einzelner Schülerinnen und Schüler während der Befragung. In vielen Ländern, so etwa in Deutschland und in den USA, ist insbesondere im Grundschulbereich die Zustimmung der Eltern zu der Befragung einzu-holen. Schon allein aufgrund der mangelnden Kooperationsbereitschaft der Eltern kommt es in der Regel zu zahlreichen Ausfällen und somit zu unvollständigen Netzwerken.

Im Folgenden soll ein Verfahren zur Imputation von Netzwerken vorgestellt werden, das insbesondere in tendenziell reziproken Beziehungsdimensionen angewendet werden kann. Bei diesem Verfahren wird in einer schulklassenbasierten Befragung mithilfe eines Lehrer-fragebogens rudimentäre Information über die abwesenden Schülerinnen und Schüler erfasst und bei der Imputation verwendet. Im Kontext einer Schulklasse kann eine Bindung in der Dimension der Freundschaftskontakte zwischen zwei Akteuren bereits durch ihr Geschlecht sowie ihre ethnische Herkunft relativ gut erklärt werden. Erfasst man diese beiden Merkmale auch für die *abwesenden* Schülerinnen und Schüler, ist diese Information für die Imputation der nicht beobachteten Knoten und Kanten verwendbar.

2. Das Forschungsprojekt

Im DFG-Projekt „Dynamiken sozialer Assimilation"[1] wird davon ausgegangen, dass sich die soziale und ethnische Zusammensetzung der Netzwerke mit dem Übergang in die weiterfüh-

---

1   Dank an die Deutsche Forschungsgemeinschaft, die das Projekt unter der Kennziffer 574 807 fördert.

rende Schule und die damit einhergehende soziale Selektion deutlich verändert. Aufgrund der Neuzusammensetzung der Schülerinnen und Schüler in der Sekundarstufe setzt sich – so die Annahme – das über die Netzwerkkontakte in der Peergruppe erreichbare Sozialkapital neu zusammen (Windzio und Wingens 2009). Im Anschluss an die erste Befragung der 4. Jahrgangsstufe, die als Baseline-Erhebung (Welle 0, 105 Schulklassen) dient, wird in der 1. Welle (5. Jahrgangsstufe, Februar bis April 2010) die Neukomposition der Netzwerke erfasst. Sodann werden diese Netzwerke in der 6. und 7. Jahrgangsstufe im Rahmen eines Paneldesigns erneut erhoben.

Während des Klasseninterviews füllten die Schülerinnen und Schüler die Fragebögen unter Anleitung der Interviewer aus. Um die Anonymität der Angaben der Gesamtnetzwerke zu gewährleisten, wurden während der Erhebung auf den Plätzen der Schülerinnen und Schüler gut sichtbare Nummern aufgestellt. Die jeweils eigene Nummer wurde in den Fragebogen eingetragen. Die Netzwerkkontakte zu den Mitschülern wurden nur durch die Nennung ihrer Nummern erfasst. Ein Reliabilitätstest basierte auf der Information, welche Kinder Ego als Gastgeber bei seiner Geburtstagsparty empfing, während Alter angab, auf wessen Geburtstag er war, was zu einer Übereinstimmungsquote von 91 % führte. Korrigiert für zufällige Übereinstimmungen resultiert daraus ein Kappa von .709, was auf eine gute Reliabilität der Angaben hindeutet. Abbildung 1 stellt das Netzwerk der Geburtstagseinladungen einer Klasse dar.

Abbildung 1: „Welche Kinder waren schon einmal bei dir zum Geburtstag?"

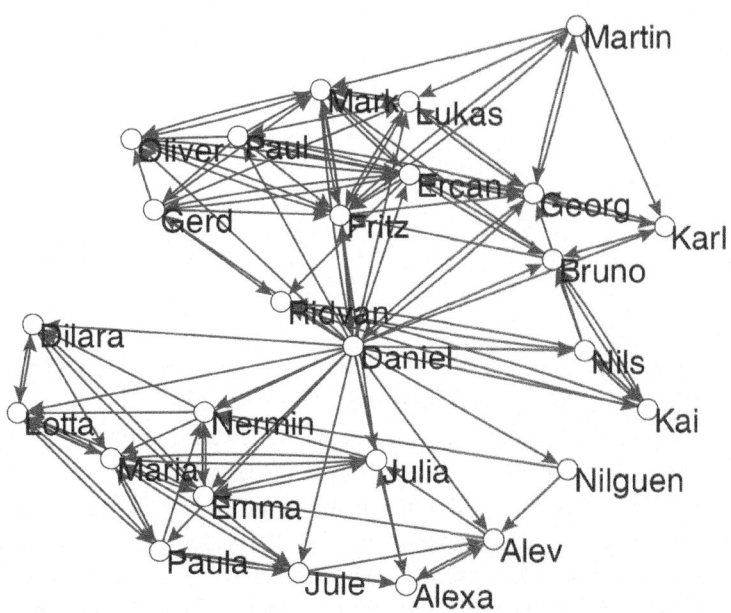

Hier zeigt sich, dass z.B. Daniel (Namen sind Pseudonyme) als sehr zentraler Akteur einen Großteil der Schülerinnen und Schüler seine Klasse eingeladen hat. Aufgrund der Vielzahl der Ereignisse ist es jedoch leicht möglich, dass Daniel ein oder mehrere Kinder fälschlicherweise nicht angeben konnte. Somit erklärt sich die nicht perfekte Übereinstimmung – bei trotzdem guter Reliabilität – aus der teilweise hohen Dichte der Geburtstagsnetzwerke.

3. Die Modellierung von Netzwerkbindungen

Hinter der graphischen Darstellung eines Netzwerkes steht eine Matrix, die anzeigt, zwischen welchen Akteuren im Netz Beziehungen bestehen oder nicht. Aber wie untersucht man, von welchen Faktoren die Existenz einer Bindung zwischen zwei Knoten abhängig ist? Organisiert man die Kontaktmatrix in einen Spaltenvektor um („long format"), wird jeder Akteur im Netzwerk einzeln betrachtet und für jeden möglichen Kontakt eine Zeile in die Datenmatrix geschrieben. Die potenziellen Bindungen jedes Akteurs im Netzwerk werden nun durch den Spaltenvektor dargestellt. Die mit „tie" überschriebene Spalte enthält Nullen oder Einsen und zeigt z.B. an, ob zwischen den beiden Akteuren Ego (1) und Alter (2), eine Bindung vorliegt.

Abbildung 2:   Darstellungen von Netzwerken

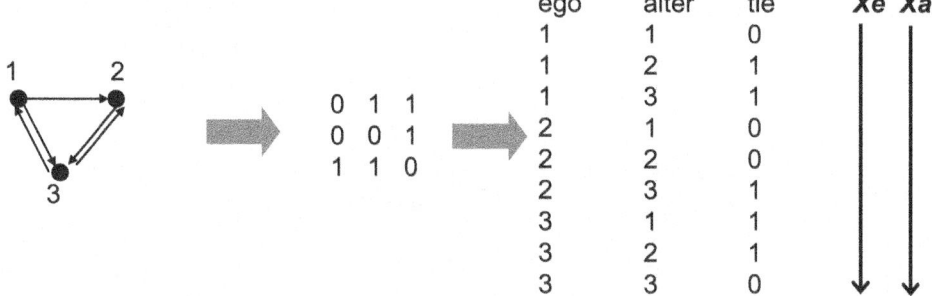

Zu sehen ist in Abbildung 2 ein Netzwerk mit drei Akteuren, das im ersten Schritt als Grafik, im zweiten Schritt als Matrix und im dritten Schritt als Spaltenvektor dargestellt ist. In den mit „ego" und „alter" überschriebenen Spalten sind jeweils die ID-Nummern der Akteure dargestellt. Für die Analyse wird die Hauptdiagonale der Matrix, also die jeweilige Beziehung eines Akteurs zu sich selbst, gelöscht. Auf Basis dieses Datenformats kann ein Modell geschätzt werden, welches die Chancen einer Bindung zwischen zwei Akteuren in Abhängigkeit von ihren Merkmalen abbildet. Dabei handelt es sich um Merkmale der beiden Akteure, die sich auf die Wahrscheinlichkeit einer Bindung zwischen ihnen auswirken. Anstelle einer isolierten Betrachtung der Merkmale sowohl von Ego und Alter können aber auch Merkmale der *Dyade* berechnet werden, indem man zum Beispiel die Ähnlichkeit zweier Akteure berechnet, um Hypothesen der Homophilie (McPherson et al. 2001) in der jeweiligen Merkmalsdimension zu testen.

Ein wesentliches Problem der statistischen Vorhersage einer Bindung zwischen zwei Akteuren besteht darin, dass die Dyaden statistisch nicht unabhängig voneinander sind. Die in der Modellschätzung angenommene Menge an statistischer Information müsste aufgrund der strukturellen Abhängigkeiten der Kanten voneinander mit einem Wert < 1 gewichtet werden. Schätzen wir beispielsweise den Einfluss der Merkmale von Ego und Alter (X_e, X_a) auf die Wahrscheinlichkeit einer Freundschaftsbindung zwischen ihnen, dann ist gemäß der Balance-Theory von Fritz Heider (1946) diese Chance nicht unabhängig davon, ob die beiden Akteure jeweils einen dritten Akteur gemeinsam zum Freund haben. Eine balancierte Beziehung liegt vor, wenn zwei Akteure dieselbe Einstellung gegenüber einem Objekt – dies kann auch ein dritter Akteur sein – aufweisen. In der empirischen sozialen Welt sind Freundschaftsbeziehungen häufig in dieser Weise ausgewogen, was auch daran liegt, dass nicht balancierte Beziehungen einer affektuell-kognitiven Spannung unterliegen – man mag die Freunde seines Freundes nicht. Balancierte Beziehungen erfahren ein höheres Maß an positiver kommunikativer Bestärkung, nicht balancierte Beziehungen erliegen dagegen einem größeren Auflösungsdruck, weshalb sich die balancierten auf lange Sicht evolutionär durchsetzen. Im Prinzip lässt sich also die Entstehung und Auflösung sozialer Beziehungen in Form eines evolutionstheoretischen Modells abbilden. Unabhängig von diesen Überlegungen gilt, dass die Modellschätzung auf der Basis von klassischen Regressionsanalysen auf der Annahme statistisch voneinander *unabhängiger* Beobachtungen ausgeht, während in Netzwerken eine Abhängigkeit vorliegt, etwa in Form von triadischen Beziehungen (Wasserman und Faust 1994), die zur Balance neigen. Im Prinzip ähnelt dieses Problem der Abhängigkeit von Beobachtungen innerhalb von Schulklassen, welches mit dem Verfahren der Mehrebenenanalyse gut bearbeitet werden kann. Im Gegensatz zur Mehrebenenanalyse, bei der abgrenzbare Kontexte vorliegen müssen, innerhalb derer die Beziehungen voneinander abhängig sind, lassen sich in sozialen Netzwerken abgrenzbare Kontexte nicht definieren. Man denke nur an die berühmte These der „six degrees of separation" (vgl. Buchanan 2003), der zufolge jeder Akteur jeden anderen über sechs Schritte erreichen kann. Gerade in Netzwerken, die auf einer Struktur der „Small Worlds" basieren, können keine Kontexte abgrenzt werden, da isolierte Cliquen – wenn überhaupt – nur sehr selten vorkommen. Ähnlich verhält es sich in Schulklassennetzwerken. Diese sind zwar – je nach Erhebungsmethode – als Klassennetzwerk abgrenzbar. Innerhalb einer Schulklasse sind Cliquen oder Subcluster in der Regel aber nicht voneinander isoliert, so dass eine Grenze, die den Rahmen der statistischen Abhängigkeit der Beobachtungen klar umreißt, nicht gezogen werden kann. Um dennoch kausale Modelle zur Erklärung der Existenz oder Abwesenheit von Bindungen zwischen Akteuren in Netzwerken schätzen zu können, wurden in jüngerer Zeit sogenannte p^* bzw. Exponential Random Graph Modelle entwickelt (Anderson et al. 1999; Snijders et al. 2006). In der einfachen Variante bedeuten diese Modelle zunächst nichts anderes als die Berücksichtigung der Abhängigkeitsstruktur von Beobachtungen durch den Einschluss adäquater Kovariaten, die diese Abhängigkeit direkt messen. Hinter diesem Ansatz steckt die Idee, dass man die Realisierung eines spezifischen Netzwerkes aus der Menge aller möglichen Netzwerke, die ein bestimmtes Set von Akteuren konstituieren könnte, als Wahrscheinlichkeit modelliert, die wiederum von Strukturmerkmalen des Netzwerkes (z.B. die Anzahl der transitiven Triaden) abhängig ist.

$$P(\mathbf{X} = \mathbf{x}) = \frac{\exp\{\boldsymbol{\theta}'\mathbf{z}(\mathbf{x})\}}{\kappa(\boldsymbol{\theta})}, \text{ wobei gilt: } \kappa(\theta) = \sum_{n=1}^{2^{g(g-1)}} \exp\{\boldsymbol{\theta}'\mathbf{z}(\mathbf{x})\} \qquad (1)$$

Gleichung (1) beschreibt die Wahrscheinlichkeit der Realisierung eines bestimmtes Netzwerkes **x** aus der Menge aller möglichen Netzwerke **X**. Im Zähler steht die Chance der Realisierung eines spezifischen Netzwerkes in Abhängigkeit von den Merkmalen des Netzwerkes **z(x)** und den jeweiligen Regressionskoeffizienten **θ**, der die Stärke der Wirkung dieser Netzwerkmerkmale auf die Realisierungswahrscheinlichkeit darstellt. Im Nenner steht die „normalisierende Konstante" κ(**θ**), die alle möglichen Netzwerke repräsentiert, die man aus dem spezifischen Set der Akteure bilden könnte. κ(**θ**) ist nichts anderes als die Summe aller möglichen Netzwerke, wobei insgesamt $2^{g(g-1)}$ Netzwerke für ein spezifisches Set von Akteuren gebildet werden könnten. Dabei ist g die Anzahl der Knoten bzw. der Akteure im Netzwerk. Gleichung (1) repräsentiert somit die Wahrscheinlichkeit, zufällig das spezifische Netzwerk **x** aus der Menge aller möglichen Netzwerke **X** zu ziehen. Es sollte unmittelbar deutlich werden, dass κ(**θ**) nicht in ökonomisch effizienter Weise berechnet werden kann, wenn ein Netzwerk mehr als 6 Akteure aufweist und damit $g>6$ ist (Strauß und Ikeda 1990).

Die Logik der $p*$ Modelle schließt an dieses Problem an. Es wird die Wahrscheinlichkeit der Realisierung eines spezifischen *ties* x_{ij} zwischen den Akteuren i und j in Abhängigkeit von den sogenannten *complementary ties* x_{ij}^c modelliert. Betrachtet man einen spezifischen potentiellen *tie* zwischen zwei Akteuren, dann sind die complementary *ties* alle übrigen Bindungen im Netzwerk. Die Wahrscheinlichkeit der Realisierung einer Bindung zwischen den Akteuren i und j unter der Bedingung aller übrigen Bindungen in Netzwerk ist gleich der Wahrscheinlichkeit, dass das beobachtete Netzwerk realisiert wird *inklusive* einer Bindung zwischen den beiden Akteuren (x_{ij}^+), dividiert durch die Summe der Wahrscheinlichkeit, dass das Netzwerk realisiert wird *mit* dieser Bindung plus die Wahrscheinlichkeit der Realisierung dieses Netzwerkes *ohne* Bindung zwischen diesen Akteuren (x_{ij}^-):

$$P(x_{i,j} = 1 \mid x_{ij}^C) = \frac{P(x = x_{ij}^+)}{P(x = x_{ij}^+) + P(x = x_{ij}^-)} \qquad (2)$$

Ungewöhnlich erscheint die Tatsache, dass die jeweiligen Netzwerke x_{ij}^+ und x_{ij}^- *unabhängig* von der empirischen Realisierung des *ties* x_{ij} betrachtet werden. Es ist aber zunächst nicht von Interesse, ob ein *tie* x_{ij} empirisch vorliegt oder nicht, sondern es geht um die Veränderung des eine Dyade umgebenden Gesamtnetzwerks in Abhängigkeit davon, ob ein *tie* x_{ij} in ihr vorliegt oder nicht. Man berechnet somit ein Netzwerkmerkmal (z.B. die Anzahl der transitiven Triaden) zunächst unter der Bedingung, dass zwischen jeweils zwei Akteuren *keine* Bindung existiert (x_{ij}^-). Im zweiten Schritt erzwingt man zwischen den beiden Akteuren eine Bindung und berechnet z.B. die Anzahl der transitiven Triaden erneut (x_{ij}^{+}). Auf diese Weise ermittelt man den Beitrag eines *ties* in der Dyade x_{ij} zu dem jeweils interessierenden Netzwerkmerkmal. Ändert sich die Anzahl z.B. der transitiven Triaden zwischen den beiden Szenarien nicht, ist der Grad der Einbettung der Dyade in das Netzwerk gering. Man misst also gewissermaßen den Grad der Einbettung der Dyade in das sie umgebende Netzwerk. Ändert sich diese Anzahl aber vergleichsweise deutlich, ist der Grad der Einbettung hoch. Ob der Grad der Einbettung wiederum Folgen für die Realisierungswahrscheinlichkeit eines spezifischen Netzwerkes x hat, ist eine empirische Frage. Gemäß der Balance-Theorie erwartet man natürlich einen positiven Effekt des Koeffizienten θ für transitive Triaden. Setzt man in Gleichung (2) für $P(x = x_{ij}^{+})$ und $P(x = x_{ij}^{-})$ den jeweiligen Ausdruck für die Wahrscheinlichkeit der Realisierung des spezifischen Netzwerks aus (1) ein, lässt sich die lästige Konstante κ(θ) aus der gesamten Gleichung herauskürzen. Weitere Umformungen machen deutlich, dass die Wahrscheinlichkeit der Realisierung einer Bindung im Netzwerk durch eine konditionale logistische Regression geschätzt werden kann.

$$
\begin{aligned}
\frac{P(x = x_{ij}^{+})}{P(x = x_{ij}^{+}) + P(x = x_{ij}^{-})} &= \frac{\dfrac{\exp\{\theta Z(x_{ij}^{+})\}}{\kappa(\theta)}}{\dfrac{\exp\{\theta Z(x_{ij}^{+})\}}{\kappa(\theta)} + \dfrac{\exp\{\theta Z(x_{ij}^{-})\}}{\kappa(\theta)}} \\[2mm]
&= \frac{\exp\{\theta Z(x_{ij}^{+})\}}{\exp\{\theta Z(x_{ij}^{+})\} + \exp\{\theta Z(x_{ij}^{-})\}} \bullet \frac{\exp\{-\theta Z(x_{ij}^{-})\}}{\exp\{-\theta Z(x_{ij}^{-})\}} \\[2mm]
&= \frac{\exp\{\theta[Z(x_{ij}^{+}) - Z(x_{ij}^{-})]\}}{1 + \exp\{\theta[Z(x_{ij}^{+}) - Z(x_{ij}^{-})]\}}
\end{aligned}
\tag{3}
$$

$[Z(x_{ij}^{+}) - Z(x_{ij}^{-})]$ ist die Differenz der Häufigkeit des jeweils gemessenen Netzwerkmerkmales Z (z.B. die transitiven Triaden) zwischen beiden Szenarien, d.h. mit oder ohne die jeweilige Bindung zwischen *i* und *j*. Erzwingt man in der Netzwerkmatrix eine Bindung zwischen zwei Akteuren und berechnet die Anzahl der transitiven Triaden, löscht man anschließend diese Bindung und berechnet die Anzahl der transitiven Triaden erneut, dann handelt es sich tatsächlich um den Beitrag eines jeden potentiellen *ties* im Netzwerk zur Veränderung des jeweiligen Netzwerkmerkmals. Der Ausdruck $[Z(x_{ij}^{+}) - Z(x_{ij}^{-})]$ wird somit für jede einzelne Dyade berechnet. Der Regressionskoeffizient θ zeigt, wie stark sich der Grad der Netzwerkeinbettung auf die Wahrscheinlichkeit eines *ties* x_{ij} auswirkt.

In der Netzwerkanalyse müssen Merkmale des Netzwerkes identifiziert werden, welche die statistische Abhängigkeit der Beobachtungen bedingen. In *p** Modellen werden unterschiedliche Netzwerkmerkmale herangezogen, etwa transitive Triaden oder auch Maße der Zentralität eines Netzwerkes. Wenngleich die Abhängigkeit der Beziehungen voneinan-

der durch Einbeziehung dieser Merkmale in das logistische Regressionsmodell deutlich reduziert wird, stellt sich allerdings die Frage, ob deren statistische Kontrolle Tendenzen zur Homophilie nicht auch verdecken kann. Ist man in der Migrations- und Integrationsforschung an
Homophilie–Effekten interessiert, dann wäre es relativ schwierig, ethnische Homophilie festzustellen, wenn diese Beziehungen häufig in Form von transitiven Triaden auftreten. Somit
sollte man sich gut überlegen, welche Merkmale des Netzwerkes in das p^* Modell einbezogen werden (Quillian und Campbell 2003). Schließlich bedeutet ein Verschwinden signifikanter ethnischer Homophilie-Effekte nach Kontrolle der p^*-Variablen auch nicht zwangsläufig,
dass keine ethnische Segregation in Netzwerken existiert!

In der Integrationsforschung kamen p^* Modelle bisher vor allem im U.S.-amerikanischen
Kontext und in den Niederlanden zum Einsatz. Auch dort ging es um die Schätzung von Ein-
flussfaktoren auf interethnische Freundschaftsbeziehungen (Quillian und Campbell 2003;
Moody 2001, Mouw und Entwisle 2006; Wimmer und Lewis 2010).

Aus den bisherigen Ausführungen sollte deutlich geworden sein, dass man zwar über
eine Transformation der Datenstruktur die logistische Regression – oder ein anderes Modell
zur Vorhersage von Wahrscheinlichkeiten – anwenden kann. Möchte man aber die statistische
Abhängigkeit der potentiellen Beziehungen im Netzwerk berücksichtigen, müssen in p^* Modellen Merkmale des gesamten Netzwerkes einbezogen werden. Man könnte argumentieren,
dass der Ausfall bzw. der Unit-non-response von einzelnen Akteuren kein Problem darstellt,
sofern dieser zufällig ist, also *missing completely at random* (MCAR). Dann würde man einfach auf Dyadenbasis die Wahrscheinlichkeit eines Kontaktes zwischen zwei Akteuren auf
Basis der beobachteten Knoten schätzen. Wenn aber die Einbettung dieser Akteure in das sie
umgebende Netzwerk für die Schätzung berücksichtigt werden muss, wie dies im p^* Modell der Fall ist, wird auch ein MCAR-Unit-non-response zum Problem. Sind die Netzwerke nicht vollständig erhoben, bleibt unbeobachtet, inwieweit zwei Akteure in sie umgebende
Netzwerkstrukturen eingebettet sind. Ignoriert man aber die Einbettung in die umgebenden
Netzwerkstrukturen, d.h. schätzt man keine konditionale, sondern nur eine einfache logistische Regression, sind zumindest die Standardfehler der Schätzung unterschätzt, da man die
Beobachtungen fälschlicherweise als statistisch unabhängig betrachtet. Die p^* Modelle aber
verlangen weitgehend vollständige Netzwerke.

4. Das Problem der fehlenden Werte

Die durch einen *tie* in der jeweiligen Dyade bedingte Veränderung der Netzwerkmerkmale
ist auch dadurch beeinflusst, dass bestimmte Akteure im Netzwerk gar nicht beobachtet werden können. So kann die Anzahl der transitiven Triaden, die durch die An- oder Abwesenheit
eines *ties* zwischen zwei Akteuren entstehen, nicht korrekt berechnet werden, wenn Akteure,
die eigentlich zum Netzwerk gehören, gar nicht erfasst wurden. Möglicherweise haben zwei
Akteure A oder B einen gemeinsamen Freund C und damit eine deutlich erhöhte Chance auf
eine Freundschaftsbeziehung, aber die Transitivität kann nicht abgebildet werden, wenn der
Akteur C während der Netzwerkbefragung abwesend war und nicht Teil des untersuchten

Netzwerkes ist. Durch Unit-non-response – auch, wenn er MCAR ist – werden die Grenzen des Netzwerkes faktisch neu gezogen (Robins et al. 2004: 260). So wurde festgestellt, dass 50 % oder mehr Unit-non-response in einem Netzwerk dazu führen, dass ein Drittel der Akteure als Isolierte erscheinen, obwohl sie in Bindungen integriert sind – die aber aufgrund der Abwesenheit Anderer während der Befragung nicht erfasst werden konnten (Crick und Ladd 1989). Eine Simulationsstudie von Borgatti et al. (2006) zeigte aber, dass bestimmte Maße wie die betweenness-centrality relativ robust berechnet werden können, wenn der Anteil der fehlenden Akteure 10 % nicht überschreitet.

Auch $p*$ Modelle liefern unterschätzte Standardfehler, wenn der Anteil der fehlenden Werte 10 % oder mehr beträgt. Derartige Ausfallraten sind in der Schulforschung leider relativ üblich, insbesondere dann, wenn vor der Befragung die Einwilligung der Eltern eingeholt werden muss. Eine Abwesendheitsrate von 10 % kann allein schon dadurch zustande kommen, dass zwei Schülerinnen oder Schüler wegen Krankheit fehlen. Ein mögliches Verfahren zur Behebung der durch die Abwesenheit der Akteure entstehenden Ausfälle wäre die Imputation. Imputation bedeutet, dass man fehlende Werte durch Rückgriff auf ein gutes Schätzmodell zur Vorhersage dieser Werte ersetzt. Imputation wird angewandt, wenn Item-non-response vorliegt, wenn also Befragte bspw. nur einzelne Fragen nicht beantwortet haben. Möchte man dagegen in Netzwerken bestimmte Akteure ersetzten, setzt das voraus, dass man zumindest über rudimentäre Informationen über die Abwesenden verfügt. Anders ist eine Imputation nicht möglich. In dem von uns durchgeführten anonymen Erhebungsverfahren kam ein Lehrerfragebogen zum Einsatz, bei dem die Lehrkräfte durch Nennung der Nummer, die auf den leeren Plätzen aufgestellt wurde, rudimentäre Angaben über die Abwesenden machten, nämlich über Geschlecht und ethnische Herkunft. Während der Netzwerkbefragung wurden die Schülerinnen und Schüler explizit aufgefordert, auch Angaben über die abwesenden Schülerinnen und Schüler zu machen. Abbildung 3 zeigt die Logik, nach der auf Basis dieser Information *ties* imputiert werden können. Die ausgefüllten Kreise repräsentieren die beobachteten Akteure im Netzwerk, hier innerhalb der gestrichelten Linie dargestellt, während die weißen Kreise die abwesenden Akteure darstellen.

Abbildung 3:   An- und Abwesenheit in Netzwerken

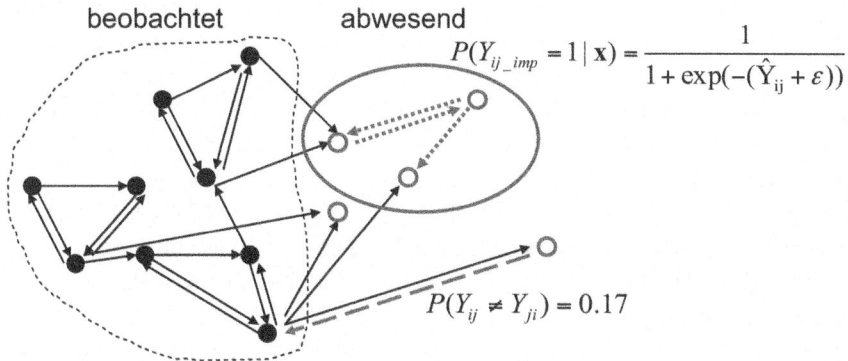

Die durchgezogenen Pfeile sind empirisch beobachtete Bindungen, die gestrichelte Linie ist eine unter der Annahme der Mutualität „gespiegelte" Bindung. Eine Spiegelung bedeutet, dass Angaben von Anwesenden über Abwesende zunächst als reziprok unterstellt werden, d.h. es wird angenommen, dass $Y_{ij}=Y_{ji}$ ist. In vorläufigen Schätzungen des p^*-Modells führte die einfache Spiegelung allerdings – nicht überraschend – zu sehr hohen Koeffizienten des Mutualitätseffektes (Odds Ratio um den Faktor 13 erhöht), und darin bestand die einzige wirklich deutliche Abweichung zwischen den Modellen, die auf Basis der imputierten und der nicht imputierten Daten geschätzt wurden. In den Freundschaftsnetzwerken liegt der Grad der Mutualität aber nur bei 83 %. Aus diesem Grund wurde für die endgültigen Schätzungen (vgl. Tabelle 1) der Betrag von 17 % als Zufallsfehler eingeführt, indem also eine 17 % Zufallsauswahl der gespiegelten *ties* auf ihren jeweiligen Gegenwert gesetzt wurde, d.h. $Y_{ji}=0$ wenn $Y_{ij}=1$ und umgekehrt.

In Anlehnung an Handcock und Gile (2007: 12) zeigt Abbildung 4 das Vorgehen noch einmal anhand einer typisierten Kontaktmatrix. Feld 1 beinhaltet jene Information, die ausschließlich aus dem vollständig beobachteten Netzwerk stammt. Angaben der Anwesenden über Abwesende befinden sich in Feld 2 der Matrix. Zusammengenommen ergeben die Felder 1 und 2 keine quadratische Matrix, weshalb unter Annahme der Mutualität das Feld 2 in das Feld 4 hineingespiegelt werden muss. Eine Zufallsauswahl von 17 % der *ties* in Feld 4 wurde auf ihren Gegenwert gesetzt. Für den hier gewählten Weg der Imputation ist es daher außerordentlich wichtig, dass die anwesenden Akteure in der Befragungssituation auch Angaben über potenzielle Bindungen zu den abwesenden Akteuren machen. Je nach Grad der Mutualität lässt sich eine Bindung in einer jeweils gemessenen Netzwerkdimension spiegeln, indem schlicht davon ausgegangen wird, dass B ebenfalls A als Kontakt angibt, wenn A den B nennt und B eine abwesende Person darstellt. Bevor eine Entscheidung zum Spiegeln der Bindungen getroffen wird, sollte man allerdings den Grad der Mutualität und damit den Fehler berechnen und sich zudem die inhaltliche Sinnhaftigkeit einer Spiegelung für die jeweilige inhaltliche Dimension der Kontakte genau überlegen.

Das Spiegeln der Bindungen ist jedoch nicht für jene Angaben möglich, die abwesende Akteure über andere Abwesende machen müssten, was in Abbildung 4 als Feld 3 dargestellt ist. In Abbildung 3 sind die Bindungen unter den Abwesenden innerhalb des durchgezogenen Kreises als gestrichelte Linien dargestellt. Für Feld 3 in Abbildung 4 bleibt nur die Möglichkeit der Imputation. Dabei zieht man das beobachtete Netzwerk für die Schätzung eines logistischen Regressionsmodells der Bindungswahrscheinlichkeit heran und verwendet nur jene Merkmale als Prädiktoren, die auch für die abwesenden Akteure bekannt sind. Wie oben erwähnt, wurden die Lehrer unter Nennung der Nummer nach Geschlecht und Ethnie der Abwesenden befragt. Wie bei jeder anderen Imputation ist die Qualität der Ersetzung fehlender Werte davon abhängig, wie gut das verwendete Modell für deren Vorhersage geeignet ist. So erhält man immerhin ein R^2 von .33 (McKelvey & Zavoina) bzw. von .20 (McFadden) wenn man Freundschaftskontakte auf Basis des beobachteten Netzwerkes und auf Basis der Homophilie nach Ethnie und Geschlecht vorhersagt. Beides sind für logistische Regressionsmodelle durchaus befriedigende Varianzaufklärungen. Auf Basis der geschätzten Koeffizienten lassen sich nun die Log Odds eines Kontaktes für alle abwesenden Akteure untereinander schätzen.

Wieder ist zu berücksichtigen, dass diese Schätzungen mit einer Fehlerkomponente behaftet sind. Daher wird für die Imputation auf die vorhergesagten Log Odds eine Zufallskomponente aufaddiert, die einer logistischen Zufallsverteilung entstammt.

$$P(Y_{ij\_imp} = 1 \mid \mathbf{x}) = \frac{1}{1 + \exp(-(\hat{Y}_{ij} + \varepsilon))}, \quad \varepsilon \sim \text{logit}(0; \pi^2/3) \qquad (4)$$

In Gleichung (4) ist $P(Y_{ij-imp}=1 \mid \mathbf{x})$ der Zielwert, der angibt, ob ein *tie* mit dem Wert Null oder Eins imputiert wird.

$\hat{Y}$ sind die durch die logistische Regression vorhergesagten Log Odds. ε ist ein zufälliger Fehlerterm, der einer logistischen Verteilung entstammt und die Unsicherheit der Schätzung in die Vorhersage einbezieht.

Abbildung 4: Information in unvollständigen Netzwerken

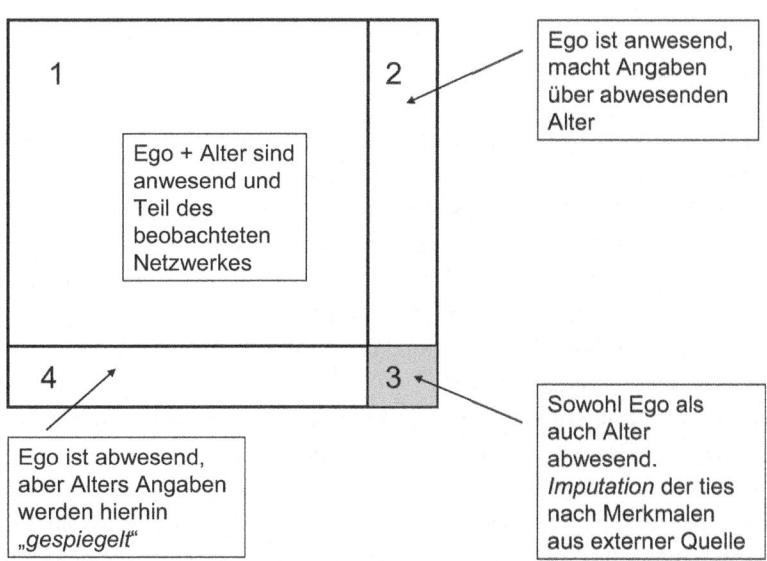

Modifiziert nach Handcock und Gile (2007: 12)

Anhand der folgenden beiden Schritte lässt sich die Imputation von Netzwerken zusammenfassen:

1. Zentrale Voraussetzung der Imputation ist, dass während der anonymen Erhebung die
    Anwesenden auch Angaben über Abwesende machen. Dies gegeben, wird zunächst eine
    Spiegelung der Angaben von anwesenden Akteuren über abwesende Akteure durchge-
    führt. Die Quote der Mutualität bei Freundschaftskontakten lag in der folgenden Studie
    ca. bei 83 %. Die verbleibenden 17 % wurden den Daten als Zufallsfehler hinzugefügt.

2. Im zweiten Schritt der Imputation wurden Angaben der Abwesenden über die übrigen
    Abwesenden auf Basis des logistischen Regressionsmodells vorhergesagt, welches auf
    den verfügbaren rudimentären Informationen des Lehrerfragebogens basiert. Der Vor-
    hersagewert wurde um eine zufällige logistische Fehlerkomponente angereichert und
    auf Basis der daraus resultierenden Wahrscheinlichkeit entweder eine 0 ($P(Y_{ij\_imp} <= 0.5)$)
    oder eine 1 ($P(Y_{ij\_imp} > 0.5)$) zugewiesen.

5. Imputiert vs. beobachtet: Logistische Regressionsmodelle im Vergleich

Für die Fragestellung des Projektes ist insbesondere die soziale und ethnische Homophilie
zwischen Schülern und Schülerinnen wichtig. Neben der Ähnlichkeit in sozialer Hinsicht, die
bspw. durch die *Anzahl der Bücher im Haushalt* der Kinder gemessen wurde, wurde auch die
Ähnlichkeit hinsichtlich psychometrischer Merkmale berücksichtigt. Dafür kamen Skalen der
Selbstkontrolle und der *Empathie* zum Einsatz (vgl. Anhang). Auch das Erziehungsverhalten
der Mutter hinsichtlich des *Monitorings der Freizeit* wurde einbezogen, sowie die Ähnlichkeit von Ego und Alter hinsichtlich deviantem Verhaltens sowohl in der *Täter-* als auch in der
Opferperspektive (vgl. Anhang). Außerdem wurde die Ähnlichkeit beider Akteure hinsichtlich der Wohnsituation *eigenes Haus* und *Wohnblock 6+Stockwerke* im Vergleich zur Referenzgruppe der sonstigen Wohnkonstellationen kontrolliert, ebenso die Arbeitslosigkeit der
Eltern sowohl von Ego als auch von Alter.

    Modell 1 in Tabelle 1 zeigt zunächst ein Modell zur Vorhersage von Freundschaftsbin-
dungen in Dyaden auf Basis einer unkonditionalen logistischen Regression, bei der also die
Einbettung der Dyaden in sie umgebende Netzwerkstrukturen nicht berücksichtigt wurde und
auch die ethnische Homophilie zunächst außen vor bleibt.[2] Die Ergebnisse sind in Tabelle 1
als Odds Ratios dargestellt. Auffällig ist hier die deutliche Strukturierung der Freundschaftskontakte nach Geschlecht. Ist Ego ein Junge und Alter ist ein Mädchen, ist die Chance einer
Freundschaftsbindung im Vergleich zur Referenzgruppe, bei der es sich sowohl bei Ego als
auch bei Alter um einen Jungen handelt, um den Faktor 0,078 reduziert.

---

2   Anders als in OLS Regressionen ist die Residualvarianz (der untersten Ebene) in logistischen Regressionsmo-
     dellen auf einen konstanten Wert ($\pi^2/3$) fixiert. Daher beeinflusst der Einschluss einer weiteren Kovariaten x_k
     den übrigen Koeffizientenvektor x, auch wenn x_k mit x unkorreliert ist (Mood 2010). Dieses Problem dürfte
     jedoch für die hier erfolgten Modellvergleiche allenfalls nur marginal sein, weil sich nur die Datenbasis ändert
     (observed vs. imputed), nicht jedoch der Koeffizientenvektor x.

Tabelle 1: Determinanten von Freundschaftskontakten, $p*$ Modelle für Netzwerke in Grundschulklassen, ohne vs. mit Imputation von Knoten und Kanten

	Modell 1 observed	Modell 2 observed	Modell 3 observed	Modell 4 imputed	Modell 5 observed	Modell 6 imputed
Junge→Mädchen	0.073***	0.068***	0.254***	0.275***	0.258***	0.311***
Mädchen→Mädchen	1.004	1.058	1.043	1.045	1.084	1.062
Mädchen→Junge	0.078***	0.080***	0.314***	0.346***	0.329***	0.361***
Junge →Junge	Referenz	Referenz	Referenz	Referenz	Referenz	Referenz
Homophilie						
Monitoring Freizeit	1.234***	1.217***	1.112**	1.114**	--	--
Anzahl Bücher	1.003+	1.001	1.004	1.002	--	--
eigenes Haus	1.128**	1.204***	1.087	1.077	--	--
Wohnblock 6+Stockwerke	0.958	0.913	0.989	0.992	--	--
Eltern Arbeitslos	0.938	0.88	1.11	1.123	--	--
Selbstkontrolle	1.116***	1.136***	1.045	1.057	--	--
Empathie	1.068**	1.042	0.987	0.985	--	--
Opfer	1.104+	1.160*	1.041	1.041	--	--
Täter	1.434***	1.405***	1.065	1.07	--	--
Nähe (max. 5min. Fußweg)	3.557***	3.471***	2.644***	2.656***	--	--
deutsch→deutsch	Referenz	Referenz	Referenz	Referenz	Referenz	Referenz
deutsch→deutsch1ET	--	0.745***	0.730***	0.753**	0.717***	0.760***
deutsch→türkisch	--	0.616***	0.585***	0.592***	0.569***	0.667***
deutsch→russisch	--	1.028	0.986	1.049	0.995	0.976
deutsch→sonst	--	0.738***	0.731**	0.727**	0.686***	0.741***
deutsch1ET_deutsch	--	0.956	1.111	1.145	1.076	1.137+
deutsch1ET→deutsch1ET	--	1.01	1.003	1.031	1.018	1.099
deutsch1ET→türkisch	--	0.883	0.835	0.835	0.896	0.942
deutsch1ET→russisch	--	0.903	0.845	0.841	0.918	0.956
deutsch1ET→sonst	--	1.103	1.059	1.087	1.039	1.198
türkisch→deutsch	--	0.801*	0.907	0.903	0.803*	0.819*
türkisch→deutsch1ET	--	0.864	0.785	0.775	0.723*	0.715*
türkisch→türkisch	--	1.410**	1.21	1.191	1.275	1.218+
türkisch→russisch	--	1.194	1.189	1.232	1.232	1.159
türkisch→sonst	--	1.323*	1.043	1.049	1.026	1.089
russisch→deutsch	--	1.024	1.01	1.013	0.941	0.919
russisch→deutsch1ET	--	0.688	0.537*	0.524*	0.482**	0.593*
russisch→türkisch	--	0.752	0.490*	0.526*	0.485*	0.737
russisch→russisch	--	0.536**	0.768	0.844	0.891	0.98
russisch→sonst_	--	0.814	0.523*	0.529*	0.464**	0.600**
sonst→deutsch	--	0.867+	0.973	0.974	0.872	0.906
sonst→deutsch1ET	--	1.18	1.142	1.153	1.039	1.069
sonst→türkisch	--	1.245	0.962	0.965	1.023	0.948
sonst→russisch	--	1.19	1.111	1.122	1.267	1.032
sonst→sonst	--	1.256+	1.147	1.12	1.173	1.228+

	Modell 1 observed	Modell 2 observed	Modell 3 observed	Modell 4 imputed	Modell 5 observed	Modell 6 imputed
Größe Klasse (obs.)	--	0.929***	0.940***	0.959***	0.941***	0.975***
Transitive Triaden	--	--	1.249***	1.246***	1.254***	1.227***
Mutualität	--	--	5.879***	5.536***	6.389***	9.455***
in-stars	--	--	0.959**	0.933***	0.962**	0.929***
out-stars	--	--	1.022+	1.023*	1.016	1.025**
N (Dyaden)	23318	19290	19290	19290	20452	32101
R² (McKelvey&Zavoina)	0.391	0.415	0.600	0.601	0.582	0.564

Signifikanz: +p<=.1   *p<=.05   **p<=.01   ***p<=.001

Wir finden noch weitere Effekte der Homophilie: Je ähnlicher sich die Mütter von Ego und Alter hinsichtlich des Monitorings des Freizeitverhaltens der Kinder sind, desto höher ist die Chance auf eine Freundschaft zwischen den Kindern. Wenngleich nur auf dem 10 % Niveau finden wir auch einen signifikant positiven Effekt der Ähnlichkeit der Kinder hinsichtlich der Anzahl der Bücher im Haushalt der Eltern. Wohnen beide Kinder in einem Haus nur für die eigene Familie, ist gegenüber allen anderen Konstellationen deren Chance auf eine Freundschaft um den Faktor 1,128 erhöht. Auch Ähnlichkeit hinsichtlich der psychometrischen Eigenschaften wie Selbstkontrolle oder Empathie sowie Ähnlichkeit in deviantem Verhalten in der Täter- und Opferperspektive erhöht die Chance auf eine Freundschaftsnennung. Schließlich finden wir auch einen sehr deutlich positiven Effekt der räumlichen Nähe, die gemessen wurde durch einen Fußweg von maximal fünf Minuten zwischen den Wohnorten. Die Angabe basiert allerdings auf Selbsteinschätzungen der Kinder. In Modell 2 werden die ethnischen Konstellationen der Dyaden eingeführt und die Effekte mit der Referenzgruppe zweier einheimisch deutscher Kinder kontrastiert. Es fällt in Modell 2 auf, dass ethnisch gemischte Dyaden auch unter Kontrolle der sozialen Lage und der Persönlichkeit insgesamt geringere Chancen auf eine Freundschaftsbindung aufweisen, als ethnisch homogene Dyaden. Jedoch sind auch in der Konstellation „russisch→russisch" die Chancen gegenüber der Referenzgruppe signifikant reduziert, während zwei türkische Kinder sogar eine signifikant höhere Chance auf eine Freundschaft haben als zwei einheimische Deutsche.

Für die Fragestellung des vorliegenden Beitrags ist insbesondere der Vergleich der Modelle aufschlussreich. Modell 3 und Modell 4 stellen p* Modelle dar, in denen im Rahmen der konditionalen logistischen Regression die Netzwerkstrukturen kontrolliert wurden. Modell 3 basiert nur auf dem beobachteten Netzwerk, Modell 4 auf dem imputierten Netzwerk. Dabei ist anzumerken, dass über die imputierten Knoten im Netzwerk nur Informationen über Ethnie und Geschlecht vorliegen. Weil aber zahlreiche andere Merkmale in das Modell eingehen, basieren beide Modelle auf denselben Fallzahlen. Die Imputation hat hier allein die Konsequenz, dass die Berechnung der *umgebenden Netzwerkmerkmale* vor der Modellschätzung auf jeweils unterschiedlichen Fallzahlen bzw. Netzwerken basiert. So wurde der Beitrag eines *ties* zur Veränderung der transitiven Triaden im Netzwerk im imputierten Netzwerk auf Basis aller Akteure berechnet, einschließlich der nicht Anwesenden, während dieser Beitrag im beobachteten Netzwerk nur auf Basis der tatsächlich beobachteten Akteure berechnet wurde.

Dabei reduzieren sich die Signifikanzen der geschätzten Homophilie-Effekte deutlich, nachdem im $p*$ Modell 3 die umgebenen Netzwerke einer Dyade kontrolliert wurden. Neben der Homophilie nach Geschlecht ist jetzt nur noch die Homophilie hinsichtlich des Monitorings der Mutter in der Freizeit signifikant und wir finden im imputierten Netzwerk noch einen positiven Effekt der räumlichen Nähe. Hinzu kommen allerdings noch signifikante Effekte der ethnischen Homophilie, bei der sich bspw. zeigt, dass die Chance auf eine Freundschaftsnennung gegenüber der Referenzgruppe, die aus zwei deutschen Akteuren besteht, um den Faktor 0,585 bzw. 0,592 reduziert ist, wenn Ego deutsch ist und Alter türkisch ist. Mit dieser Darstellung lassen sich also ethnische Grenzziehungen relativ gut abbilden.

Es zeigt sich aber auch – und das ist für unsere Fragestellung besonders wichtig – dass insgesamt das imputierte Modell dem Modell auf Basis der beobachteten Netzwerke relativ ähnlich ist. Wir haben keine deutlich veränderten Ergebnisse, wenn wir das imputierte Netzwerk verwenden. Die Frage ist allerdings, ob sich das ebenso verhält, wenn wir im Modell nur jene Merkmale berücksichtigen, die wir auch für die Abwesenden erfasst haben. Dies zeigen die Modelle 5 und 6 in Tabelle 1. Auch hier ist wieder festzustellen, dass im Modell 5, das nur die beobachteten Netzwerke umfasst, die Ergebnisse nur geringfügig von Modell 6 abweichen. Im imputierten Modell 6 sind mehr Effekte signifikant als in Modell 5, da Ersteres ja auf einer höheren Fallzahl basiert. Obwohl bei der Spiegelung der Freundschaftsbindungen die Fehlerrate von 17 % berücksichtigt wurde, erhöht der Effekt der Mutualität die Chance auf eine Freundschaft im imputierten Modell 6 um den Faktor 9,455, im beobachteten Modell 5 dagegen nur um den Faktor 6,389. Insgesamt aber haben sich die Ergebnisse durch die Imputation nicht nennenswert verändert. Was folgt daraus?

6. Schlussfolgerung

Basierend auf bestimmten Annahmen lassen sich durch Imputation Netzwerke vervollständigen, wenn man zumindest rudimentäre Informationen über die Abwesenden erhebt, und die erfassten Merkmale außerdem ein vergleichsweise gutes Modell der Vorhersage der Bindungen auf Basis des beobachteten Netzwerkes gestatten. Diese rudimentären Informationen über die Abwesenden wurden in der hier dargestellten Studie über einen Lehrerfragebogen erhoben. Außerdem wurden bei den Freundschaftsbindungen, die eine relativ hohe Mutualität aufweisen, die von den Anwesenden über Abwesende gemachten Angaben gespiegelt, d.h. sie wurden mit jener Fehlerrate kopiert, die dem Grad der empirischen Nicht-Mutualität entspricht. Schätzt man Modelle, die auch auf Merkmalen basieren, die nicht für die Imputation verwendet werden können, dann sind die Fallzahlen der jeweiligen Modelle gleich. Der Unterschied zwischen dem Modell auf Basis der beobachteten Netzwerke und dem Modell auf Basis der imputierten Netzwerke besteht nur darin, dass die die jeweiligen Dyaden umgebenden Netzwerke vor der Schätzung auf Basis unterschiedlicher Fallzahlen berechnet wurden. Jene Dyaden, in denen nicht beobachtete Akteure involviert sind, fallen aus der Schätzung heraus, da

die meisten Merkmale – hier bspw. psychometrische Messungen wie Empathie oder Selbstkontrolle – für die Abwesenden nicht vorliegen. Hier hat sich gezeigt, dass die Modellschätzungen auf Basis der imputierten Netzwerke nur geringfügig von denen auf Basis der beobachteten Netzwerke abwichen. Im zweiten Schritt wurden Modelle geschätzt, die nur Merkmale
beinhalten, die sowohl für die Anwesenden als auch für die Abwesenden erhoben wurden,
was zu wesentlich höheren Fallzahlen bei den imputierten Netzwerken führte. Auch hier wi-
chen die Ergebnisse zwischen den beiden Modellvarianten – nur beobachtete Netzwerke vs.
imputierte Netzwerke – nur unwesentlich voneinander ab. Es muss allerdings gesagt werden,
dass das hier durchgeführte Verfahren der Imputation nicht auf dem aktuellen *state of the art*
basiert, bei dem die Imputation auf Basis von Markov-Chain-Monte-Carlo (MCMC) Algo-
rithmen durchgeführt wird. Einige Verfahren nutzen den p^* Ansatz direkt für die Imputation,
gehen dabei aber von einer Vollständigkeit der Knoten aus und imputieren unter bestimmten Annahmen fehlende Kanten in Abhängigkeit von Merkmalen des Netzwerkes (Erlhofer
2008: 258), oder sie imputieren fehlende Knoten und Kanten aus der Struktur des Netzwerkes selbst heraus (Robins et al. 2004: 278). Dagegen ist das hier vorgeschlagene Verfahren
durch das Homophilie-Paradigma motiviert und nutzt jene Information, die durch den Lehrerfragebogen erhoben wurde und gut zur Vorhersage von Bindungen in Netzwerken geeignet
ist – nämlich Geschlecht und ethnische Herkunft. Man würde das in dieser Studie gewählte
Verfahren als Variante der „Stochastic Regression Imputation" (Little und Rubin 1989; Brick
und Kalton 1996; Fichman und Cummings 2003) bezeichnen, bei dem die fehlenden Werte
durch ein Regressionsmodell vorhergesagt werden, aber der Vorhersagewert selbst wiederum um einen Zufallsfehler ergänzt wird.[3] Aktuell wird in der Methodenliteratur insbesondere
der Ansatz der „multiplen Imputation" verfolgt (Spieß 2010), der hier nicht zur Anwendung
kam. Um den Nutzen der Imputation einschätzen zu können, sollten auch Aufwand und Er-
trag abgewogen werden. Dass die Imputation in der hier vorgestellten Anwendung zu keinen nennenswerten Differenzen der geschätzten Parameter führte, bedeutet allerdings nicht,
dass dies in anderen Anwendungen zwangsläufig auch der Fall sein muss. Zumindest aus der
Sicht der angewandten Migrations- und Integrationsforschung sind durch die Imputation und
die anschließende Verwendung der vervollständigten Netzwerke in p^* Modellen „nur" Kontrollvariablen betroffen.

Über den Gewinn oder die Problematik des einen oder anderen Imputationsverfahrens
kann natürlich nicht durch Modellvergleiche entschieden werden, sondern nur durch Simu-
lationen von Daten, in denen die Verteilungen a priori bekannt sind. Erst dadurch wird mess-
bar, welches Modell die simulierten Verteilungen am besten reproduziert. In diesem Sinne
sollten Verfahren zur Imputation von Netzwerken unbedingt weiter verfolgt werden, da sich
auf diesem Wege auch die Datenbasis für „klassische" Netzwerkanalysen, die in der Schulforschung durchgeführt werden (Stubbe et al. 2007), verbessert.

---

3   Bei einer stochastic regression imputation wird allerdings in der Regel ein anderes Verfahren angewandt: Eine
       Variante besteht darin, dass die Residuen berechnet und zufällig sortiert werden, so das jeder Beobachtung das
       Residuum einer anderen Beobachtung zugespielt wird (Brick & Karlton 1996: 228).

Anhang

Deskriptive Statistiken des Modells 4

	mean	SD	min	max
Freunde	0.297	0.457	0	1
Junge→Junge	0.256	0.436	0	1
Junge→Mädchen	0.251	0.433	0	1
Mädchen→Mädchen	0.243	0.429	0	1
Mädchen→Junge	0.251	0.433	0	1
Monitoring Freizeit	-0.731	0.615	-3	0
Anzahl Bücher	-10.151	9.792	-29.5	0
eigenes Haus	0.273	0.445	0	1
Wohnblock 6+Stockwerke	0.142	0.349	0	1
Eltern Arbeitslos	0.024	0.152	0	1
Selbstkontrolle	-0.724	0.548	-3	0
Empathie	-0.839	0.727	-3	0
Opfer	-0.240	0.348	-2.71	0
Täter	-0.434	0.478	-3	0
Nähe (max. 5min. Fußweg)	0.136	0.342	0	1
deutsch→deutsch	0.323	0.468	0	1
deutsch→deutsch1ET	0.083	0.275	0	1
deutsch→türkisch	0.050	0.219	0	1
deutsch→russisch	0.018	0.134	0	1
deutsch→sonst	0.060	0.237	0	1
deutsch1ET_deutsch	0.083	0.275	0	1
deutsch1ET→deutsch1ET	0.028	0.166	0	1
deutsch1ET→türkisch	0.019	0.137	0	1
deutsch1ET→russisch	0.007	0.083	0	1
deutsch1ET→sonst	0.023	0.151	0	1
türkisch→deutsch	0.050	0.219	0	1
türkisch→deutsch1ET	0.019	0.137	0	1
türkisch→türkisch	0.023	0.151	0	1
türkisch→russisch	0.005	0.073	0	1
türkisch→sonst	0.019	0.138	0	1
russisch→deutsch	0.018	0.134	0	1
russisch→deutsch1ET	0.007	0.083	0	1
russisch→türkisch	0.005	0.073	0	1
russisch→russisch	0.009	0.092	0	1
russisch→sonst_	0.009	0.097	0	1
sonst→deutsch	0.060	0.237	0	1
sonst→deutsch1ET	0.023	0.151	0	1
sonst→türkisch	0.019	0.138	0	1
sonst→russisch	0.009	0.097	0	1
sonst→sonst	0.025	0.157	0	1
Größe Klasse (obs.)	17.313	3.862	7	26
Transitive Triaden	4.196	4.724	0	27
Mutualität	0.297	0.457	0	1
in-stars	4.367	2.294	0	13
out-stars	4.371	2.350	0	17

Skalen, die als Basis zur Messung der Homophilie verwendet wurden:
Mutter: Monitoring des Freizeitverhaltens, alpha = 0.754
1 nie, 2 manchmal, 3 oft, 4 immer

Meine Mutter...
weiß, was ich in meiner Freizeit mache
weiß, wo ich in meiner Freizeit bin
weiß, mit wem ich in meiner Freizeit etwas mache

(geringe) Selbstkontrolle, alpha = 0.591
1 stimmt gar nicht, 2 stimmt kaum, 3 stimmt eher, 4 stimmt genau

Ich habe Schwierigkeiten, mich zu konzentrieren oder länger aufzupassen.
Ich kann nicht lange stillsitzen.
Wenn ich mit jemand Streit habe, kann ich nur schwer ruhig bleiben.
Wenn ich wütend bin, gehen die anderen mir besser aus dem Weg
Ich werde ziemlich schnell richtig wütend, wenn etwas nicht so ist, wie ich will

Empathie alpha = 0. 579
1 stimmt gar nicht, 2 stimmt kaum, 3 stimmt eher, 4 stimmt genau

Ich merke, wenn es meinem Freund oder meiner Freundin schlecht geht
Ich kann mir gut vorstellen, wie sich andere Kinder fühlen

Devianz in den letzen vier Wochen in Schule oder
auf Schulweg:

Devianz, Täter, alpha = 0.751
Devianz, Opfer, alpha = 0.768

1. Gar nicht, 2. 1- oder 2-mal, 3. 3- bis 6-mal, 4. noch häufiger

Variablen: schlagen, Sachen kaputt, Geld abgenommen, gehänselt, wie Luft behandelt, Gerüchte verbreitet, ausgegrenzt

Literatur

Anderson, Carolyn J., Stanley Wasserman, und Bradley, Crouch. 1999. A p* primer: logit models for social networks. *Social Networks* 21, 1:37–66.

Baerveldt, Chris, Bonne Zijlstra, Muriel de Wolf, Ronan van Rossem, und Marijtje A. J. van Duijn. 2007. Ethnic Boundaries in High School Students' Networks in Flanders and the Netherlands. *International Sociology* 22, 6:701–720.

Borgatti, Stephen P., Kathleen M.Carley, und David Krackhardt (2006): On the robustness of centrality measures under conditions of imperfect data. *Social Networks*, 28: 124–136.

Brick, J. Michael, und Graham Kalton. 1996. Handling missing data in survey research. *Statistical Methods in Medical Research*, 5:215–238.

Buchanan, Mark. 2003. Nexus. Small worlds and the groundbreaking science of networks. New York: Norton.

Crick, Nicki R., und Gary W. Ladd. 1989. Nominator attrition. Does it affect the accuracy of children's sociometric classification. *Merrill Palmer Quarterly* 35, 2:197–207.

Erlhofer, Sebastian. 2008. Missing data in der Netzwerkanalyse. *Netzwerkanalyse und Netzwerktheorie. Ein neues Paradigma in den Sozialwissenschaften*. Hrsg. Christian Stegbauer, 251–260.Wiesbaden: VS Verlag für Sozialwissenschaften.

Fichman, Mark, und Jonathan M. Cummings. 2003. Multiple Imputation for Missing Data: Making the most of What you Know. *Organizational Research Methods* 6,3: 282–308.

Handcock, Mark S. und Krista Gile. 2007. Modeling *Social Networks with Sampled Data. Technical Report 523*. Seattle: University of Washington.

Heider, Fritz. 1946. Attitudes and Cognitive Organization. *Journal of Psychology* 21:107–112.

Jansen, Dorothea. 2006. Einführung in die Netzwerkanalyse. Grundlagen, Methoden, Forschungsbeispiele. Wiesbaden: VS Verlag für Sozialwissenschaften.

Little, Roderick, und Donald B. Rubin. 1989. The Analysis of Social Science Data with Missing Values. *Sociological Methods & Research* 18:292–326.

McPherson, J. Miller, Lynn Smith-Lowin, und James M. Cook. 2001. Birds of a feather: Homophily in social networks. *Annual Review of Sociology* 27:415–444.

Mood, Carina. 2010. Logistic Regression: Why We Cannot Do What We Think We Can Do, and What We Can Do About It. *European Sociological Review* 26, 1:67–82.

Moody, James. 2001. Race, School Integration, and Friendship Segregation in America. *The American journal of sociology* 107, 3:679–716.

Mouw, Ted, und Barbara Entwisle. 2006. Residential Segregation and Interracial Friendship in Schools. *American Journal of Sociology* 112:394–441.

Quillian, Lincoln und Mary E. Campbell. 2003. Beyond Black and White: The Present and Future Multiracial Friendship Segregation. *American Sociological Review* 68, 4: 540–566.

Robins, Garry, Philippa E. Pattison, und Jodie Woolcock. 2004. Missing data in networks: exponential random graph (p*) models for networks with non-respondents. *Social Networks* 26, 3:257–284.

Snijders, Tom A. B., Philippa E. Pattison, Garry L. Robins, und Mark S. Handcock. 2006. New specifications for exponential random graph models. *Sociological Methodology* 36:99–153.

Spieß, Martin. 2010. Der Umgang mit fehlenden Werten. In *Handbuch der sozialwissenschaftlichen Datenanalyse*. Hrsg. Christof Wolf und Henning Best, 117–142. Wiesbaden: VS Verlag für Sozialwissenschaften.

Strauß, David, und Michael Ikeda. 1990. Pseudolikelihood Estimation for Social Networks. *Journal of the American Statistical Association* 84, 409:204–212.

Stubbe, Tobias C., Marcus Pietsch, und Heike Wendt. 2007. Soziale Netze an Hamburger Grundschulen. In *KESS 4 – Lehr- und Lernbedingungen in Hamburger Grundschulen*. Hrsg. Wilfried Bos, Carola Gröhlich und Marcus Pietsch, 71–102. Münster: Waxmann

Vermeij, Lotte, Marijtje A. J. van Duijn, und Chris Baerveldt. 2009. Ethnic segregation in context: Social discrimination among native Dutch pupils and their ethnic minority classmates. *Social Networks* 31:230–239.

Wasserman, Stanley, und Katherine Faust. 1994. *Social network analysis. Methods and applications*. Reprint. Cambridge: Cambridge Univ.

Watts, Duncan S., Steven H. Strogatz. 1998. Collective dynamics of 'small world' networks. In: *Nature* 393: 440–442.

Wimmer, Andreas, und Kevin Lewis. 2010. Beyond and below racial homophily. ERG models of a friendship network documented in facebook. *American Journal of Sociology* 116, 2: 583–642.

Windzio, Michael, und Matthias Wingens. 2009. Dynamiken sozialer Assimilation von Kindern aus Migrantenfa-
    milien in multiplexen Peernetzwerken. Antrag auf Gewährung einer Sachbeihilfe: Neuantrag, DFG. Bremen:
    Universität Bremen.

Theorie, Operationalisierung und Daten individuellen sozialen Kapitals

Sören Petermann

Abstract

Eine der Grundannahmen der Sozialkapital-Theorie ist, dass soziale Handlungen erleichtert oder ermöglicht werden, wenn Akteure auf soziale Ressourcen zurückgreifen können. Speziell individuelles Sozialkapital bezeichnet soziale Ressourcen, die ein Akteur aus seinem persönlichen Netzwerk beziehen kann. Verwandte, Freunde oder Bekannte helfen mit Tipps und Ratschlägen weiter, unterstützen uns im Haushalt, leisten uns Gesellschaft oder auch Beistand und haben ein offenes Ohr auch für die kleinen Dinge des Alltags. Insofern eine Person mit sozialen Ressourcen ihre Handlungsziele leichter, schneller oder kostengünstiger erreicht, sind diese Ressourcen für sie wertvoll und erstrebenswert. Die Anwendung der Sozialkapital-Theorie wird jedoch problematisch, wenn soziales Kapital mit seiner erfolgreichen Nutzung gleichgesetzt wird. Um dieses Problem zu umgehen, ist der Fokus auf den Zugang zu sämtlichen sozialen Ressourcen zu verlagern. Entsprechend wird im Beitrag der Frage nachgegangen, wie sich der Gesamtumfang sozialen Kapitals operationalisieren und empirisch bestimmen lässt. Um diese Frage zu beantworten, wird zuerst in Kürze die Sozialkapital-Theorie vorgestellt. Im Abschnitt 2 wird eine Möglichkeit der Modellierung individuellen sozialen Kapitals besprochen und etwas detaillierter auf handlungstheoretische und forschungspraktische Probleme und deren Lösung eingegangen. Im Abschnitt 3 wird mit dem Ressourcengenerator eine Methode vorgestellt, die theoretisch begründete Anpassungen der Sozialkapital-Theorie in Massenumfragen umsetzt. Im 4. Abschnitt wird eine empirische Anwendung vorgestellt, deren Daten mit der vorgeschlagenen Methode erhoben wurden. Dabei werden empirische Verteilungen von Sozialkapitaldimensionen besprochen. Der Beitrag endet mit einem Fazit der besprochenen Methode zur Erfassung individuellen sozialen Kapitals.

1. Fragestellung und Sozialkapital-Konzept

In der sozialwissenschaftlichen Diskussion ist soziales Kapital zu einem überaus prominenten Konzept avanciert. Dieser Erfolg ist größtenteils darauf zurückzuführen, dass die Mobilisierung oder vielmehr die Nutzung sozialen Kapitals in vielen unterschiedlichen Forschungsfeldern vorteilhaft für die Verfolgung von Handlungszielen angesehen wird. Lässt sich soziales Kapital mobilisieren, dann können Handlungsziele besser, schneller, kostengünstiger oder zufriedenstellender erreicht werden. Handlungen werden insgesamt also erleichtert, wenn soziales Kapital aktiviert wird. Aufgrund der exponentiell anwachsenden Literatur zum sozialen

Kapital wäre es müßig, alle Anwendungsfelder aufzuzählen. Statt dessen sei auf die Grundidee des sozialen Kapitals verwiesen, die darin liegt, dass

> „[…] a person's family, friends, and associates constitute an important asset, one that can be called on in a crisis, enjoyed for its own sake, and leveraged for material gain. What is true for individuals, moreover, also holds for groups. Those communities endowed with a diverse stock of social networks and civic associations are in a stronger position to confront poverty and vulnerability […], resolve disputes […], and take advantage of new opportunities." (Woolcock/Narayan 2000: 226)

Portes (1998: 5) weist zu Recht auf ein Problem der Sozialkapitalforschung hin, wenn das Erreichen von Handlungszielen mit dem Besitz sozialen Kapitals gleich gesetzt wird. Der Handlungserfolg stellt sich nicht ein, weil Akteure soziales Kapital besitzen, sondern weil sie es erfolgreich einsetzen bzw. nutzen. „Thus, it is important to distinguish the resources themselves from the ability to obtain them by virtue of membership in different social structures." (Portes 1998: 5) Diese wichtige Unterscheidung soll beispielhaft am Erwerbseinkommen und der Arbeitsplatzzufriedenheit von Arbeitnehmern dargestellt werden. Lassen sich Unterschiede im Einkommen oder der Zufriedenheit darauf zurückführen, dass die Vermittlung zwischen Arbeitnehmern und Arbeitsplätzen über informelle Kontakte zu höherem Erwerbseinkommen und höherer Arbeitsplatzzufriedenheit führt, dann bedeutet das nur, dass die Nutzung informeller Kontakte und damit der Einsatz sozialen Kapitals die Handlungziele der Arbeitnehmer (Einkommen, Arbeitsplatzzufriedenheit) verbessern. Damit ist aber nicht gesagt, dass Arbeitnehmer kein soziales Kapital besitzen, die ihren Arbeitsplatz ohne Vermittlung über informelle Kontakte besetzt haben.

Aufbau (access) und Nutzung (mobilization) sozialen Kapitals sind unterschiedliche Prozesse (Lin 2001: 82): Personen investieren relativ viel Zeit, Energie und Geld in den Aufbau sozialer Beziehungen und eines persönlichen Netzwerks ohne mit Sicherheit zu wissen, ob sich später diese Anstrengungen für sie auszahlen werden. Die Forschung zum Aufbauprozess und dessen Resultat – dem Zugang zu sozialem Kapital – ist vergleichsweise unterentwickelt. Insbesondere gibt es kaum Kenntnisse über die Verteilung zugänglichen sozialen Kapitals in der Gesellschaft. Hierin besteht auch insofern Nachholbedarf, weil der Besitz individuellen sozialen Kapitals eine sozialstrukturell relevante Dimension sozialer Differenzierung sein kann. Die Forschungslücke zum Zugang sozialen Kapitals hat auch eine Ursache in der Schwierigkeit, soziale Ressourcen zu messen, die über Netzwerke verfügbar sind. Ziel dieses Beitrags ist die Entwicklung und Erprobung eines Messinstruments individuellen sozialen Kapitals. Entsprechend dieser Zielsetzung werden ein theoretisches Modell individuellen sozialen Kapitals und ein daraus abgeleitetes Messinstrument für Massenumfragen vorgestellt und mittels Umfragedaten überprüft.

2. Theoretisches Konzept individuellen sozialen Kapitals

2.1 Definition und Modellierung

Zur Definition von sozialem Kapital greifen einige Autoren wie Coleman (1995), Burt (1992) oder Bourdieu (1983) explizit auf den Kapitalbegriff zurück. In Colemans Definition wird sehr stark der Nutzeneffekt sozialen Kapitals betont:

> „Ich werde diese sozialstrukturellen Ressourcen als Kapitalvermögen für das Individuum bzw. als soziales Kapital behandeln. Soziales Kapital wird über seine Funktion definiert. Es ist kein Einzelgebilde, sondern ist aus einer Vielzahl verschiedener Gebilde zusammengesetzt, die zwei Merkmale gemeinsam haben. Sie alle bestehen nämlich aus irgendeinem Aspekt einer Sozialstruktur, und sie begünstigen bestimmte Handlungen von Individuen, die sich innerhalb der Struktur befinden. Anders als andere Kapitalformen wohnt soziales Kapital den Beziehungsstrukturen zwischen zwei und mehr Personen inne." (Coleman 1995: 392, vgl. Coleman 1988: S98)

Während dem Vorhandensein einer netzwerkartigen Struktur als Komponente sozialen Kapitals zuzustimmen ist, ruft vor allem das zweite Merkmal Kritik hervor. Wie bereits oben dargelegt, kann soziales Kapital vorteilhaft sein, aber nur wenn es entsprechend mobilisiert wird. Nur dann von sozialem Kapital zu sprechen, wenn eine vorteilhafte Nutzung vorliegt, beschränkt aber das Konzept in unnötiger Weise. Der generelle Zugang zu Ressourcen anderer Akteure bildet das soziale Kapital, nicht nur die tatsächlich (erfolgreich) mobilisierten Ressourcen.

Dies kommt in der Definition von Burt zum Ausdruck:

> „Social capital is at once the resources contacts hold and the structure of contacts in a network." (Burt 1992: 12)

In seiner Definition finden sich die beiden Komponenten der Ressourcen und der Kontaktnetzwerke. Allerdings ist Burt zu kritisieren, weil er den Netzwerken im Vergleich zu den Ressourcen eine wesentliche höhere Bedeutung beimisst. Ihm ist zwar zuzustimmen, dass Netzwerke zeitlich relativ stabil sind und viele Handlungssituationen überdauern, während Ressourcen stark von der jeweiligen Handlungssituation abhängen. Dennoch sind die Ressourcen nicht zu vernachlässigen, sondern über geeignete Mittel zu operationalisieren.

Eine Definition von sozialem Kapital, die beide Komponenten gleichermaßen berücksichtigt, findet sich bei Bourdieu:

> „Das soziale Kapital ist die Summe der aktuellen oder virtuellen Ressourcen, die einem Individuum oder einer Gruppe aufgrund der Tatsache zukommen, dass sie über ein dauerhaftes Netz von Beziehungen, einer – mehr oder weniger institutionalisierten – wechselseitigen Kenntnis und Anerkenntnis verfügen; es ist also die Summe allen Kapitals und aller Macht, die über ein solches Netz mobilisierbar sind." (Bourdieu/Wacquant 1996: 151f.; vgl. auch Bourdieu 1986: 248f.)

Bourdieu legt ferner dar, dass die Kernmerkmale des Kapitals – Investition und Produktion – auch für das soziale Kapital gegeben sind. Das dauerhafte Beziehungsnetz ist

> „das Produkt individueller und kollektiver Investitionsstrategien, die bewusst oder unbewusst auf die Schaffung und Erhaltung von Sozialbeziehungen gerichtet sind, die früher oder später einen unmittelbaren Nutzen versprechen" (Bourdieu 1983: 192).

Diese Passage weist zudem darauf hin, dass der Erwerb sozialen Kapitals nicht immer bewusst vorgenommen wird. Sozialbeziehungen etablieren sich aufgrund alltäglicher Interaktionen ohne eine zielgerichtete Investition in soziales Kapital und können trotzdem zu einem späteren Zeitpunkt nicht-intendierten individuellen Nutzen stiften.

Eine jüngere Definition, die sich eng an den Kapitalbegriff anlehnt, den Ressourcen-, Investitions- und Produktionscharakter des sozialen Kapitals betont und expliziter als Bourdieu den Bezug zu individuellen Lebenschancen herstellt, wird von Flap formuliert:

> „Social networks and the resources of the others an actor can call upon can be considered as a social resource, as another means for that actor to improve or defend his conditions of living." (Flap 1999: 7)

Auch diese Definition beinhaltet den Dualismus von Ressourcen anderer Akteure und eines Netzwerks, das diese Ressourcen zum Fokusakteur (Ego) übermittelt. Die Grundkonstituenten des sozialen Kapitals sind die Anzahl der Personen in einem individuellen Netzwerk (Alteri), deren Ressourcen und das Ausmaß, in dem diese Personen bereit oder verpflichtet sind, Ego zu helfen, wenn er danach verlangt (De Graaf/Flap 1988: 453). Neu ist der Verweis Flaps auf die Zieldimension des sozialen Kapitals. Die mobilisierbaren Ressourcen des Beziehungsnetzwerks können als Mittel eingesetzt werden, um Egos Lebensbedingungen zu erhalten oder zu verbessern. Damit ist ein eindeutiger Bezug zur Akteursebene und der Erklärung mikrosozialer Phänomene gegeben.[1] Soziales Kapital wird entweder als bewusste Investition von Zeit, Energie und Geld in soziale Beziehungen oder als nicht-intendiertes Nebenprodukt sozialer Handlungen aufgebaut. Zu einem konkreten Zeitpunkt lassen sich diese Aufbauprozesse als aggregiertes Sozialkapital Egos bestimmen. Für diesen Zugang zu sozialem Kapital ist es aber belanglos, ob es bewusst oder unbewusst aufgebaut wurde.

Die Modellierung erfordert gemäß der Definition sozialen Kapitals neben der Kenntnis aller direkten Beziehungen, auch sämtliche, potenziell über diese Beziehungen zu einem Zeitpunkt erreichbaren oder mobilisierbaren Ressourcen. Soziales Kapital umfasst sämtliche Akteure, die Ego erreichen kann, und sämtliche Ressourcen, die potenziell zu einem Zeitpunkt über diese Alteri zu Ego fließen. In Anlehnung an Snijders (1999: 33f.) ergibt sich für eine solche Modellierung sozialen Kapitals von Ego eine Alteri * Ressourcen-Tabelle pro Zeitpunkt t mit Elementen $x_{ij(t)}$ (Tabelle 1).

---

1   Es bleibt anzumerken, dass Putnam soziales Kapital deutlich anders definiert: „Features of social life – networks, norms, and trust – that enable participants to act together more effectively to pursue shared objectives." (Putnam 1995: 664f.) Der Beziehungsnetzaspekt zielt auf einen umfassenderen Bereich sozialen Lebens. Nicht nur Netzwerke, sondern vor allem soziale Normen spielen als gesellschaftlicher Kitt eine große Rolle. Putnam zielt mit seiner Definition auf die kollektive Wirkung einer Gemeinschaft im Sinn eines Kollektivgutes.

Tabelle 1: Das soziale Kapital Egos als Alteri * Ressourcen-Tabelle

Zeitpunkt = t		Ressourcen					
		1	2	...	j	...	m
Alteri	1	x_{11}	x_{12}	...		...	
	2	x_{21}	x_{22}	...		...	
	...	...	...	...	...	...	...
	i			...	x_{ij}	...	
	...	...	...	...	...	...	...
	n			...		...	x_{nm}

In den Zeilen dieser Tabelle sind alle Alteri der mehr oder weniger institutionalisierten Beziehungen des ego-zentrierten Netzwerks eingetragen. Die Spalten enthalten sämtliche Ressourcen, die potenziell zwischen zwei Akteuren ausgetauscht werden können. Die Menge der Ressourcen entspricht den verschiedenen Arten, Hilfe zu leisten, Unterstützung zu gewähren oder der Menge bereitzustellender Güter (Snijders 1999: 33). Ressourcen sind zum Beispiel das Leihen wertvoller Güter (großer Bargeldbetrag oder Auto) und weniger wertvoller Gegenstände (Zucker oder Schrauben), Unterstützungen im Krankheitsfall, Beistand in emotionalen Krisensituationen, medizinische oder juristische Ratschläge, spezielle Fähigkeiten voraussetzende Hilfen (Haushaltsreparaturen oder Fremdsprachenkenntnisse), Kontakte zu Politikern oder Medienvertretern und gepoolte Güter (rotierende Gemeinschaftskredite). Das Zellenelement $x_{ij(t)}$ gibt an, ob durch Alter i die Ressourcen j zum Zeitpunkt t für Ego erreichbar sind und damit mobilisiert werden können. Das soziale Kapital Egos ergibt sich somit aus der Aggregation der erwarteten Hilfe über alle Ressourcen und über alle Alteri zum Zeitpunkt t:

$$SK_{ego(t)} = \sum_{i=1}^{n} \sum_{j=1}^{m} x_{ij(t)} \qquad (1)$$

2.2 Individuelles soziales Kapital als Produkt sozialen Ressourcenaustauschs

Zur genaueren Bestimmung des Zellenelements $x_{ij(t)}$ muss man sich die Übergabe bzw. Überlassung der Ressourcen j von Alter i als Handlung vorstellen. In dieser Situation hat die Ressource für Ego einen ganz bestimmten Wert. Allerdings kann darunter nicht der objektive Wert, etwa ein Marktpreis, verstanden werden. Vielmehr ist zu erwarten, dass Ego den Wert der Ressource in der betreffenden Handlungssituation höher einschätzt als in einer Situation, in der er diese Ressource nicht benötigt. Wenn Ego beispielsweise ein gemeinsames Abendessen mit Freunden veranstaltet und in der Vorbereitung dessen bemerkt, dass Zutaten fehlen, die er sich vom Nachbarn erbittet, dann werden diese von Ego höher bewertet als vom Nachbarn selbst, der den Wert höchstens mit dem Kaufpreis der Zutaten angeben würde. Der Wert einer Ressource ergibt sich dabei aus dem Wert einer Ressourceneinheit und der Menge der mobilisierbaren Ressourceneinheiten zum Zeitpunkt t. Dies setzt natürlich voraus, dass Alter i die Ressource j zum Zeitpunkt t auch besitzt. Da es sich um eine soziale Handlung handelt, in der ein Beziehungspartner Egos Ressourcen zur Verfügung stellen soll, hängt das soziale Kapital natürlich auch von der Handlungssituation ab. So muss ein bestimmter Alter für die konkrete Handlung von Ego erreichbar sein. Es muss zum Zeitpunkt t eine Gelegenheit bestehen, dass Ego seinen Bedarf an Alters Ressource diesem mitteilen kann und dass dieser Alter die benötigte Ressource bereitstellen kann. Neben dieser Wahrscheinlichkeit des Aufeinandertreffens hängt die Handlung wesentlich von der Bereitschaft Alters ab, diese Ressource für Ego tatsächlich bereitzustellen.[2] Das Element $x_{ij(t)}$ ist somit ein Produkt aus den vier Komponenten $w_{ij(t)}$, dem erwarteten Wert einer Ressourceneinheit, die sich zum Zeitpunkt t durch Alter i mobilisieren lässt, $m_{ij(t)}$, der Menge der verfügbaren Ressourceneinheiten, die Alter i besitzt und die sich zum Zeitpunkt t durch Alter i mobilisieren lassen, $g_{ij(t)}$, der Gelegenheit, Alter i zum Zeitpunkt t für die Bereitstellung der Ressource j zu erreichen, und $b_{ij(t)}$ der Bereitschaft des Alters i, die Ressource j zum Zeitpunkt t bereitzustellen:

$$SK_{ego(t)} = \sum_{i=1}^{n} \sum_{j=1}^{m} w_{ij(t)} * m_{ij(t)} * g_{ij(t)} * b_{ij(t)} \qquad (2)$$

Der Wertebereich des erwarteten Wertes einer Ressourceneinheit ist prinzipiell unbegrenzt ($-\infty \leq w_{ij(t)} \leq \infty$). Denkbar sind auch negative Werte, dann handelt es sich nicht um ein Gut, sondern um ein Übel, das Egos Lebensqualität mindert. Durch den Laufindex i wird sichergestellt, dass der erwartete Wert einer Ressourceneinheit nicht wie im ökonomischen Austausch ein Markt-konstanter Wert (Preis) ist, sondern vom betreffenden Alteri abhängt. Insbesondere für Ressourcen emotionaler Art ist es für Ego von Bedeutung, wer die Hilfe bereitstellt. Der Wertebereich der Menge der Ressourceneinheiten verläuft im positiven Bereich theoretisch von 0 bis unendlich ($0 \leq m_{ij(t)} \leq \infty$). Praktisch sind jedoch die Ressourcen eines jeden Alteri begrenzt, so dass für jede Ressource eine endliche Menge unterstellt werden kann. Dies ist aber nur für teilbare quantitative Ressourcen relevant, etwa die Menge geliehenen Geldes oder die Zeit, die für emotionale Unterstützung aufgebracht wird. Eine Vielzahl der Ressourcen sind jedoch qualitativer Art und damit auf den Bereich zwischen 0 und 1 begrenzt. Dies gilt zum Beispiel für die Bereitstellung einer Information oder den mit Alters Parteimitgliedschaft verbundenen Ressourcen. Das Teilprodukt aus dem erwarteten Wert einer Ressourceneinheit und der Menge der Ressourceneinheit über alle Alteri und Ressourcen hinweg entspricht im Hand-

---

2   Diese Bereitschaft Alters, eigene Ressourcen zur Verfügung zu stellen, bezeichnen Weesie u.a. (1991: 625) als Beziehungsstärke. Sie ist neben der Anzahl der Alter und deren Ressourcen die dritte bedeutende Dimension sozialen Kapitals. Es gibt unterschiedliche Operationalisierungen für die Beziehungsstärke. Einerseits ergibt sich die Stärke einer Beziehung aus der gemeinsam verbrachten Zeit, der emotionalen Intensität, dem gegenseitigen Vertrauen und reziprokem Austausch (Granovetter 1973: 1361). Andererseits lässt sich die Beziehungsstärke am sozialen Kontext der Beziehung ablesen. Neben Familienangehörigen sind vor allem enge Freunde zu den starken Beziehungen zu rechnen, während Bekanntschaften schwache Beziehungen sind (Granovetter 1983: 201).

lungsgleichgewicht den Ressourcen Egos, die er zu übertragen bereit ist. Damit wird der restriktive Charakter seiner eigenen Ressourcen im sozialen Austausch sozialen Kapitals deutlich.

Die Gelegenheit zum Austausch zwischen Ego und Alter und die Handlungsbereitschaft Alters sind Wahrscheinlichkeiten mit Wertebereichen zwischen 0 und 1 ($0 \leq g_{ij(t)} \leq 1$; $0 \leq b_{ij(t)} \leq 1$). Die raum-zeitlichen Gelegenheiten müssen so strukturiert sein, dass Ego im Bedarfsfall einen Alter erreichen und um Ressourcenaustausch bitten kann bzw. dass Alters Ressourcen Ego erreichen. Die zweite Wahrscheinlichkeit drückt die Handlungsbereitschaft Alters aus. Dazu gehört maßgeblich der Wille, das in ihn gesetzte Vertrauen zu bestätigen und nicht zu missbrauchen.

Schließlich kann das soziale Kapital für beliebige Zeitpunkte t ermittelt werden. Der Laufindex t impliziert in der Zeit veränderliches Sozialkapital. Diese Veränderungen sind entsprechend durch mehrere Messzeitpunkte belegbar. Die Beobachtung und Erklärung von Veränderungen im sozialen Kapital Egos ist natürlich außerordentlich interessant, geht aber weit über das Ziel dieses Beitrags hinaus. Es werden lediglich Verteilungen sozialen Kapitals zu einem Zeitpunkt untersucht, denn für Aussagen über die Verteilung sozialen Kapitals ist ein Zeitpunkt ausreichend. Deshalb wird im Folgenden der Laufindex t nicht berücksichtigt.

Die doppelte Summenbildung über alle Ressourcen und über alle Alteri folgt formal aus der Definition sozialen Kapitals. Sie ist allerdings in ihrer derzeitigen Form äußerst abstrakt und wenig praktikabel für eine Messung (Adam/Roncevic 2003: 164). Sie muss stärker auf die Alltagspraxis des sozialen Austauschs von sozialem Kapital bezogen werden. Dazu werden einerseits konkrete Ressourcen und Alteri identifiziert und benannt. Andererseits werden durch die größere Realitätsnähe Limitierungen für die Summierung über alle Ressourcen und über alle Alteri aufgezeigt. Zunächst werden Dimensionen und Grenzen der Summierung der Ressourcen diskutiert. Anschließend werden Menge und Summenbildung der Alteri besprochen.

2.3 Summenbildung über Ressourcen

Die Aggregation über Ressourcen erfordert, dass sämtliche Ressourcen auf einer gemeinsamen Skala bewertet und gemessen werden. Während im ökonomischen Austausch Geld eine universelle Bewertungsskala für Ressourcen darstellt, wird im sozialen Austausch oftmals Zeit als Wertmaßstab angenommen. Bourdieu (1983: 196) etwa sieht die universelle Wertgrundlage in der Arbeitszeit. Weesie u.a. (1991: 625) verwenden in ihrem Modell ebenfalls Zeit als Austauschmedium. Soziales Kapital ist aber eine sehr heterogene Ressource. Typische Ressourcen, die zwischen Alter und Ego ausgetauscht werden, sind Pflegeleistungen im Krankheitsfall, das Weitergeben von Informationen über eine Arbeitsgelegenheit, das Leihen von privaten Gegenständen, medizinische oder juristische Ratschläge, Diskussionen persönlicher oder politischer Angelegenheiten oder das Anlegen gepoolter Ressourcen für Gemeinschaftsgüter. Bereits mit der Aufzählung dieser sehr verschiedenen Ressourcen wird deutlich, dass die Summierung über alle Ressourcen unter messtheoretischen Gesichtspunkten problembehaftet ist. Es ist unmöglich auf einer solchen Basis alle Formen des sozialen Kapitals zu addieren, „um eine einzige, sinnvolle Zusammenfassung des Sozialkapitals in einer gegebenen Gemeinschaft zu erhalten" (Putnam/Goss 2001: 23). Wenn das ausgedehnte Ressourcenspektrum keine Wertbestimmung auf einer gemeinsamen Skala zulässt, dann ist es notwendig, abgrenzbare Ressourcendimensionen zu eruieren, in denen die Ressourcen sinnvoll aufaddiert werden können. Sowohl aufgrund theoretischer Überlegungen als auch aufgrund empirischer Fundierung werden die Ressourcendimensionen hinreichend getrennt und einzelne Ressourcenitems sinnvoll zusammengefasst (vgl. Snijders 1999: 37f.). Auf der theoretischen Ebene können für die Unterteilung der Ressourcendimensionen etwa die Knappheit, der allgemeine Wert oder die universelle Einsatzfähigkeit bzw. Austauschbarkeit der Ressourcen herangezogen werden. Die Dimensionen lassen sich dann in universelle und spezielle Ressourcendimensionen einteilen. Ferner sind die Handlungsziele, wie der materielle Wohlstand oder die soziale Anerkennung, für die theoretische Identifizierung der Ressourcenbereiche hilfreich. Die Ressourcendimensionen können danach unterschieden werden, ob sie nur einem oder beiden Handlungszielen dienen.[3] Zur empirischen Fundierung werden Verfahren des sozialen Messens angewendet. Snijders nennt hierbei unter anderem die Faktorenanalyse. Diese identifiziert ein Gebiet von Ressourcen mit hinreichend hohen internen Korrelationen (Snijders 1999: 36f.). Diese Faktoren bezeichnen Dimensionen des sozialen Kapitals.

Innerhalb der theoretisch und empirisch fundierten Dimensionen werden die vorhandenen einzelnen Ressourcen zusammengefasst. Für das Zusammenfassen der Ressourcen einer Dimension stehen mehrere Möglichkeiten zur Verfügung. Die Addition quantitativer Ressourcen kann wie oben angedeutet über Geldäquivalente oder Zeitäquivalente erfolgen. Für qualitative Ressourcen bietet sich eine einfache Zählung der Ressourcen an. Die Bestimmung und Umsetzung der Ressourcendimensionen sozialen Kapitals wird im Abschnitt 3.2 vorgestellt.

2.4 Summenbildung über Alteri

Die strukturelle Komponente individuellen sozialen Kapitals bilden ego-zentrierte Netzwerke, wobei insbesondere die direkten Beziehungen Egos zu seinen Alteri relevant sind. Die Menge der Alteri ist durch die Gleichung 2 weder begrenzt noch festgelegt. Potenziell ist eine unbegrenzte Menge zulässig. Realistischerweise ergeben sich durch die Beziehungskapazität Egos natürliche Begrenzungen. Darüber hinaus ist eine unbegrenzte Menge Alteri für die Operationalisierung des sozialen Kapitals weder erwünscht noch handhabbar. Zur Identifizierung von Alteri und zur Begrenzung des Umfangs sind Operationalisierungen aus dem Bereich der sozialen Netzwerkanalyse hilfreich. Zur Menge der Akteure, die zu einem sozialen Netzwerk gehören, zählen die direkten Interaktionspartner aber auch ein größerer Personenkreis, der von Ego nur indirekt über Intermediäre zu erreichen ist. Lässt man Intermediäre zu, gelangt man zu der Vorstellung eines einzigen Netzwerks, in dem alle mit allen über unterschiedlich lange Pfade verbunden sind. Viele datenanalytische Verfahren der sozialen Netzwerkanalyse

---

3   Es gibt weitere Klassifizierungen sozialer Ressourcen. So unterscheiden Foa und Foa (1980) anhand der beiden Achsen Konkretheit versus Symbolismus (Ist die Ressource gegenständlich und mit einer Aktivität verbunden oder über ein Zeichensystem vermittelt?) und Partikularität versus Universalität (Wie stark hängt die Bedeutung einer Ressource von einer spezifischen Person ab?) die sechs Ressourcenklassen Liebe, Status, Information, Dienstleistungen, Geld und materielle Güter. Eine weitere Trennung von Ressourcendimensionen in soziale Unterstützung als Bewältigung von Krisensituationen und Lösung von temporären Problemen (get by) und in soziale Lieferung als Zugang zu bestimmten Ressourcen, die die materielle Situation auf lange Sicht bessern (get ahead), findet sich bei Kleinhans u.a. (2007).

können aber nur auf eine begrenzte Menge von Akteuren angewendet werden, in der zudem alle Akteure des Netzwerks benannt sind. Mögliche Abgrenzungen von Netzwerken, die eine Erstellung von finiten Namenslisten erlauben, sind die Interaktionshäufigkeit oder Intensität der Beziehungen, die Selbstdefinition der Mitgliedschaftsgrenzen durch Akteure wie Gang- oder Cliquenmitglieder, die Grenzen von Ländern, die Grenzen von Organisationen wie Abteilungen, Vereine, Arbeitsgruppen, Schulklassen, Nachbarschaften und die Teilnahme an Ereignissen wie Nachbarschaftsveranstaltungen, Wahlperioden oder Sitzungen (Laumann u.a. 1989). Für die Erstellung von Akteurslisten wird die Positions- und die Reputationsmethode unterschieden. Mit der Positionsmethode werden Personen identifiziert, die vorab vom Forscher festgelegte Positionen besetzen. Derartige Positionen können in einer Untersuchung unter Eliten bestimmte Politiker- oder Managerposten sein. Mit der Reputationsmethode stellen Informanten oder Experten die Namensliste zusammen. In der Regel werden sie gebeten, Personen zu nennen, die in einem bestimmten Bereich für das soziale Kapital bedeutend sind. Für die meisten sozialen Netzwerke erhält man durch diese Abgrenzungstechniken wohldefinierte, vollständige Akteursmengen. Kann eine finite Namensliste jedoch nicht bestimmt werden, ergeben sich die Netzwerkgrenzen durch spezielle Stichprobentechniken, zum Beispiel durch das Schneeballprinzip.

Die Namensliste für die Operationalisierung des sozialen Kapitals ergibt sich aus einem ego-zentrierten Netzwerk. Ein ego-zentriertes Netzwerk besteht aus Ego als Fokusakteur, seinen Alteri und den direkten Austauschbeziehungen zwischen diesen Akteuren.[4] Ego ist der einzige Informant, der über Akteure und Ressourcen des ego-zentrierten Netzwerks berichtet. Ego informiert über die Namen der Alteri, die auf einer Liste oder einer Matrix notiert werden (vgl. Tabelle 1). Als Begrenzung gilt die Interaktionshäufigkeit oder Intensität der Beziehung. Diese Vorgehensweise zur Begrenzung der Akteursmenge ist zuweilen kritisiert worden, weil die Namensliste allein durch Egos Wahrnehmung des Netzwerkes zustande kommt. Namenslisten ego-zentrierter Netzwerke erfüllen nicht die Kriterien der Reputationsmethode (Pappi/ Wolf 1984, Wasserman/Faust 1994: 42).[5] Ego-zentrierte Netzwerke werden deshalb von einigen Netzwerkforschern nur als Hilfsnetzwerke anerkannt (Wasserman/Faust 1994: 9). Namenslisten von Gesamtnetzwerken haben den Vorteil, Informationen über den Ressourcenfluss von allen Netzwerkakteuren zu erhalten. Wechselseitige Beobachtungen oder Aussagen geben Aufschluss über die Güte der Daten. Allerdings ist der Erhebungsaufwand von Gesamtnetzwerken ungleich größer als von ego-zentrierten Netzwerken, weil Informationen von allen Netzwerkpersonen ermittelt und in Soziomatrizen gespeichert werden müssen.

Für die Operationalisierung sozialen Kapitals ist die Perzeption der sozialen Umwelt durch Ego, wie sie mit ego-zentrierten Netzwerken gemessen wird, jedoch völlig ausreichend. Denn für die Verfügbarkeit des sozialen Kapitals für Ego ist es nebensächlich, von welchem konkreten Alteri eine Ressource zur Verfügung gestellt wird. Normalerweise wird nur ein

---

4   Direkte Ego-Alteri-Beziehungen zu erheben ist ausreichend, denn Ego nutzt seinerseits immer eine direkte Beziehung, um einen Ressourcenzugang zu erhalten. Es ist für den Ressourcenzugang unerheblich, ob Alter eigene Ressourcen bereitstellt oder als Intermediär Ressourcen dritter Akteure vermittelt.

5   Über die Reputationsmethode werden Informationen von mehreren Experten zusammengetragen. Akteure gehören nur dann zum Netzwerk, wenn ihr Name mit einer festgelegten Häufigkeit genannt wird.

Alter benötigt, der die gewünschte Hilfe für Ego bereitstellt. Nur in bestimmten Situationen kann die Unterstützung von mehreren Alteri erforderlich sein. Beispielsweise werden bei einem Umzug mehrere Helfer benötigt, ein geselliger Abend gelingt erst mit einer Gruppe von Freunden oder man ist für das Betreiben einer Mannschaftssportart auf mehrere Sportkameraden angewiesen. In diesen Fällen ist aber die Anzahl der Unterstützer begrenzt, überschaubar und zumeist klein. Mit anderen Worten ist der Grenznutzen zusätzlicher ressourcenmobilisierender Alteri in den meisten Handlungssituationen schnell erreicht. Die Aggregation über alle Alteri ist praktisch nicht additiv. Der Hauptgrund, mehr als einen Alter als potenziellen Helfer zu haben, liegt in der Unsicherheit, ob die Hilfe tatsächlich bereitgestellt wird. Ein weiterer Grund liegt darin, die Abhängigkeit von einzelnen Alteri zu vermeiden. Daraus folgt, dass zwar Ego eine Ressource potenziell von mehreren Alteri abrufen kann. Im Sinne der praktischen Verfügbarkeit des sozialen Kapitals ist aber von Interesse, ob mindestens ein Alter diese soziale Ressource zur Verfügung stellt (Flap u.a. 2003, Snijders 1999). Die Wahrscheinlichkeiten, dass die Ressourcen Ego erreichen, sind besser nicht über die Alteri zu summieren. Entsprechend ändert sich Gleichung 2 in:

$$SK_{ego(t)} = \sum_{j=1}^{m} (\sum_{i=1}^{n} w_{ij(t)} * m_{ij(t)}) * s_{j(t)} \qquad (3)$$

In dieser Gleichung ist $s_{j(t)}$ die Wahrscheinlichkeit, die Ressource j von irgendeinem Alter zu erhalten. Diese Wahrscheinlichkeit unterliegt dem Prinzip des abnehmenden Grenznutzens. Sie ist eine degressiv wachsende Funktion der Anzahl der Alteri, die erreichbar sind und Ressourcen an Ego übertragen wollen (Snijders 1999: 35). Unter der Wahrscheinlichkeit g_{ij}, dass es eine Gelegenheit zum Austausch zwischen Ego und Alter gibt, und der Wahrscheinlichkeit b_{ij}, dass Alter i die Ressourcen j für Ego bereitstellt, gilt:

$$s_j = 1 - \prod_{i=1}^{n} (1 - (g_{ij} * b_{ij})) \qquad (4)$$

Diese Verfeinerung der Modellierung sozialen Kapitals löst aber nicht das Problem, neben einer vollständigen Namensliste der Alteri auch die Wahrscheinlichkeiten der Erreichbarkeit und der Hilfsbereitschaft jedes einzelnen Alters kennen zu müssen. Praktisch lässt sich dies nur annähernd genau aber kaum reliabel und valide messen (Snijders 1999: 35). Ein Kompromiss liegt in der Identifizierung von Personenkreisen, deren Hilfsbereitschaft man gegebenenfalls für einzelne Ressourcendimensionen abschätzen kann. Ein weiterer Vorteil von Personenkreisen gegenüber ego-spezifischen Namenslisten liegt in der direkteren Vergleichbarkeit zwischen vielen Egos. Die Auswahl von Personenkreisen als Ersatz für eine Liste von Alteri für das soziale Kapital wird im Abschnitt 3.3 behandelt.

3. Messkonzept individuellen sozialen Kapitals

3.1 Der Ressourcengenerator

Die in Befragungen eingesetzten Messinstrumente sozialen Kapitals variieren stark in ihrer Komplexität, d.h. vor allem in der Anzahl der verwendeten Merkmale und in der Verknüpfung dieser Merkmale zu Indizes. Sie unterscheiden sich auch hinsichtlich der ausgetauschten Ressourcen und hinsichtlich der zugrundeliegenden Netzwerkstrukturen. Messkonzepte individuellen Sozialkapitals gehen verstärkt auf die Netzwerkkomponente (z.B. redundant ties, structural holes und holes signatures bei Burt 1992) oder auf die Ressourcenkomponente (Positionsgenerator bei Lin 2001, Ressourcengenerator bei Snijders 1999) ein. Im Anschluss an die letztere Vorgehensweise wird ein Messkonzept vorgestellt, das individuelles soziales Kapital möglichst vieler Menschen einer Gesellschaft beschreibt.

Der so genannte Ressourcengenerator ist ein Messinstrument sozialen Kapitals, das direkt am Zugang zu ganz spezifischen Ressourcen ansetzt. Erstmals wurde dieses Instrument 1999 im Social Survey of the Networks of the Dutch (SSND) eingesetzt (Flap u.a. 2003, Gaag/Snijders 2005; vgl. auch das Connected Lives Project in Wellman u.a. 2006).[6] Im Ressourcengenerator werden die Vorteile des Positionsgenerators (ökonomische Erhebung, interne Validität) und des Namensgenerators (detaillierte Informationen über Ressourcen) verbunden. Wie in umfangreichen Namensgeneratoren erhebt das Instrument zahlreiche Ressourcenzugänge über eine Liste, die konkrete Subsammlungen des sozialen Kapitals aus verschiedenen Lebensbereichen vereint (Flap u.a. 2003: 4). Allerdings wird nicht retrospektiv nach tatsächlichem sozialem Austausch gefragt. Erhoben werden Egos potenzielle Zugänge zu spezifischen Ressourcen über seine direkten sozialen Beziehungen. Dieser Generator wurde entwickelt, um die allgemeine Verteilung des sozialen Kapitals über eine Population zu bestimmen. Der Generator zielt vorrangig auf den Zugang Egos zu den Ressourcen, die in die Beziehungen mit seinen Alteri eingebettet sind. Eine geringere Rolle spielt die individuelle Mobilisierung des sozialen Kapitals (Flap u.a. 2003: 2).

Wenn das soziale Kapital einer allgemeinen Population über verschiedene Ressourcenbereiche hinweg erfasst werden soll, sind die sozialen Ressourcen über zahlreiche und vielfältige Items zu messen. Die Vielzahl der erfragten Ressourcen wird zu mehreren konsistenten Sozialkapitaldimensionen zusammengefasst. Um auszuschließen, dass möglicherweise nicht alle relevanten Ressourcen erfasst werden, werden neben ganz konkreten Abfragen über Ressourcen für Ego auch weniger spezifische Ressourcen erfasst, die in zahlreichen Handlungssituationen für Ego vorteilhaft sein können. Allerdings werden die Ressourcen nicht indirekt über Berufe der Alteri gemessen, wie dies im Positionsgenerator der Fall ist, sondern über eine Itembatterie mehr oder weniger konkreter sozialer Ressourcen.

---

6   Im Vergleich zu Namensgeneratoren werden wesentlich mehr Ressourcen abgefragt, die sich zu Dimensionen zusammenfassen lassen. Ein Vorläufer des Ressourcengenerators mit aussagekräftigen aber wenigen Einzelressourcen findet sich in Diewald (1995).

3.2 Messung der Ressourcendimensionen

Der Ressourcengenerator vereinigt Items, die sich theoretisch vier Dimensionen zuordnen lassen. Zwei Dimensionen enthalten allgemein wertvolle Ressourcen und zwei Dimensionen umfassen konkretere Aktivitäten, wobei diese vier Dimensionen sich jeweils in ihren Handlungszielen unterscheiden (Gaag/Snijders 2005: 23f.). Eine erste Dimension lässt sich identifizieren, die eher instrumentellen und informativen Charakter hat und hauptsächlich auf kommunikativen Aktivitäten zwischen Alter und Ego beruht. Diese Dimension wird Sozialkapital spezieller Fähigkeiten genannt und entspricht der instrumentellen, praktischen, materiellen sozialen Unterstützung sowie der Informationsvergabe der Social-Support-Forschung (Busschbach 1996: 26, Veiel 1985, Wellman/Hiscott 1985, Wellman/Wortley 1990). Diese Ressourcen benötigt Ego hauptsächlich in Krisensituationen oder wenn seine Alltagsroutine unterbrochen wird. Sie werden durch Aktivitäten ausgetauscht, die dem Handlungsziel des materiellen Wohlstands dienen. Für die Ressourcen dieser Dimension steht der instrumentelle Tauschcharakter eines Gutes oder einer Dienstleistung im Vordergrund. Es ist weniger wichtig, welcher Alter die Ressourcen zur Verfügung stellt.

Eine zweite Dimension umfasst emotional-vertrauliche soziale Unterstützungsaktivitäten für Ego. Entsprechend wird diese Dimension als Unterstützungssozialkapital bezeichnet. Sie entspricht der emotionalen, expressiven sozialen Unterstützung der Social-Support-Forschung (Busschbach 1996: 26, Veiel 1985, Wellman/Hiscott 1985, Wellman/Wortley 1990). Es sind vor allem Aktivitäten von Personen des engeren Kernnetzwerks Egos, wie die Pflege im Krankheitsfall oder Gespräche über persönliche Angelegenheiten. Der Wert dieser sozialen Ressourcen speist sich zu einem gewissen Teil aus einem ganz bestimmten Beziehungspartner, weil ein ganz besonderes Vertrauensverhältnis oder ein intimes Verhältnis erforderlich ist. Insbesondere emotionale Unterstützung entfaltet ihre Wirkung erst, wenn sie von einer nahestehenden Person gewährt wird. Die Aktivitäten enthalten instrumentelle und expressive Bestandteile und dienen sowohl der materiellen Sicherung als auch der sozialen Anerkennung Egos.

Eine dritte Dimension schließt die wertvollen Ressourcen des ökonomischen Kapitals und des Humankapitals der Alteri ein. Es sind die Ressourcen hoher Statuspersonen, die vor allem in instrumentellen Handlungen eingesetzt werden, um den materiellen Wohlstand Egos zu sichern und zu steigern. Diese Dimension wird Prestige- und Bildungssozialkapital genannt. Sie reflektiert stärker die materiellen Ressourcen hoher Statuspersonen und weniger deren Einfluss (Gaag/Snijders 2005: 23).

Die stärkere Betonung von Einfluss und Macht ergibt sich durch die vierte und letzte Dimension. Diese Dimension ist das soziale Kapital der politischen und Öffentlichkeitskontakte. Stärker noch als das Prestige- und Bildungssozialkapital geht diese Dimension über das enge Kernnetzwerks Egos hinaus und sichert somit teilweise seine gesellschaftliche Integration. Hierbei geht es weniger um direkte Ressourcenzugänge, sondern um die Einbettung über das engere soziale Umfeld hinaus in einen größeren gesellschaftlichen Kontext, vorrangig zu einflussreichen Personen. Insofern sich diese Kontakte instrumentalisieren lassen, dienen sie dem materiellen Wohlstand. Nicht zu verkennen ist aber die Bedeutung für die soziale Anerkennung Egos allein durch die Kenntnis solcher Kontakte.

Auch wenn nicht sämtliche Ressourcen gemessen werden, die Ego von seinen Alteri erhält, ist die Auswahl der Ressourcen zumindest so gefächert, dass Spezifität und Charakter dieser Ressourcendimensionen berücksichtigt werden. Andererseits gewinnen die theoretisch identifizierten Ressourcendimensionen erst dann an praktischer Bedeutung, wenn sie auch empirisch durch Methoden des sozialen Messens bestätigt und jeweils in einer separaten Sozialkapitalskala zusammengefasst werden (Flap u.a. 2003, Snijders 1999).

3.3 Messung der Alteri

Die Operationalisierung des sozialen Kapitals legt einerseits nahe, dass aufgrund des abnehmenden Grenznutzens nicht konkrete Alteri identifiziert werden müssen, weil es oftmals ausreichend ist, wenn mindestens ein Alter sein Versprechen einlöst. Andererseits ist die Messung oder Schätzung der Hilfsbereitschaft der Alteri kaum reliabel und valide zu bewerkstelligen. Ein entsprechender Kompromiss sieht vor, nicht namentliche Akteure, sondern lediglich Personenkreise zu identifizieren, deren jeweilige Hilfsbereitschaft abgeschätzt werden kann.

Eine sinnvolle Abgrenzung von Personenkreisen liegt in unterschiedlich starken Hilfsbereitschaften, Ressourcen für Ego zur Verfügung zu stellen. Hilfsbereitschaft wird durch normative und emotionale Bindungen sowie durch das Ausmaß ausstehender Verpflichtungen gegenüber Ego beeinflusst. Das sind wesentliche Faktoren der Beziehungsstärke (Granovetter 1973, 1983). Starke Beziehungen, mit hoher normativer und emotionaler Bindung sowie hohen Verpflichtungen sind eher bereit, Hilfe und Unterstützung zu gewähren. Entsprechend gering ist die Hilfsbereitschaft in schwachen Beziehungen ohne emotionale und normative Bindungen und ohne Verpflichtungen gegenüber Ego. Zwar ist es problematisch, diese Faktoren direkt zu messen, sie lassen sich aber in drei Personenkreisen bündeln: Familienbeziehungen, Freundschaften und Bekanntschaften.

Familienbeziehungen sind genealogisch vorgegeben und durch starke normative und emotionale Bindungen gepaart mit hoher Beziehungsstärke geprägt. Die Beziehungsstärke zu Familienangehörigen speist sich aus einer normativen Grundlage: „blood is thicker than water" (Wellman/Wortley 1990: 572; vgl. auch Hofferth u.a. 1999: 84). Freundschafts- und Bekanntschaftsbeziehungen werden durch wechselseitige Wahlen eingegangen und können entsprechend auch wieder aufgelöst werden. Die gegenseitige Attraktivität basiert auf Neigungen und homophilen Eigenschaften. Freundschaften und Bekanntschaften unterscheiden sich graduell in der Beziehungsstärke und dem Ausmaß wechselseitiger Verpflichtungen.[7] Freundschaften basieren ebenfalls auf starken Beziehungen mit emotionaler Bindung, wobei der Beziehungsstärke ein reziproker, vertrauensvoller und intensiver Austausch zu Grunde liegt. Dagegen sind Bekanntschaften durch schwache Beziehungen mit nur geringer emotionaler Bindung geprägt.

Die Hilfs- und Unterstützungsbereitschaft wird über die drei Beziehungstypen repräsentiert. Sie nimmt ausgehend von Familienangehörigen über Freundschaften hin zu Bekanntschaften

---

7   Beide Begriffe werden in verschiedenen Bevölkerungsgruppen unterschiedlich interpretiert (Hollstein 2001).

ab. Entsprechend werden mit dem Ressourcengenerator die Ressourcenzugänge differenziert für den Familienkreis, den Freundeskreis und den Bekanntenkreis gemessen (Abbildung 1).

Abbildung 1: Messung der Personenkreise Egos

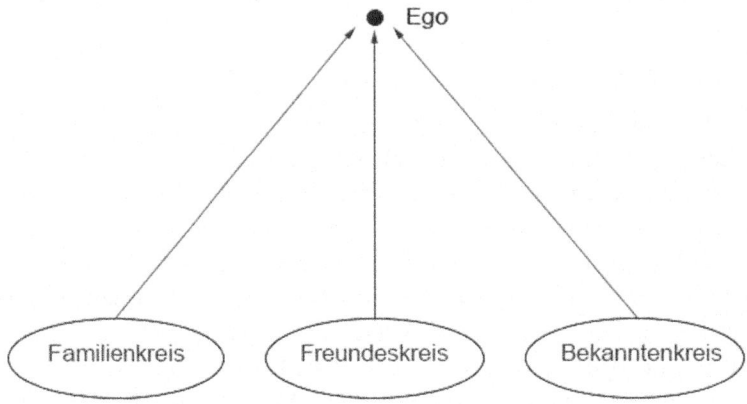

4. Empirische Verteilungen individuellen sozialen Kapitals

Ein Ressourcengenerator, der soziales Kapital über potenzielle Ressourcenzugänge differenziert nach Gruppen typischer Alteri misst, kam 2005 in einer Bevölkerungsbefragung in Nordrhein-Westfalen und Sachsen-Anhalt zum Einsatz.[8] Für 23 Ressourcen-Items gaben die Befragten an, ob ihnen diese Ressourcen potenziell zur Verfügung stehen und wenn ja durch welche(n) Personenkreis(e). In Tabelle 2 sind die Häufigkeiten der einzelnen Items insgesamt und differenziert nach den drei Personenkreisen aufgeführt.

---

8   Die Frage lautete: „Im Folgenden stelle ich Ihnen einige Fragen zu Ihrem Familien-, Freundes- und Bekanntenkreis. Kennen Sie jemanden unter Ihren Familienangehörigen, Freunden und Bekannten, der ...". (Bei Nachfrage: Wir meinen mit kennen jemanden, dessen Namen Sie wissen und mit dem Sie eine Unterhaltung beginnen können, wenn Sie ihn auf der Straße treffen.) Auf diese Frage konnte mit „ja" oder „nein" geantwortet werden. Bei Bejahung wurde weiter gefragt: „Ist das ein Familienangehöriger, ein Freund oder ein Bekannter?" Für diese Nachfrage war Mehrfachnennung möglich.

Tabelle 2: Ressourcenzugänge nach Personenkreisen in Prozent

	Nennung	Gesamt	Familie	Freunde	Bekannte	n
1	Umzugshelfer	95,1	75,5	75,5	51,4	1.505
2	Einkauf bei Krankheit	93,1	60,3	62,3	34,5	1.503
3	Unterkunft	93,0	76,7	60,0	23,0	1.489
4	Hochschulabschluss	90,5	69,0	59,3	49,8	1.508
5	Tagesgespräch	88,4	69,4	60,1	28,4	1.499
6	Wahldiskussion	88,3	67,5	63,4	35,7	1.490
7	Rat im Konfliktfall	83,3	52,2	54,2	28,5	1.493
8	Pflege bei Erkrankung	82,2	75,0	22,8	6,1	1.470
9	Theater/Museum	81,0	51,5	47,7	38,1	1.502
10	Reparatur	77,2	51,8	30,0	26,5	1.505
11	finanzielles Wissen	76,7	43,6	31,2	30,4	1.495
12	politisches Wissen	75,6	41,6	37,5	36,5	1.486
13	Zeitungsleser	69,2	44,9	37,5	31,8	1.455
14	Vielverdiener	67,4	42,5	33,6	35,7	1.368
15	juristischer Rat	64,0	23,6	26,2	29,2	1.500
16	medizinischer Rat	62,6	30,9	28,1	22,6	1.496
17	Referenz für Bewerbung	62,1	24,1	30,0	38,5	1.365
18	Geld borgen	58,0	48,0	20,3	7,3	1.426
19	Jobgeber	56,2	26,9	24,5	28,0	1.496
20	Ferienhausbesitzer	46,8	17,1	18,6	23,8	1.493
21	Parteimitglied	43,9	10,6	14,7	26,4	1.505
22	Medienkontakte	42,1	12,5	17,9	21,3	1.505
23	Rathausmitarbeiter	33,1	5,8	8,4	23,7	1.508

Die Reihenfolge der Items ergibt sich aus der absteigenden Häufigkeit in der Spalte Gesamt.

4.1 Verteilung der Ressourcendimensionen

Gestützt auf Faktoren- und Clusteranalysen (vgl. Tabelle 3) lassen sich fünf verschiedene Dimensionen des sozialen Kapitals aus den 23 Ressourcenzugängen identifizieren: das Unterstützungssozialkapital (USK), das Sozialkapital spezieller Fähigkeiten (KSF), das Bildungssozialkapital (BSK), das Prestigesozialkapital (PSK) sowie das politische und Öffentlichkeitssozialkapital (POK). Die vier theoretisch fundierten Dimensionen aus Abschnitt 3.2 können gut den empirischen Dimensionen zugeordnet werden. Lediglich die theoretische Dimension des Prestige- und Bildungssozialkapitals ist empirisch in zwei separaten Dimensionen extrahiert worden.

Das Unterstützungssozialkapital (USK) vereint die sechs Ressourcenzugänge Einkauf bei Krankheit, Umzugshelfer, Unterkunft, Rat im Konfliktfall, Pflege bei Erkrankung und Tagesgespräch.[9] Die Ergebnisse der Reliabilitäts- und der Faktorenanalysen legen nahe, dass die Items miteinander auf einer Skala vergleichbar sind. Das Unterstützungssozialkapital bezieht sich auf konkrete Austauschhandlungen und ist die emotional-vertrauliche Komponente des

---

9   Die Aufzählung der Items erfolgt mit absteigender Repräsentationsgüte in der Faktorenanalyse.

sozialen Kapitals. Es beinhaltet soziale Ressourcen, die einer emotionalen und teilweise inti-
men Basis bedürfen. Der Wert der Ressourcen für Ego ergibt sich nicht allein aus den gewähr-
ten Unterstützungsleistungen, sondern zu einem gewissen Teil aus der Beziehungsperson, die
diese Unterstützungen bereitstellt. Darüber hinaus muss ein besonders enges Vertrauensverhältnis zwischen den Beziehungspartnern herrschen, weil die Unterstützungsleistungen weit in
die Privatsphäre Egos hineinreichen. Da ein Missbrauch bzw. ein Ausnutzen der Privatsphäre
weitreichende negative Konsequenzen für Ego hätte, muss dem Beziehungspartner in hohem
Maße Vertrauen entgegengebracht werden. Die Ressourcen dieser Dimension werden praktisch für jeden Befragten bereitgestellt, denn die Items werden von über 90 % der Befragten
genannt. Gleichwohl die Unterstützungsleistungen keine spezifischen Kenntnisse und Erfahrungen erfordern und daher praktisch von jedermann bereitgestellt werden können, kommt
aufgrund der emotionalen Basis und des Vertrauensverhältnisses nur ein kleiner Personenkreis in Frage, der diese sozialen Ressourcen zur Verfügung stellt. Viele Ressourcen dieser
Dimension werden in außergewöhnlichen Handlungssituationen abgerufen und deshalb relativ selten in Anspruch genommen.

Das Sozialkapital spezieller Fähigkeiten (KSF) setzt sich aus den fünf Ressourcenzugängen juristischer Rat, finanzielles Wissen, medizinischer Rat, gute Referenzen bieten und
Reparatur zusammen. Um die Zugehörigkeit der fünf Items zu dieser Dimension zu prüfen,
wurden wiederum eine Faktorenanalyse und eine Reliabilitätsanalyse berechnet. Wie erwartet ergibt sich in der Faktorenanalyse ein Faktor mit einem Eigenwert größer eins, der 37,6 %
der Varianz erklärt. Das Item Reparatur nimmt eine Außenseiterrolle ein. Es fügt sich relativ
schlecht in diese Dimension ein. Dies ist auch der Grund für das relativ geringe Cronbachs
Alpha (0,58) der Reliabilitätsanalyse. Das Sozialkapital spezieller Fähigkeiten ist eine instrumentelle Komponente des sozialen Kapitals. Die sozialen Ressourcen dieser Dimension
vereinen mehrere Dienstleistungen, die gewöhnlich auch über Marktbeziehungen zur Verfügung stehen. In arbeitsteiligen Gesellschaften werden diese Ressourcen in der Regel über
komplementäre Beziehungen ausgetauscht. Die Items dieser Dimension stehen einer deutlichen Mehrheit problemlos zur Verfügung (zwischen 75 % und 90 %).

Tabelle 3: Skalierungsparameter der fünf Sozialkapitaldimensionen

Dimensionen des Sozialkapitals	Items	Reliabilitätsanalyse: Cronbachs Alpha	Faktorenanalyse: erklärte Varianz
Unterstützungssozialkapital (USK)	6	0,68	39,7%
Sozialkapital spezieller Fähigkeiten (KSF)	5	0,58	37,6%
Bildungssozialkapital (BSK)	5	0,65	42,0%
Prestigesozialkapital (PSK)	4	0,67	50,3%
Politisches und Öffentlichkeitskapital (POK)	3	0,48	49,2%

Es ergibt sich in allen Faktorenanalysen jeweils ein Faktor mit einem Eigenwert größer 1.

Die dritte Dimension wird Bildungssozialkapital (BSK) genannt. Es ist die Wissens- und Er-
fahrungskomponente sozialen Kapitals. Die fünf Items dieser Dimension sind politisches

Wissen, Zeitungsleser, Hochschulabschluss, Theater/Museum und Wahldiskussion. Abermals zeigen die Skalierungsparameter an, dass die Zusammenfassung dieser Items sinnvoll ist. Diese Aspekte sozialen Kapitals messen indirekt das Humankapital der Alteri und zeigen somit Wissensbestände, Informationen und Erfahrungen an, auf die Ego im Bedarfsfall zurückgreifen kann. Der Zugang zu Bildungssozialkapital ist relativ weit verbreitet (zwischen 67 % und 90 %). Mit dem Bildungssozialkapital sind keine direkten Austauschhandlungen impliziert. Die Ressourcenausstattung der Alteri wird in einem allgemeineren Sinn erhoben.

Die vierte Dimension beinhaltet das ökonomische Kapital der Alteri. Sie wird deshalb Prestigesozialkapital (PSK) genannt. Zu dieser Dimension gehören die vier Items Vielverdiener, Jobgeber, Geld borgen und Ferienhausbesitzer. Diese Dimension umfasst wertvolle, knappe Güter und Dienstleistungen, die aufgrund des ökonomischen Hintergrundes am ehesten auf einer Skala miteinander vergleichbar sind. Dies wird durch die besten Skalierungsparameter aller fünf Sozialkapitaldimensionen erhärtet. Die Items indizieren hohes Prestige für den Besitzer. Die gemessenen Items geben indirekt an, dass Ego Zugang zum kleineren Kreis von Personen hat, die einen hohen sozialen Status haben und reich an ökonomischen und vor allem knappen Ressourcen sind (zwischen 56 % und 67 %). Diese Personen sind eher den oberen Schichten einer Gesellschaft zuzuordnen. Ähnlich der dritten Dimension sind hiermit keine direkten Austauschhandlungen impliziert.

Schließlich werden mit der fünften Dimension des sozialen Kapitals Kontaktmöglichkeiten zusammengefasst, die den Weg in die (politische) Öffentlichkeit ebnen. Diese Dimension wird politisches und Öffentlichkeitssozialkapital (POK) genannt. Sie setzt sich aus den drei Items Parteimitglied, Rathausmitarbeiter und Medienkontakte zusammen. Die Vergleichbarkeit der Items auf einer Skala ist theoretisch und hinsichtlich der Faktorenanalyse auch empirisch gewährleistet. Lediglich der Reliabilitätswert (Alpha = 0,48) deutet nicht auf die Vergleichbarkeit hin; allerdings kann der geringe Wert auch der sehr kleinen Itemanzahl geschuldet sein. Mit dieser Dimension wird gemessen, inwiefern Ego Möglichkeiten hat, für Angelegenheiten von allgemeinem öffentlichem Interesse Ressourcen zu mobilisieren bzw. auf diese Angelegenheiten aufmerksam zu machen. Der Wert dieser sozialen Ressourcen liegt also in der Möglichkeit, Kanäle für zivilgesellschaftliches Engagement bereitzustellen. Diese Dimension kann aufgrund der geringen Häufigkeiten als knappe soziale Ressource bezeichnet werden (unter 45 %).

Die Häufigkeitsverteilungen sozialer Ressourcen zeigen, dass praktisch jede Person mit sozialen Unterstützungsleistungen rechnet. Einen leichten Zugang findet man auch zu sozialem Kapital, das auf besonderen Kenntnissen, Fähigkeiten und Erfahrungen also auf Humankapital basiert. Relativ knapp sind die Zugänge zum ökonomischen Kapital der Beziehungspartner. Schließlich kann nur eine Minderheit auf politische und Öffentlichkeitskontakte zugreifen.

4.2 Verteilung der Ressourcendimensionen nach Personenkreisen

Die einzelnen Ressourcendimensionen, die zunächst unabhängig von den bereitstellenden Alteri untersucht wurden, lassen sich in einem weiteren Analyseschritt nach Personenkreisen differenzieren. Für die 23 Ressourcenzugänge ist bekannt, inwiefern diese Ressourcen über die drei Personenkreise zur Verfügung stehen (Tabelle 2). Die Spannweiten des Familien- und des Freundeskreises sind etwa gleich groß (6%-77% resp. 8%-76%). Hingegen ist soziales Kapital aus dem Bekanntenkreis seltener verfügbar (7%-51%). Die Verteilung der Personenkreise über die Items verläuft für den Familienkreis und den Freundeskreis parallel zur Gesamthäufigkeit, wenn man von wenigen Ausnahmen absieht. Für den Bekanntenkreis ist diese Parallelität nicht gegeben. An der Bereitstellung von Unterstützungssozialkapital sind nur zwei Personenkreise beteiligt, nämlich der Familienkreis mit etwas Abstand gefolgt vom Freundeskreis. Das Sozialkapital spezieller Fähigkeiten und das Bildungssozialkapital sind über alle drei Personenkreise gleichermaßen zugänglich, wobei sich eine leichte Abstufung vom Familienkreis über den Freundeskreis zum Bekanntenkreis ergibt. Bemerkenswert ist, dass knappes Sozialkapital, wie das politische und Öffentlichkeitssozialkapital und einige Items des Prestigesozialkapitals eher über den Bekanntenkreis als über die Familien- und Freundeskreise zugänglich sind. Es gibt nur wenige Ressourcenzugänge, die speziell einem Personenkreis vorbehalten sind. Typische Familienressourcen sind Pflege bei Erkrankung (Item 8) und Geld borgen (Item 18). Während es keine typischen Freundschaftsdienste gibt, sind politische Kontakte zu Parteimitgliedern (Item 21) und zu Rathausmitarbeitern (Item 23) vorrangig in Bekanntschaftsbeziehungen zu finden.

Tabelle 4: Mehrebenen-Logit-Modelle der fünf Sozialkapitaldimensionen

Variablen	USK		KSF		BSK		PSK		POK	
Konstante	**0,280**	(0,102)	**- 0,995**	(0,096)	**0,422**	(0,119)	**- 0,918**	(0,121)	**- 1,934**	(0,144)
Beziehungshintergrund des sozialen Kapitals										
Personenkreis (Referenz = Freundeskreis)										
Familienkreis	**0,603**	(0,040)	**0,298**	(0,044)	**0,275**	(0,043)	**0,541**	(0,053)	**- 0,420**	(0,083)
Bekanntenkreis	**- 1,275**	(0,041)	0,045	(0,045)	**- 0,557**	(0,044)	- 0,033	(0,056)	**0,777**	(0,070)
Sozio-ökonomischer Status										
Haushaltseinkommen (Referenz = mittleres Einkommen bis 3.000 Euro)										
Niedriges HH-Einkommen bis 1.500 Euro	- 0,025	(0,074)	- 0,029	(0,069)	- 0,114	(0,086)	**- 0,315**	(0,092)	- 0,060	(0,106)
Hohes HH-Einkommen über 3.000 Euro	**0,169**	(0,074)	**0,169**	(0,067)	0,091	(0,086)	**0,469**	(0,085)	**0,320**	(0,097)
Bildung (Referenz = Bildung bis 13 Klassen)										
Bildung bis 10 Klassen	**- 0,174**	(0,077)	- 0,048	(0,071)	**- 0,581**	(0,090)	**- 0,461**	(0,092)	**- 0,219**	(0,107)
Bildung über 13 Klassen	- 0,076	(0,079)	0,073	(0,072)	**0,241**	(0,091)	0,109	(0,091)	**0,260**	(0,104)
Stellung im Beruf (Referenz = mittlere Stellung im Beruf)										
Keine oder niedrige Stellung im Beruf	**- 0,164**	(0,078)	**- 0,194**	(0,073)	**- 0,401**	(0,092)	**- 0,239**	(0,097)	**- 0,241**	(0,114)
Hohe Stellung im Beruf	**0,216**	(0,067)	**0,208**	(0,062)	**0,240**	(0,077)	**0,195**	(0,079)	0,054	(0,090)

Modellstatistik									
Nenner (= Anzahl der Items)	6		5		5		4		3
n (Akteure/ Beziehungen)	1.052/3.156		1.048/3.144		1.046/3.138		1.053/3.159		1.052/3.156
LR-χ^2-Test (Freiheitsgrade)	**3.362,597 (19)**		**747,041 (19)**		**2.194,059 (19)**		**1.386,259 (19)**		**605,713 (19)**
McFadden Pseudo-R²	0,219		0,069		0,169		0,146		0,100
Varianzterm der Akteursebene	**0,462**	(0,035)	**0,288**	(0,030)	**0,660**	(0,048)	**0,526**	(0,052)	**0,426** (0,067)

Angegeben sind unstandardisierte Koeffizienten und in Klammern die Standardfehler. Fett gedruckte Koeffizienten sind signifikant auf $\alpha \leq 0,05$. Weitere Kontrollvariablen sind Erwerbsstatus, Alter, Geschlecht, Haushaltsgröße, Kinderhaushalt, stadträumlicher Kontext und Netzwerkdichte.

Für die fünf Sozialkapital-Dimensionen sind Mehrebenen-Modelle berechnet worden, die den Einfluss der Personenkreise auf den Zugang zum sozialen Kapital unter Kontrolle von Drittvariablen überprüfen. Mit Ausnahme des politischen und Öffentlichkeitssozialkapitals stellt der Familienkreis in jeder Dimension am meisten soziales Kapital zur Verfügung. Es folgt der Freundeskreis. Diese beiden Personenkreise sind vor allem in den Dimensionen sozialen Kapitals präsent, über die praktisch jeder Ego verfügt. Bekanntschaften stellen demgegenüber nur relativ wenig soziales Kapital zur Verfügung. Am extremsten ist der Unterschied beim Unterstützungssozialkapital. Hier helfen praktisch nur Familienangehörige und Freunde. Völlig anders ist das Bild beim politischen und Öffentlichkeitssozialkapital. Auf niedrigem Niveau sind es vor allem die Bekannten, die den Zugang in den Bereich der Politik und Medien eröffnen. Dieses Sozialkapital können kaum Freunde und noch weniger Familienangehörige bereitstellen.

5. Zusammenfassung

In diesem Beitrag wurde die Modellierung und ein Operationalisierungs- und Messkonzept zur umfassenden Erhebung individuellen sozialen Kapitals beschrieben. Vorgestellt wurde ein Instrument, das in Befragungen eingesetzt werden kann. Es misst den Zugang zu sozialen Ressourcen insgesamt und über drei Personenkreise. Es zeigt sich, dass soziales Kapital nicht eine Einzelressource ist, sondern aus mehreren Teildimensionen besteht, deren Zugang teilweise stark von bestimmten Personenkreisen dominiert wird. Das Messinstrument ist leicht handhabbar und ergibt eine leicht interpretierbare Repräsentation sozialen Kapitals (vgl. auch Flap u.a. 2003: 4).

Neu an diesem Konzept ist, dass es nicht nur die erfolgreichen Sozialbeziehungen im Blick hat, die tatsächlich einen Nutzen für Ego haben, sondern ein umfangreiches Spektrum potenziell verfügbarer Ressourcen abbildet. Die Ressourcen wurden ausgewählt, um möglichst die Bedarfe aller Bevölkerungsgruppen zu berücksichtigen. Der Ressourcengenerator umfasst im Wesentlichen Ressourcen, die auch in der Social-Support-Forschung eingesetzt werden. Er ist damit zugleich ein Indikator für den Aufwand, den Ego für sein persönliches Netzwerk betreibt. Erst das Verhältnis zwischen diesem Aufwand und dem daraus resultierenden Nutzen gibt an, wie produktiv soziales Kapital wirklich ist.

Dieses Konzept kann für die soziologische Forschung fruchtbar sein. Soziales Kapital kann über den Einbezug von relationalen Elementen, die horizontale Differenzierungen und damit insgesamt stärker die Individualität ansprechen, eine Lösung für Erklärungsprobleme hinsichtlich Statusinkonsistenzen, Pluralisierung, Individualisierung und sozialkultureller Vielfalt sein. Mit dem Konzept des sozialen Kapitals können Probleme der klassischen Sozialstrukturanalyse überwunden werden, weil soziales Kapital die Kapitalausstattung der involvierten Akteure um eine Dimension erweitert und weil es einen relationalen Bezug zwischen den Akteuren herstellt und damit deren soziale Integration wiedergibt.

Literatur

Adam, Frane und *Borut Roncevic*, 2003: Social Capital: Recent Debates and Research Trends. Social Science Information 42 (2): 155–183.

Bourdieu, Pierre, 1983: Ökonomisches Kapital, kulturelles Kapital, soziales Kapital. S. 183–198 in: *Reinhard Kreckel* (Hg.): Soziale Ungleichheiten. Göttingen: Schwartz.

Bourdieu, Pierre, 1986: The Forms of Capital. S. 241–260 in: *John G. Richardson* (Hg.): Handbook of Theory and Research for the Sociology of Education. New York: Greenwood Press.

Bourdieu, Pierre und *Loïc J.D. Wacquant*, 1996: Reflexive Anthropologie. Frankfurt a.M.: Suhrkamp.

Burt, Ronald S., 1992: Structural Holes. The Social Structure of Competition. Cambridge: Harvard University Press.

Busschbach, Jooske T. van, 1996: Uit het Oog, uit het Hart? Stabiliteit en Veranderingen in Persoonlijke Relaties. (Aus dem Auge, aus dem Sinn? Stabilität und Veränderungen in persönlichen Beziehungen) Amsterdam: Thesis.

Coleman, James S., 1988: Social Capital in the Creation of Human Capital. American Journal of Sociology 94 Supplement: S.95–120.

Coleman, James S., 1995: Grundlagen der Sozialtheorie. Band 1: Handlungen und Handlungssysteme. München: Oldenbourg.

De Graaf, Nan und *Henk D. Flap*, 1988: With a Little Help from my Friends, Social Resources as an Explanation of Occupational Status and Income in the Netherlands, the United States and West Germany. Social Forces 67: 453–472.

Diewald, Martin, 1995: „Kollektiv", „Vitamin B" oder „Nische"? Persönliche Netzwerke in der DDR. S. 223–260 in: Johannes Huinink u. a. (Hg.): Lebensverläufe in der DDR und danach. Berlin: Akademie Verlag.

Flap, Henk, 1999: Creation and Returns of Social Capital: A New Research Program. Tocqueville Review 20 (1): 5–26.

Flap, Henk, Tom Snijders, Beate Völker und *Martin van der Gaag*, 2003: Measurement Instruments for Social Capital of Individuals. http://www.xs4all.nl/~gaag/work/SSND.pdf (Letzter Zugriff: 15.12.2010).

Foa, Edna B. und *Uriel G. Foa*, 1980: Resource Theory. Interpersonal Behavior as Exchange. S. 77–94 in: *Kenneth J. Gergen, Martin S. Greenberg* und *Richard H. Willis* (Hg.): Social Exchange. Advances in Theory and Research. New York: Plenum Press.

Gaag, Martin P. J. van der und *Tom A.B. Snijders*, 2005: The Resource Generator: Social Capital Quantification with Concrete Items. Social Networks 27 (1): 1–29.

Granovetter, Mark S., 1973: The Strength of Weak Ties. American Journal of Sociology 78 (6): 1360–1380.

Granovetter, Mark S., 1983: The Strength of Weak Ties: A Network Theory Revisited. S. 201–233 in: *Randall Collins* (Hg.): Sociological Theory. San Francisco: Jossey-Bass.

Hoffert, Sandra L., *Johanne Boisjoly* und *Greg J. Duncan*, 1999: The Development of Social Capital. Rationality and Society 11 (1): 79–110.

Hollstein, Betina, 2001: Grenzen sozialer Integration. Zur Konzeption informeller Beziehungen und Netzwerke. Opladen: Leske + Budrich.

Kleinhans, Reinout, Hugo Priemus und *Godfried Engbersen*, 2007: Understanding Social Capital in Recently Restructured Urban Neighbourhoods: Two Case Studies in Rotterdam. Urban Studies 44: 1069–1091.

Laumann, Edward O., Peter V. Marsden und *David Prensky*, 1989: The Boundary Specification Problem in Network Analysis. S. 61–87 in: *Linton C. Freeman, Douglas R. White* und *A. Kimball Romney* (Hg.): Research Methods in Social Network Analysis. Fairfax: George Mason University Press.

Lin, Nan, 2001: Social Capital. A Theory of Social Structure and Action. Cambridge: Cambridge University Press.

Pappi, Franz Urban und *Gunter Wolf*, 1984: Wahrnehmung und Realität sozialer Netzwerke. S. 281–300 in: *Heiner Meulemann* und *Karl-Heinz Reuband* (Hg.): Soziale Realität im Interview. Frankfurt a.M.: Campus.

Portes, Alejandro, 1998: Social Capital: Its Origins and Applications in Modern Sociology. Annual Review of Sociology 24: 1–24.

Putnam, Robert D., 1995: Tuning In, Tuning Out: The Strange Disappearance of Social Capital in America. PS (American Political Science Association) 28 (4): 664–683.

Putnam, Robert D. und *Kristin A. Goss*, 2001: Einleitung. S. 15–43 in: *Robert D. Putnam* (Hg.): Gesellschaft und Gemeinsinn. Gütersloh: Bertelsmann Stiftung.

Snijders, Tom A.B., 1999: Prologue to the Measurement of Social Capital. The Tocqueville Review 20 (1): 27–44.

Veiel, Hans O.F., 1985: Dimensions of Social Support: A Conceptual Framework for Research. Social Psychatry 20: 156–162.

Wasserman, Stanley und *Katherine Faust*, 1994: Social Network Analysis: Methods and Applications. Cambridge: Cambridge University Press.

Weesie, Jeroen, Albert Verbeek und *Henk Flap*, 1991: An Economic Theory of Social Networks. S. 623–662 in: *Hartmut Esser* und *Klaus G. Troitzsch* (Hg.): Modellierung sozialer Prozesse. Bonn: Informationszentrum Sozialwissenschaften.

Wellman, Barry und *Robert Hiscott*, 1985: From Social Support to Social Network. S. 205–222 in: *Irwin G. Sarason* und *Barbara R. Sarason* (Hg.): Social Support: Theory, Research and Applications. Drodrecht: Nijhoff.

Wellmann, Barry, Bernie Hogan, Kristen Berg u.a., 2006: Connected Lives: The Project. S. 161–216 in: *Patrick Purcell* (Hg.): Networked Neighbourhoods. The Connected Community in Context. Berlin: Springer.

Wellman, Barry und *Scot Wortley*, 1990: Different Strokes from Different Folks: Community Ties and Social Support. American Journal of Sociology 96 (3): 558–588.

Woolcock, Michael und *Deepa Narayan*, 2000: Social Capital: Implications for Development Theory, Research and Policy. The World Bank Research Observer 15 (2): 225–249.

Forschungspragmatische Überlegungen zu einer feldtheoretischen Netzwerkanalyse

Stefan Bernhard

Abstract

In diesem Beitrag geht es um die Verknüpfung von Feldanalyse und Netzwerkforschung, wobei das Augenmerk nicht auf theoretischen Herausforderungen liegt, sondern auf forschungspragmatischen Fragestellungen. Ausgangspunkt der Argumentation ist die Annahme, dass die Netzwerkanalyse – als Methode verstanden – in einen feldtheoretischen Rahmen eingebunden werden kann. Netzwerke lassen sich dann als Phänomene charakterisieren, die analytisch auf ihren sozialen, praktischen und strukturellen Sinn hin zu untersuchen sind. Aus dieser Perspektive entsteht ein besonderer Informationsbedarf, dem mit einer rein standardisierten Netzwerkanalyse nicht beizukommen ist. Daher wird hier vorgeschlagen, qualitative und quantitative Verfahren der Netzwerkanalyse in einem primär qualitativ orientierten Vorgehen zu integrieren. Über eine solche Triangulation kann Wissen zur Relevanzstruktur eines Akteurs, zum motivationalen Hintergrund des Netzwerkkontakts, zu dessen inhaltlicher Ausformung und zeitlichen Veränderung sowie zur situativen und kontextuellen Entfaltung von Beziehungen verarbeitet werden. Anhand eines Beispiels wird gezeigt, wie die feldtheoretische Einbettung der Netzwerkeinbettungen mit Hilfe von Textanalysen und standardisierten Netzwerkdaten untersucht werden kann. Es wird herausgearbeitet, wie ein Akteur am Rande eines politischen Feldes bestrebt ist, über die Veränderung seines Netzwerks seine Position in der Struktur des Feldes zu verbessern.

1. Einleitung: Eine forschungspragmatische Annäherung

Man kann sich der Integration von Netzwerk- und Feldanalyse aus zwei einander entgegengesetzten Richtungen nähern: aus der einen, der theoretischen Perspektive stehen konzeptionelle Unterschiede und Gemeinsamkeiten im Blickpunkt, aus der anderen, der forschungspragmatischen Perspektive dagegen methodische und methodologische Fragestellungen. In diesem Beitrag geht es um letzteres, genauer um die Frage, wie die primär qualitative Netzwerkanalyse bei der Analyse sozialer Felder nützlich sein kann. Dabei bleiben theoretische Fragen notwendigerweise keineswegs unberührt, aber der Schwerpunkt der Aufmerksamkeit liegt auf den methodischen und methodologischen Herausforderungen der Forschungspraxis. Von besonderem Interesse sind die folgenden Aspekte: Erstens muss eruiert werden, wie sich Netzwerk- und Feldanalyse in einem kohärenten empirischen Forschungsprogramm zusammendenken lassen. Diese theoretischen Vorklärungen setzen unabdingbare Orientierungen für das methodologische und methodische Vorgehen. Zweitens wird zu klären sein, worin der Unterschied und vor allem der Mehrwert einer primär qualitativen Forschungsstrategie gegenüber einem rein quantitativen Vorgehen besteht. Drittens schließlich stellt sich die Frage, wie die primär qualitative Netzwerkanalyse als Teil einer umfassenden Feldanalyse methodisch umgesetzt werden kann. Im Folgenden werden diese Fragen sukzessive bearbeitet und mit Bezug zu einem empirischen Forschungsprojekt zur Strukturierung eines transnationalen Feldes in der europäischen Sozialpolitik illustriert.

2. Netzwerke als eingebettete Einbettung

Wie vielfach argumentiert wurde, sind Netzwerkanalyse und Feldtheorie Kandidaten für eine gemeinsame Forschungsstrategie (Trezzini 1998; Foley und Edwards 1999; Mützel 2006; Bernhard 2008; Mützel und Fuhse 2010). Allerdings ist eine solche Zusammenarbeit nur dann gewinnbringend, wenn man sich explizit Rechenschaft darüber ablegt, welchen Stellenwert die beiden Ansätze gegenüber einander einnehmen. Prinzipiell besteht eine klare Alternative: Entweder man ist primär mit einer Netzwerkanalyse befasst und versucht mit dem Feldbegriff eine theoretische Erweiterung dieses Ansatzes oder man ist primär mit einer Feldanalyse befasst und stellt die Netzwerkanalyse in deren Dienst (Holzer 2006: 74). In diesem Beitrag wird die Netzwerkanalyse als Instrument einer umfassenderen feldtheoretischen Forschungsstrategie behandelt. Netzwerke sind in soziale Felder eingebettete Einbettungen. Mit dem Begriff der Einbettung hat sich die Netzwerkanalyse in den 1980er Jahren gleichermaßen von übersozialisierten normativistischen wie von untersozialisierten neoklassischen Theorien abgegrenzt und damit paradigmatisch als eigenständiger Forschungsansatz konstituiert (Granovetter 1985). Die zentrale Aussage des Einbettungstheorems ist, dass Netzwerke als selektiv-differenzielle Strukturen mittlerer Reichweite zwischen den Individuen und ihrer sozialen Umwelt vermitteln. Damit wird insbesondere von der Idee Abstand genommen, Akteure als Einheiten zu untersuchen, die ihrer Sozialwelt (sei es als Behälter normativer Setzungen oder als Träger individueller, exogen gesetzter Präferenzen) isoliert gegenüberstehen.

Das Einbettungstheorem hat eine wichtige Implikation: Soziale Elemente (wie Akteure) können nicht isoliert aus inhärenten Charakteristika heraus verstanden werden, sondern nur relational, d.h. mit Bezug zum sozialen Kontext, in dem sie sich befinden und den sie mitkonstituieren (Emirbayer 1997). Lange hat man in der Netzwerkanalyse unter sozialem Kontext allerdings hauptsächlich die Einbettung in Netzwerke verstanden. Inwieweit diese Netzwerkbeziehungen nun selbst Teil sozialer Kontexte sind, blieb theoretisch zunächst ungeklärt (Emirbayer und Goodwin 1994; White 2008). Diesbezüglich kann die Feldanalyse als ein Angebot zur theoretischen Einbettung der Netzwerkeinbettung herangezogen werden: Netzwerke sind Einbettungen sozialer Akteure, die mitsamt ihren sozialen Beziehungen wiederum in soziale Felder eingebettet sind. Nach Ansicht der Feldtheorie verbindet Akteure *eine strukturelle, konfliktuelle und symbolische verankerte Herrschaftsbeziehung* (vgl. für das Folgende: Bernhard 2010: 50–88). Das Begriffspaar „symbolische Herrschaftsbeziehung" verweist dabei darauf, dass die Feldtheorie soziale Ordnungsbildung als Ergebnis etablierter Ungleichverteilung sieht, bei der Akteure sich einer mächtigeren und einer weniger mächtigen Fraktion zuordnen lassen. Eine zentrale Prämisse ist dabei, dass der Erhalt der Ungleichheitsverhältnisse auf geteilten Motiven, Einschätzungen und Interessen aller Akteure eines Feldes beruht. Die weniger mächtigen Akteure tragen also zum Erhalt derjenigen sozialen Konstellation bei, die sie von zentralen Ressourcen fernhält (Bourdieu 1997; Mauger 2005). Dies ist im Wesentlichen darauf zurückzuführen, dass die Herrschaftsstruktur sich in aller Regel nicht manifest als Befehl und Gehorsam ausdrückt, sondern latent bleibt und sich auf geteilte Begriffe, Routinen, übliche Wertschätzungen und Ähnliches stützt. In diesem Sinne sind Herrschaftsstrukturen in Feldern symbolisch verankert.

Soziale Felder sind ferner strukturell fundierte Ordnungen. Im Unterschied zum in der Netzwerkforschung gängigen Strukturbegriff sind Strukturen allerdings keine methodisch hergestellten Abstraktionen tatsächlicher Beziehungen, sondern Tiefenstrukturen (Reckwitz 1997; Trezzini 1998). Das hat sowohl theoretische wie erkenntnistheoretische Implikationen. Theoretisch sind Strukturen nicht als Opportunitätsstrukturen gedacht, die der Erreichung bestimmter Ziele mehr oder weniger förderlich sein können. Sie wirken vielmehr generativ, indem Akteure ihre strukturelle Position im Habitus inkorporieren. Erkenntnistheoretisch betrachtet sind Strukturen das Ergebnis einer Abstraktionsleistung des Forschers, die sich zwar methodisch wappnen kann, aber letztlich eine Interpretation bleibt. Man kann Strukturen aus dem empirischen Material heraus rekonstruieren, nie aber einfach ablesen oder vermittels methodischer Raffinesse herausfiltern. Positionen in Strukturen unterscheiden sich nach der Menge und der Zusammensetzung an unterschiedlichen Kapitalsorten. Die gängigsten dieser Kapitalsorten sind ökonomisches, soziales und kulturelles Kapital (Bourdieu 1983). Felder können allerdings auch spezifische Kapitalsorten ausbilden (Bourdieu 1999, 2000, 2001a, b; Bernhard 2011a). Die Ungleichverteilung von Macht, die, wie oben beschrieben, der Herrschaftsstruktur eines Feldes zugrunde liegt, kann als Ungleichverteilung von Kapitalsorten konkretisiert werden. Die Konflikthaftigkeit sozialer Felder ergibt sich dann als Folge des Kampfes (oder Wettbewerbs) zwischen begünstigten und benachteiligten Akteuren in einem Feld (so auch in der neoinstitutionalistischen Variante der Feldanalyse, vgl. Fligstein 2001; Fligstein und McAdam [im Erscheinen]).

Für die Theorie sozialer Felder sind Akteure eine Untersuchungsdimension der Feldanalyse neben anderen (darunter Institutionen, Grad der Emergenz oder Doxa) und nicht die naturgegebene zentrale Untersuchungseinheit. Wie alle Untersuchungsdimensionen lassen sie sich analytisch auf drei Sinnebenen untersuchen: dem strukturellen Sinn, dem praktischen Sinn und dem sozialen Sinn (Bernhard 2010). Auf der Ebene des strukturellen Sinns nehmen Akteure eine bestimmte Position in einer Struktur ein, d.h. sie verfügen über eine distinkte Zusammensetzung von Kapitalsorten in einem ebenfalls distinkten Umfang. Da Felder Kapitalsorten in ihrem relativen Wert hierarchisieren, beziehen die Akteure durch die Einnahme einer strukturellen Position immer auch eine Position in der sozialen Hierarchie. Auf der Ebene des praktischen Sinns verfolgen Akteure bestimmte Strategien des Kapitaleinsatzes beziehungsweise der Kapitalumwandlung. Auf der Ebene des sozialen Sinns erscheinen Akteure als Individuen oder Organisationen, die sich durch einzigartige und typische Praxismuster auszeichnen. Soziale Netzwerke sind mehrschichtige Phänomene, die auf unterschiedlichen Sinnebenen Niederschlag finden: als Sozialkapital und damit als Teil der Ressourcenausstattung und hierarchischen Positionierung eines Akteurs in einem sozialen Raum (struktureller Sinn); als Mittel und Zweck von strukturell induzierten, „verkörperten" Strategien des Kapitaleinsatzes und der Kapitalumwandlung (praktischer Sinn); sowie als Praxismuster, mit denen Individuen oder Organisationen einen durch andere Individuen oder Organisationen wahrnehmbaren und in der sozialen Welt typischen Charakter erhalten (sozialer Sinn).

Mit der Unterscheidung der drei Sinnebenen werden Akteure aus dem Blickwinkel des methodologischen Kollektivismus als eingebettete Elemente sozialer Felder untersucht. Im Gegensatz zum methodologischen Individualismus – wie er zum Beispiel in der rationalen Handlungstheorie anzutreffen ist – ist nicht ein Element Bezugspunkt der Untersuchung, sondern eine Konfiguration von Elementen. Das feldtheoretische Forschungsinteresse gilt in erster Linie dem sozialen Feld und dessen Strukturierungen und nur in zweiter Linie den Akteuren und deren Netzwerkpositionierungen. Die analytische Aufgliederung des Akteursnetzwerks in einem Feld – beziehungsweise einer Position in diesem Netzwerk – nach den drei Sinnebenen ermöglicht eine theoretische Relativierung des Netzwerkphänomens: Man muss nicht alles mit Netzwerken erklären und die Erklärung von Netzwerkstrukturen ist lediglich eine Teilaufgabe des Forschungsprozesses. Das Interesse am strukturellen, praktischen und sozialen Sinn von Netzwerken in sozialen Feldern begründet allerdings einen besonderen Informationsbedarf, der mit einer rein standardisierten Vorgehensweise nicht leicht zu befriedigen ist. Daher wird im dritten Abschnitt dieses Beitrags vorgeschlagen, qualitative und quantitative Verfahren der Netzwerkanalyse in einem primär qualitativen Vorgehen zu integrieren.

Bei all dem ist wichtig zu sehen, dass die feldtheoretische Einbettung der netzwerkanalytischen Einbettung von einem besonderen Theorieverständnis ausgeht. Die Feldtheorie versorgt den Forscher nicht mit gegenstandsbezogenen, empirisch gehaltvollen Hypothesen, die der empirischen Forschung vorgelagert sind und sich in selbiger bewähren oder scheitern können. Sie operiert eher als eine metatheoretische Sensibilisierung, die sich im Verlaufe der empirischen Forschung generativ in der Arbeit am empirischen Gegenstand entfaltet (Bernhard und Schmidt-Wellenburg [im Erscheinen]). Feldanalyse setzt damit etwas voraus, was sie in den Worten ihrer eigenen Theorie gut fassen kann: einen feldtheoretischen Habitus, der als situationsübergreifende Denk-, Wahrnehmungs- und Handlungstendenz in Situationen der empirischen Forschung adäquate (eben feldanalytische) Praktiken hervorbringen kann. Der feldtheoretische Forschungsprozess hat also wenig mit dem Falsifikationismus gemein. Empirisch überprüfbare Aussagen stehen am Ende des Forschungsprozesses, nicht an dessen Anfang. Forschung gestaltet sich als schrittweise Anreicherung allgemeiner feldtheoretischer Konzepte mit empirischem Material. Zunächst sind die forschungsleitenden Konzepte empirisch weitgehend leer und abstrakt, um dann immer mehr am Gegenstand konkretisiert zu werden, bis schließlich eine gegenstandsbezogene Theorie eines konkreten Feldes erarbeitet ist (Lindemann 2008). Im Gegensatz zur allgemeinen Theorie sozialer Felder ist diese Theorie mittlerer Reichweite empirisch gehaltvoll und steht in Konkurrenz zu anderen Erklärungsansätzen.

3. Soziale Felder, Netzwerkanalyse und qualitative Methodologie

Im zweiten Abschnitt wurde umrissen, wie sich die Verbindung von Netzwerk- und Feldanalyse als Einsatz der Netzwerkanalyse im Rahmen eines feldtheoretischen Forschungsprogramms betreiben lässt. Ferner wurden wichtige Prämissen zur Analyse von Akteuren und Netzwerken als Teil von strukturellen, konfliktuellen und symbolisch verankerten Herrschaftsbeziehungen eingeführt. Im Folgenden geht es um stärker forschungspragmatisch ausgerichtete Aspekte der feldtheoretischen Einbettung der netzwerkanalytischen Einbettung. Zunächst wird methodologisch zu klären sein, wodurch die primär qualitative Netzwerkanalyse von rein standardisierten Verfahren zu unterscheiden ist und welche Vorzüge ein trianguliertes Vorgehen hat. Anschließend kommen wir auf eine Frage zu sprechen, die in der qualitativen Methodologie rege diskutiert wird und die für die Integration einer triangulierten Netzwerkanalyse in die Feldanalyse in besonderem Maße virulent ist: Inwieweit steht theoriegeleitete Forschung dem Prinzip der Offenheit qualitativer Arbeit entgegen?

3.1 Triangulation von qualitativer und quantitativer Netzwerkanalyse

In der Netzwerkanalyse sind quantitative Ansätze die Regel (Wellman und Berkowitz 1988; Scott 1991), qualitative Verfahren dagegen die Ausnahme (Hollstein 2006: 11). Daher liegt es nahe zu fragen, warum man überhaupt qualitative Verfahren zum Einsatz bringen sollte, zumal sich doch gerade Fortschritte bei der Quantifizierung der Netzwerkforschung als ein Erfolgsfaktor erwiesen und zu ihrer Verbreitung massiv beigetragen hat (Scott 1988). Worin unterscheiden sich die beiden Methodologien und was ist der Zusatznutzen einer primär qualitativen Vorgehensweise? Quantitative Netzwerkforschung ermittelt soziale Strukturen auf eine methodische Weise, indem sie Akteure (häufig große Mengen) in ihren Beziehungen zueinander untersucht.[1] Dazu wird das Vorhandensein einer Beziehungen zwischen zwei Akteuren in einer Datenmatrix als zweiseitiger Informationswert eingetragen (vorhanden/nicht vorhanden) (Jansen 2003: 99–102). Die Vielschichtigkeit sozialer Beziehungen bildet man methodisch durch die Zusammenstellung mehrerer Datenmatrizen nach. Eine Datenmatrix enthält dann zum Beispiel Informationen über das Vorhandensein von freundschaftlichen Beziehungen, eine andere bezieht sich auf familiäre Beziehungen und eine dritte auf geschäftliche Beziehungen. Alle weiteren Auswertungsschritte und -verfahren basieren auf solchen grundlegenden Reduktionen von Informationen auf zweiwertige ja/nein Aussagen. Eine Stärke solcher Verfahren ist, dass sie enorme Datenmengen verarbeiten kann. Zudem fördert gerade die gezielte Transformation von Beziehungsinformationen in Zahlenwerte und deren Weiterverarbeitung in standardisierten Auswertungsprozeduren Aktivitätsstrukturen zu Tage, die weder das bloße Auge des Beobachters erkennen kann noch die beteiligten Akteure selbst.

---

1   Selbstverständlich arbeitet nur ein Teil der Netzwerkforschung mit sozialen Beziehungen zwischen Akteuren. Prinzipiell lassen sich alle Arten von Relationen zwischen Elementen netzwerkanalytisch erfassen und auch Kombinationen zum Beispiel zwischen Akteuren und Ereignissen. Aus Gründen der Transparenz der Argumentation beziehe ich mich hier explizit nur auf Beziehungen zwischen Akteuren.

Im Gegensatz zur quantitativen Sozialforschung zielt die qualitative Sozialforschung nicht auf die Analyse von Verteilungen und Streuungsmustern, sondern auf das Wie dieser Zusammenhänge, auf deren innere Struktur (Lamnek 2005: 4). Sie trifft Annahmen über die Beschaffenheit der sozialen Welt und den wissenschaftlichen Zugriff auf diese, die sich von denen der quantitativen Sozialforschung fundamental unterscheiden: Die soziale Welt ist eine sinnhaft aufgebaute Welt, d.h. sie beruht auf Bedeutungen, Interpretationen und Wissensbeständen und lässt sich nur als gedeutete, interpretierte und gewusste Welt verstehen (Lamnek 1988a, 1988b; Bohnsack 2003; Kelle 2008). Qualitative Sozialforschung versucht, diesen Sinn durch methodisch kontrolliertes Fremdverstehen zu erschließen (Hollstein 2006: 17). Sie muss dabei berücksichtigen, dass die soziale Welt fortlaufend konstruiert wird, also wesentlich prozesshaft ist.

Die Einbindung qualitativer Methoden in die Netzwerkanalyse kann dazu beitragen, die vormals rein strukturale Netzwerkforschung weiter für theoretische Fragestellungen, zum Beispiel zur Rolle von Agency, Kultur und Diskurs für die Entstehung und den Wandel von Netzwerken, zu öffnen (Padgett und Ansell 1993; Diaz-Bone 2006; Fuhse und Mützel 2010). Anstatt Informationen über soziale Beziehungen auf binäre Informationen zu reduzieren und in abstrakten, vom Bedeutungskontext und Entstehungszusammenhang der sozialen Beziehung ausdrücklich und absichtlich losgelösten Auswertungsverfahren zu verarbeiten, werden standardisierte Netzwerkinformationen in der primär qualitativen Sozialforschung gezielt kontextualisiert. Dazu sind neben strukturalen Netzwerkdaten dichte Informationen nötig, die Rückschlüsse auf die Relevanzstrukturen von Akteuren und auf die praktische Kontextualisierung von Sozialbeziehungen möglich machen. Es geht also letztlich um eine Triangulation von qualitativen und quantitativen Verfahren der Netzwerkanalyse (Flick 2004; Franke und Wald 2006). Anders als von Flick (2004: 12) vorgeschlagen, wurden quantitative und qualitative Herangehensweisen in der Beispielstudie allerdings nicht gleichberechtigt eingesetzt. Vielmehr bildete die qualitative Netzwerkanalyse den Rahmen innerhalb dessen standardisierte Informationen zur Beschaffenheit von Netzwerkstrukturen selektiv herangezogen und interpretiert wurden. Daher ist in diesem Beitrag auch von einer *primär qualitativen* Netzwerkanalyse die Rede.

An der Seite der standardisierten Netzwerkanalyse kann die qualitative Netzwerkanalyse fünf Wissensformen zu Netzwerkbeziehungen erschließen: (1) Wissen zur Bedeutung von Beziehungen für einen Akteur (auch jenseits von Selbsteinschätzungen), indem beziehungsrelevante Informationen mit den Relevanzstrukturen und dem Wissensvorrat von Akteuren verknüpft werden; (2) Wissen zum motivationalen Hintergrund des Netzwerkkontakts, ohne dabei auf utilitaristische Annahmen verwiesen zu sein; (3) Wissen zur inhaltlichen Ausformung, vor allem Besonderheiten und Akzentuierungen betreffend, die standardisierte Antwortvorgaben oder Kategorisierungen nicht erfassen; (4) Wissen zur zeitlichen Veränderung von einzelnen Kontakten oder ganzen persönlichen Netzwerken und deren Bewertung in eigentheoretischen Aussagen der Akteure; (5) und – sofern Informationen in narrativer Form vorliegen – Wissen zur situativen und kontextuellen Entfaltung von Netzwerkkontakten.

Wie eine primär qualitative Netzwerkanalyse in der Forschungspraxis der Feldanalyse durchgeführt werden kann, zeigt der vierte Abschnitt dieses Beitrags.

3.2 Feldanalyse und qualitative Methodologie: Ein Widerspruch?

Widerspricht ein dezidiert theoriegeleitetes Forschungsverständnis, wie es die Feldforschung verfolgt, nicht einer Methodologie, die für sich in Anspruch nimmt, induktiv neue Erkenntnisse aus dem empirischen Material zu gewinnen? In welchem Verhältnis stehen Vorwissen und theoretische Prämissen der Feldtheorie zum Anspruch der qualitativen Sozialforschung, mit großer (größtmöglicher) Offenheit an das empirische Material heranzutreten? Für die Beantwortung dieser Fragen lohnt ein Blick auf eine Debatte, die sich um die Grounded Theory entwickelt hat. In einer für die qualitative Sozialforschung wegweisenden Monographie entwickelten Glaser und Strauss Ende der 1960er Jahren eine Forschungsstrategie, mit der man über materialinduzierte Kategorienbildung, deren Schärfung durch permanenten Vergleich sowie schrittweise Integration von anfänglichen Kategorien zu allgemeineren Kategorien, empirisch gehaltvolle gegenstandsbezogene Theorien ableiten kann (Glaser und Strauss 1984; Glaser und Strauss 1998). Die Grounded Theory stellt sich damit explizit gegen eine Forschungsstrategie, die den umgekehrten Weg geht und auf die Verifizierung von bereits bestehenden Theorien abzielt (Glaser und Strauss 2005: 19–21). Der Forschungsprozess müsse, so das Argument, generativ angelegt sein und Theoriebildung induktiv fortschreiten, also vom empirischen Material zur (zunächst gegenstandsbezogenen, dann abstrakt-formalen) Theorie fortschreiten. In einigen Passagen klingt diese Position so, als ob eine theorielose, von Vorwissen vollkommen befreite Annäherung an das empirische Material notwendige Voraussetzung der gegenstandsbezogenen Theoriebildung mit der Grounded Theory sei. Glaser und Strauss nähern sich hier dem „naiv induktionistischen Modell des Forschungsprozesses" der empiristischen Philosophen (Kelle 1995: 28). Das hieße auch, dass eine Verknüpfung von Feldtheorie und induktivem Kodieren, wie sie im methodischen Teil des Beitrags vorgeschlagen wird, ein paradoxes Unterfangen wäre, denn entweder müsste die Theorie den „reinen" Blick auf das Material verstellen oder die induktive Vorgehensweise den theoretischen Rahmen verlassen.

Selbst wenn man als gesichertes Wissen annimmt, dass eine Auswertung ohne Vorwissen, ohne Theorie oder Fragestellung schon aus erkenntnistheoretischen Erwägungen heraus nicht möglich ist (Kelle 1995; Strübing 2008; Hirschauer 2008) – die Frage nach der Vereinbarkeit von Feldtheorie und offener qualitativer Sozialforschung bleibt virulent. Immerhin trifft die Feldtheorie umfangreiche – wenngleich zunächst sehr abstrakte – Annahmen über die Beschaffenheit der sozialen Welt. Erinnert sei hier nur an deren Strukturierung in lokale Herrschaftsordnungen, die analytische Unterscheidung der drei Sinnebenen oder an das Habitus-Modell. Wie kann man dieses Vorwissen mit der Forderung in Einklang bringen, dem Material gegenüber offen zu sein und dessen Eigenstrukturiertheit zu berücksichtigen?

Zur Beantwortung dieser Frage ist es hilfreich, sich den Forschungsprozess nicht als monolithischen Block vorzustellen, sondern als Reihe zahlreicher, aufeinander folgender Forschungssituationen, von denen jede mit ganz konkreten Handlungsproblemen konfrontiert ist. Beispielsweise muss entschieden werden, ob eine Textstelle einer bereits bestehenden Kategorie zugeordnet werden kann, oder ob eine neue Kategorie gebildet werden muss; ob noch weiter Akteure befragt werden müssen und wenn ja welche; inwieweit man in Interviews Andeutungen als interessant erkennt und diesen nachgeht usw. In solchen niemals gänzlich antizipierbaren Forschungssituationen sind (häufig unter Zeitdruck) Entscheidungen zu treffen, die nur dann im Sinne der übergeordneten Theorie ausfallen können, wenn der Forscher eine theoretische Grundorientierung als einen inneren Hort des konsistenten Urteils in sich aufgenommen hat. Er muss sie im Sinne eines Forschungshabitus verinnerlicht haben, um eine konsistente, situationsübergreifende Forschungspraxis generieren zu können (Bourdieu et al. 1991; Swartz 2009). Die Feldanalyse sitzt damit weder einem „induktivistischen Selbstmissverständnis" (Kelle 1994: 341) auf, bei dem man eine erkenntnistheoretisch naive tabula rasa-Haltung einnimmt, noch einem ‚scholastischen Selbstmissverständnis', bei dem man annimmt, eine Theorie könne bruchlos in Forschungspraxis übersetzt und in dieser bestätigt oder widerlegt werden (Bourdieu 2001c).

4. Die Methode der feldtheoretischen Netzwerkanalyse

4.1 Das Forschungsbeispiel

Die weiteren Ausführungen beziehen sich auf eine Studie zum Entstehungsprozess eines transnationalen Feldes in der europäischen Sozialpolitik (Bernhard 2010, 2011b). Die zentrale These der Studie ist, dass sich die Entwicklung der europäischen Armuts-, Ausgrenzungs- und Inklusionspolitik als Emergenz eines Feldes der europäischen Inklusionspolitik verstehen lässt. Der Ursprung des Politikfeldes in seiner heutigen Form liegt in der Entdeckung des Armutsthemas in den 1970er Jahren. Über die Jahrzehnte hat sich durch eine kontinuierliche Anhäufung und konfliktbeladene wechselseitige Relationierung von Akteuren, Institutionen, Stellungnahmen, Ressourcen und Ideen ein feldförmiger Verursachungs- und Bedeutungszusammenhang gebildet, der zusammengenommen einen eigenen Politikstil prägt. Kennzeichen dieser Politik sind wissensbasierte Kompetenzen, beispielsweise die Definition von Kategorien, Begriffen und Messinstrumenten oder die wertende Begleitung nationaler Politiken. So wird auf europäischer Ebene die legitime Fähigkeit zur Beschreibung und Diskussion von sozialen Problemen und der auf diese Probleme gerichteten Politiken gebündelt. Die gewachsenen Strukturen des Feldes dienen einer Vielzahl von transnational organisierten staatlichen wie zivilgesellschaftlichen und sozialpartnerschaftlichen Akteuren als Anreiz, Strategien zu entwickeln, die sich auf die europäische Eingliederungspolitik beziehen und die sich an den Regeln des Feldes ausrichten. Fünf Strategien können unterschieden werden: konzeptionelles Unternehmertum, Wissensproduktion, distanzierte Beobachtung, robustes Handeln und Kritik. Die Darstellung des empirischen Vorgehens bezieht sich auf die Entstehung und Einbettung dieser Strategien (Bernhard 2009).

Empirisch stützt sich die Arbeit a) auf eine Analyse von offiziellen Dokumenten zur EU Sozial- und Inklusionspolitik der letzten 40 Jahre sowie auf Positionspapiere von nichtstaatlichen Akteuren, b) auf qualitative Interviews mit Vertretern von europäischen Institutionen sowie von Nichtregierungsorganisationen und c) auf qualitative Netzwerkkarten. Die Netzwerkkarten wurden in ausführlichen Interviews vorgelegt, die mit jenen Mitarbeitern eines organisationalen Akteurs geführt wurden, die für den Bereich der europäischen Eingliederungspolitik zuständig waren. Die Befragten wurden aufgefordert, die für ihre Arbeit relevanten

Netzwerkpartner zu benennen, nach ihrer Wichtigkeit abzustufen und diese Abstufungen zu begründen. Abgesehen von diesem Gesprächsimpuls wurden keine weiteren Vorstrukturierungen der Antworten (wie beispielsweise eine Begrenzung der Zahl der möglichen Akteure oder gezielte Nachfragen nach bestimmten Akteuren) vorgenommen. Entsprechend wurden die Netzwerkkarten sehr unterschiedlich aufgenommen: Einige Befragte gaben nur sehr wenige Netzwerkpartner an und beschränkten sich auf die Eintragung der jeweiligen Namen. Bei anderen löste die Netzwerkkarte offensichtlich eine Reflexion über die eigene Vernetzung aus, es wurden viele Netzwerkpartner eingetragen und die Eintragungen rege kommentiert. Mitunter führte das zu einer intensiven Bearbeitung der Karte, etwa, indem Akteure mit Pfeilen miteinander verbunden wurden, die Netzwerkkarte in Zonen eingeteilt wurde, die sich in einem Spannungsverhältnis zueinander befinden oder indem über Pfeile angedeutet wurde, dass sich die Bedeutung eines Akteurs im Zeitverlauf verändert hatte. Das Erhebungsverfahren erweist sich damit im Sinne der qualitativen Methodologie als sehr offen für die Relevanzstrukturierungen durch die Befragten. Für die Auswertung wurden die transkribierten Interviews und die Netzwerkkarten gemeinsam verwendet.

4.2 Interpretationsstrategien bei der Auswertung

Bei der Textauswertung kann grundsätzlich in zwei Richtungen verfahren werden: a) Bei der theoretisch-systematischen Kategorienbildung werden Kategorien aufgrund von Vorüberlegungen, theoretischen Interessen oder Pretests gebildet (Mayring 2000; Mayring und Gläser-Zikuda 2005). In unserem Fall erhielt zum Beispiel jeder Akteur von vorn herein einen Kode, mit dem alle Textpassagen mit Beteiligung dieses Akteurs markiert wurden. b) Bei der induktiven Kategorienbildung werden, ganz im Sinne der Grounded Theory, Kategorien aus dem Text gewonnen und dann nach und nach in ihrer inhaltlichen Aussage geschärft und gegebenenfalls mit anderen Kategorien zusammengefasst (Glaser und Strauss 2005; Charmaz 2006). Bei der Auswertung wurde diese Kodierstrategie dazu eingesetzt, Netzwerkkontakte, Kooperationen oder sonstige Bezüge zu anderen Akteuren in und außerhalb des Feldes inhaltlich zu qualifizieren. Abbildung 1 zeigt einen Screenshot des Computerprogramms Atlas ti., mit dem die Kategorisierungen vorgenommen wurden. Die Kategorien sind als Code-Liste im kleinen Fenster auf der rechten Bildseite aufgelistet („Code-Manager"). Die beiden Fenster im Hintergrund zeigen den zu bearbeitenden Text sowie die Kodierungen einschließlich deren Überlappungen. Die im Folgenden ausgeführten Interpretationsstrategien der Auswertung unterstützt Atlas ti. durch die Möglichkeit, kodierte Textpassagen nach unterschiedlichen Kriterien zusammenzustellen. Zum Beispiel lassen sich alle Kodierungen zur Vernetzung eines Akteurs zusammenstellen oder, als Teilmenge davon, alle Kodierungen zur Vernetzung dieses Akteurs, in denen bestimmte andere Akteure vorkommen.

Abbildung 1: Die Umsetzung der Kodierstrategien in Atlas ti

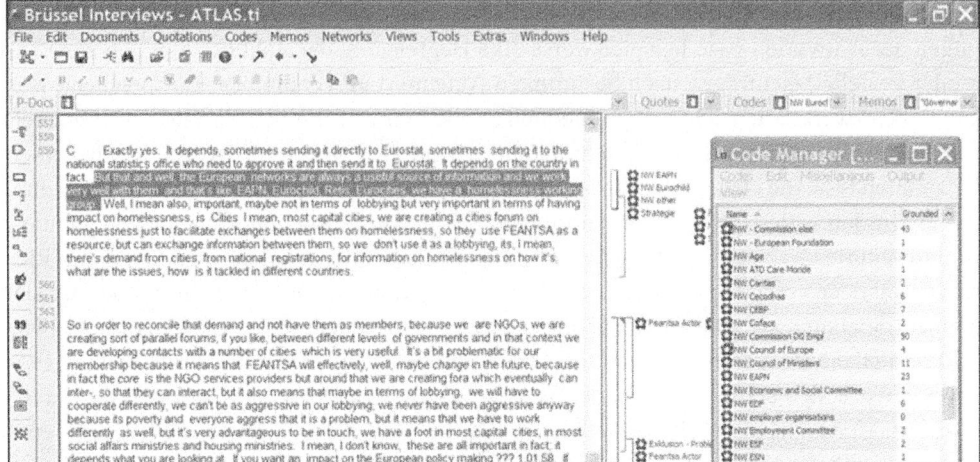

a.   Die unter den theoretisch-systematisch gebildeten Kodes zusammengefassten Textpassagen zu den Netzwerken einzelner Akteure können in drei Richtungen ausgewertet werden. Erstens, können je Interview alle genannten Netzwerkkontakte herausgefiltert und analysiert werden. Man erhält so einen Eindruck von der gesamten Gestalt der Netzwerkaktivität des betreffenden Akteurs (was also die Outdegrees angeht). Zweitens, können die einzelnen Textpassagen im Kontext des Interviewtranskripts ausgewertet werden. Dazu werden gezielt Textpassagen herangezogen, die einer netzwerkbezogenen Kodierung vorausgehen. Diese sequentielle Interpretationsrichtung hilft bei der Beantwortung der Frage, welchen Stellenwert eine bestimmte Information im Relevanzhorizont des befragten Akteurs hat. Drittens, können alle Textpassagen herausgefiltert werden, in denen sich andere Akteure auf diesen Akteur beziehen (also unter Ausschluss des Interviewtranskripts des jeweiligen Befragten, Indegrees). So können die Bezugnahmen anderer auf diesen Akteur verglichen und beispielsweise untersucht werden, wie sehr der Stellenwert und der Charakter der Sozialbeziehung aus Sicht verschiedener Alteri variiert.

b.   Die unter den induktiven Kategorien zusammengefassten Textpassagen zu den Netzwerken können in zwei Richtungen ausgewertet werden. Zum ersten geht es um die Frage, wie die Netzwerkbeziehungen inhaltlich ausgestaltet sind. Hier reicht die Spanne von Informationen, die in den Interviews gegeben werden, von kurzen Bemerkungen, in denen man Small Talk anlässlich regelmäßiger Treffen erwähnt, bis hin zu detaillierten Beschreibungen der Motivation für den Kontakt oder des Ablaufs von konkreten Telefonaten (ein Beispiel folgt unten). Die qualitative Sozialforschung wertet solche Unterschiede in der Informationsdichte nicht als fehlende oder überschüssige Information (und damit als fehlende Vergleichbarkeit), sondern nutzt sie für die Interpretation. Tendenziell zeigt sich, dass bei als wichtig eingestuften Netzwerkpartnern in aller Regel auch dichtere Informationen angegeben werden als bei weniger wichtigen. Erfasst man alle Netzwerkpartner standardisiert, dann geht diese zusätzliche Information verloren. Die unter den induktiven Kategorien zusammengefassten Textpassagen zu den Netzwerken können, zum zweiten, danach befragt werden, inwieweit die inhaltliche Ausgestaltung der Netzwerkbeziehungen im Feld variiert. Die Feldtheorie geht davon aus, dass sich Akteure mit unterschiedlichen Zielen, Strategien und Ressourcenausstattungen im Feld bewegen. Daher ist es naheliegend zu erwarten, dass die Verteilung von Inhalten auf die Netzwerkbeziehungen nach der Position der beteiligten Partner variiert. In der Studie hat sich die differenzierte Feldstruktur zum Beispiel bei der Verwendung von Wissensressourcen gezeigt. Nur wenige Akteure nutzen die Herstellung und Verbreitung von statistischen Informationen zur sozialen Lage in Europa (d.i. informationelles Kapital) zur Gestaltung ihrer Netzwerke. Diejenigen, die es tun, werden dabei von den Feldstrukturen begünstigt (Bernhard 2010: 270–353).

Allen diesen Auswertungsrichtungen ist gemein, dass sie an Stelle einer Reduktion der relationalen Informationen auf binäre Informationswerte gezielt versuchen, Netzwerkinformationen in ihrer sozialweltlichen Komplexität zu interpretieren. Diese qualitativen Interpretationsschritte stehen, wie bereits erwähnt, im Zentrum der hier vorgestellten Auswertungsstrategie. Ergänzend zur qualitativen Textauswertung kann im Sinne einer Triangulation von qualitativen und quantitativen Verfahren eine Verdichtung der gegebenen Netzwerkinformationen zu standardisierten Netzwerkdaten vorgenommen werden. Dazu wurden in der Studie die Eintragungen aus den Netzwerkkarten in gerichtete Informationswerte zum Vorhandensein einer Beziehung zwischen zwei Akteuren übertragen, wobei als „sehr wichtig" eingestufte Kontakte den Zahlenwert „3" erhielten, wichtige Kontakte den Wert „2" und ebenfalls relevante Kontakte den Wert „1". Die so gewonnene Datenmatrix wurde in standardisierte Auswertungs- und Darstellungsverfahren eingespeist. Das Multi Dimensional Scaling in Ucinet, das für die Abbildung 2 eingesetzt wurde, zeigt ein eng verflochtenes Akteursnetzwerk, das sich aus feldtheoretischer Perspektive als Aktivitätsstruktur im Inklusionsfeld interpretieren lässt (d.h. als sozialer Sinn). In dieser Aktivitätsstruktur spiegeln sich Strukturierungen auf der Ebene der Akteursstrategien (praktischer Sinn) sowie der Ebene der Kapitalsorten (struktureller Sinn) wider. Beispielsweise haben Akteure, die eine zentrale Stellung im symbolischen Konflikt des Feldes einnehmen (namentlich die Europäische Kommission „Commission", die Soziale Plattform „S. Platform" oder das Europäische Armutsnetzwerk „EAPN"), auch eine zentrale Stellung im Netzwerk. Das Beispiel im folgenden Abschnitt wird zeigen, dass man mit einer triangulierten Netzwerkanalyse – anders als in rein quantitativen Netzwerkanalysen – den Positionierungen von einzelnen Akteuren im Netzwerk eingehend nachspüren kann. Dabei können unter anderem Dynamiken innerhalb eines Netzwerks sichtbar werden.

Abbildung 2: Die Aktivitätsstruktur im Feld[2]

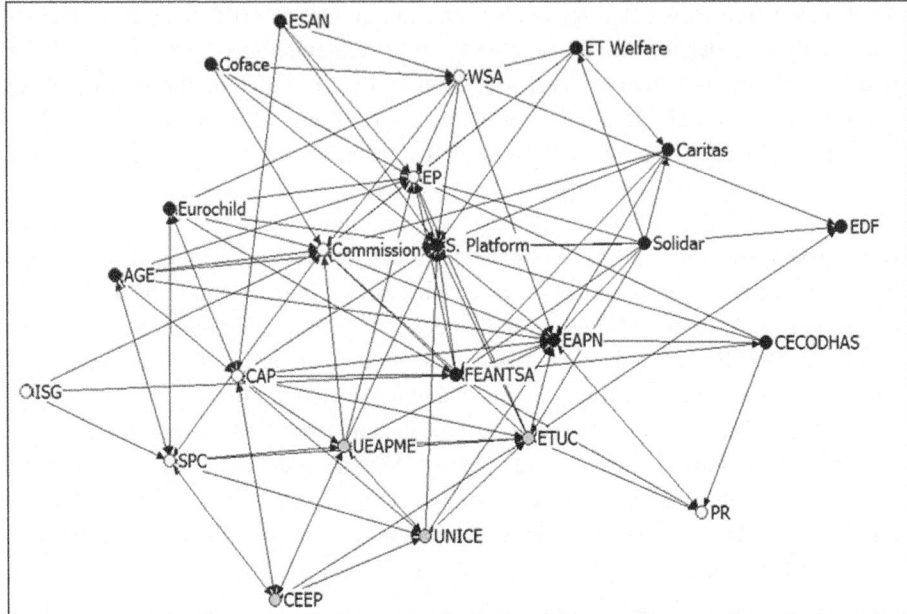

4.3 Ein Beispiel zu Positionierungsdynamiken in Netzwerken

Als Beispiel für die methodische Umsetzung der Integration von primär qualitativer Netzwerkanalyse und Feldtheorie folgt ein Zitat von Solidar, einem Akteur, der im Feld der europäischen Inklusionspolitik und dessen Netzwerken eine ganz besondere Rolle einnimmt.

> „Also es ist so, dass wir seit langem Mitglied in der Sozialen Plattform sind[3] und irgendwann aber mal so ein bisschen das Gefühl hatten, wir reden immer über soziale Eingliederung aber wir machen die Trennung [zwischen dienstleistungsanbietenden und nicht-dienstleistungsanbietenden NGOs, S.B.] nicht so richtig klar. Aber in der Realität gibt es die. Und vor allem von der Kommission wird […] die Rolle von Anbietern von sozialen Diensten als NGOs irgendwie nicht verstanden. […]
>
> Und dann haben wir intern gedacht: ‚Wir wollen eigentlich mehr dazu arbeiten.' Und haben dann eben mit anderen Organisationen wie EASPD, Eurodiaconia, Caritas, ET Welfare angefangen – FEANTSA auch – einen informellen Dialog zu führen. Und [wir] haben dann gemerkt, dass eigentlich alle das gleiche Gefühl haben, dass alle sagen, die Plattform ist total wichtig, aber dieses Thema kommt eigentlich ein bisschen zu kurz. Dann haben wir angefangen eine informelle Zusammenarbeit zu machen. Also, das ist kein Netzwerk. Das ist gar nichts. Sondern: Wir treffen uns halt alle zwei, drei Monate und versuchen dann gemeinsame Seminare zu machen oder auch mal gemeinsam eine Position zu verabschieden. Und das ist in dem Bereich auch – Das spielt eine große Rolle für uns." (Eine Mitarbeiterin von Solidar)[4]

---

2   Schwarz markierte Knoten kennzeichnen zivilgesellschaftliche Akteure, grau markierte Knoten Sozialpartner und weiß markierte Knoten öffentliche Akteure.

3   Die Soziale Plattform ist ein Dachverband von EU-bezogenen NGOs mit sozialer Ausrichtung.

4   Transkription des gesprochenen Textes, hier sprachlich geglättet.

Die Passage schildert, wie sich die Befragte in ihrer Funktion für Solidar dazu entschlossen hat, eine Kooperation mit anderen Akteuren im Feld anzustreben. Grundlage dafür ist eine zuvor getroffene Unterscheidung zwischen Nichtregierungsorganisationen, die Interessen ausgegrenzter Personen vertreten (auch als „advocacy groups"[5] bezeichnet) und Nichtregierungsorganisationen, die selbst auch Dienstleister für diesen Personenkreis sind („provider"[6]). Die hier angedeutete Unzufriedenheit mit der Arbeit der Sozialen Plattform hinsichtlich der Vertretung der Interessen der dienstleistungsanbietenden NGOs war der Anlass für die Netzwerkaktivitäten. Zugleich wird in der Sequenz skizziert, welche Form die Zusammenarbeit mit den anderen Dienstleister-NGOs annehmen soll, nämlich die einer informellen Zusammenarbeit und explizit nicht die eines stärker formalisierten Netzwerks. Es wird deutlich, dass der Befragten durchaus bewusst ist, wie sensibel ihre Aktivitäten im Feld der Inklusionspolitik sind. Sie muss eine Balance finden zwischen der Option, mit einem eigenen Subnetzwerk der Dienstleistungsanbieter die Fraktion der NGOs zu teilen und der Option, mit ihren spezifischen Interessen als Dienstleistungsanbieter nicht angemessen vertreten zu werden. Im letzten Satz des Zitats wird betont, dass die informelle Zusammenarbeit mit den anderen Dienstleister-NGOs für Solidar einen hohen Stellenwert hat.

Das Vorgehen Solidars als Netzwerkentrepreneur steht im Kontext der Position des Akteurs im Feld der Inklusionspolitik. Solidar hat erst kürzlich begonnen, sich in dem Feld zu engagieren und ist als Akteur keineswegs etabliert. Die Befragte berichtet (zum Teil an anderer Stelle), dass die Europäische Kommission Solidar mit Skepsis begegnet sei, weil dort die Meinung vorherrsche, die zivilgesellschaftlichen Interessen seien bereits ausreichend vertreten und gehört. Die Begründung einer informellen Zusammenarbeit mit Akteuren, die alle ein gemeinsames, bisher unterrepräsentiertes Anliegen vertreten, ist dem Versuch geschuldet, im Feld sichtbar zu werden. Ein Blick auf die standardisierten Netzwerkinformationen zeigt, dass Solidar zu diesem Zweck zwar ein außerordentlich aktiver Netzwerker ist, dass der Akteur aber vergleichbar viele Kontakte im Netzwerk hat, die selbst (noch) außerhalb des Feldes stehen oder im Feld marginalisiert sind.[7] Ferner fehlen Kontakte zu zentralen Akteuren außerhalb der Zivilgesellschaft, wie zum Sozialschutzausschuss (Social Protection Committee, SPC) oder zum Koordinator des Aktionsprogramms zur Eingliederungspolitik in der Europäischen Kommission (Community Action Programme, CAP).

Das Beispiel zeigt, wie die Forderung nach der Einbettung der Netzwerkanalyse in die Feldanalyse zu verstehen ist: Die Struktur und Veränderung des Netzwerks von Solidar ist Ausdruck der Position des Akteurs am Rande des Inklusionsfeldes. Es wird deutlich, dass der Zusammenhang von Netzwerkstruktur (sozialer Sinn), Sozialkapital (struktureller Sinn) und Akteursstrategie (praktischer Sinn) sich nur als komplexes Geflecht von Ursache- und Wirkungsbeziehungen adäquat verstehen lässt: Auf der Ebene des strukturellen Sinns wirkt die Position im Netzwerk zusammen mit anderen Kapitalien als unabhängige Variable, weil sie (im Sinne eines echten Weil-Motivs) zur Entstehung eines Handlungsentwurfs beiträgt (Schütz 1974).

---

5   Englisch im Original.

6   Englisch im Original.

7   Letztere sind nur zum Teil in Abbildung 2 angezeigt.

Gerade die geringe Sichtbarkeit im Netzwerk und die schlechte Position gegenüber Entscheidungsträgern der öffentlichen Hand (wie zum Beispiel der Europäischen Kommission) treibt den Ausbau der informellen Zusammenarbeit mit anderen dienstleistungsanbietenden NGOs voran. Die Akteursstrategie ist darauf ausgerichtet, in einem ersten Schritt in das Feld einzutreten, um dann in einem zweiten Schritt von den Ressourcen des Feldes profitieren zu können. Die Aktivitätsstruktur des Netzwerks (sozialer Sinn) – also das, was man mit den Mitteln der standardisierten Netzwerkanalyse methodisch ermitteln kann – ist folglich eine abhängige Variable. Der Zuschnitt der Aktivitätsstruktur (hohe Zahl an Outdegrees, geringe Zahl an Indegrees und allgemein geringe Zentralität) ergibt und verändert sich in Abhängigkeit von der positionsabhängigen Ressourcenausstattung (struktureller Sinn) und Akteursstrategie (praktischer Sinn).

5. Zusammenfassung

In diesem Kapitel wurde der Frage nachgegangen, welchen Beitrag eine primär qualitative Netzwerkanalyse zur Analyse sozialer Felder leisten kann. Der Schwerpunkt der Überlegungen lag nicht auf theoretischen Problemen der Verknüpfung von Feldtheorie und Netzwerkforschung, sondern auf forschungspragmatischen Fragestellungen. Die Feststellung, dass Netzwerkstrukturen aus feldtheoretischer Sicht als eingebettete Einbettungen verstanden werden müssen, hatte daher nur den Charakter einer Vorklärung, die an die Besonderheiten des methodologischen Kollektivismus' der Feldanalyse erinnern sollte. Die Untersuchungsgegenstände der Feldanalyse sind nicht Netzwerke, Akteure oder Akteursstrategien, sondern soziale Felder als Ganzes. Nur in diesem Kontext interessieren Akteursnetzwerke und -strategien. Analytisch ist dabei zu unterscheiden zwischen strukturellen, praktischen und sozialen Sinnebenen. Um der Bedeutung von Netzwerken auf allen drei Sinnebenen nachgehen zu können, wurde vorgeschlagen, qualitative und quantitative Verfahren der Netzwerkanalyse in einem primär qualitativ ausgerichteten Vorgehen zu integrieren.

In methodologischer Hinsicht können wir zunächst festhalten, dass die Triangulation von qualitativer und quantitativer Netzwerkanalyse zusätzliches Wissen zur Verortung einer Sozialbeziehung in der Relevanzstruktur eines Akteurs, zum motivationalen Hintergrund des Netzwerkkontakts, zu dessen inhaltlicher Ausformung und zeitlichen Veränderung und, schließlich, zur situativen und kontextuellen Entfaltung von Beziehungen verarbeiten kann. Diese Wissensformen kann der Forscher/die Forscherin nur erschließen, wenn er/sie die Feldtheorie soweit verinnerlicht hat, dass sie als generativer Forschungshabitus wirkt. Ein solcher Habitus ist die Grundlage für den kohärenten Einsatz von induktiven und theoretisch-systematischen Kategorien der Textauswertung sowie für die selektive Einbindung standardisierter Netzwerkdaten. Anhand eines Beispiels wurde gezeigt, wie die Einbettung der Netzwerkeinbettungen mit Hilfe von Textanalysen und standardisierten Netzwerkdaten untersucht werden kann. Des Weiteren wurde herausgearbeitet, wie ein Akteur am Rande eines politischen Feldes bestrebt ist, über die Veränderung seines Netzwerks seine Position in der Struktur des Feldes zu verbessern.

Literatur

Bernhard, Stefan. 2008. Netzwerkanalyse und Feldtheorie – Grundriss einer Integration im Rahmen von Bourdieus Sozialtheorie. In *Ein neues Paradigma in den Sozialwissenschaften: Netzwerkanalyse und Netzwerktheorie*, Hrsg. Christian Stegbauer, 121–131. Wiesbaden: VS Verlag für Sozialwissenschaften.

Bernhard, Stefan. 2009. Die symbolische Inszenierung als kultureller Anderer – Zur Definition weltkultureller Skripte im Feld der europäischen Inklusionspolitik. *Berliner Journal für Soziologie* 19: 1–26.

Bernhard, Stefan. 2010. Die Konstruktion von Inklusion. Europäische Sozialpolitik aus soziologischer Perspektive. Frankfurt a.M.: Campus.

Bernhard, Stefan. 2011a. Beyond Constructivism – The Political Sociology of an EU Policy Field. *International Political Sociology* 5:

Bernhard, Stefan. 2011b. Inklusionspolitik als Wissenspolitik. Emergenz und Struktur eines europäischen Feldes. *Österreichische Zeitschrift für Soziologie*

Bernhard, Stefan, und Christian Schmidt-Wellenburg. [im Erscheinen]. Feldanalyse als Forschungsprogramm. In *Feldanalyse Band 1: Der programmatische Kern*, Hrsg. Stefan Bernhard und Christian Schmidt-Wellenburg, Wiesbaden: VS.

Bohnsack, Ralf. 2003. Rekonstruktive Sozialforschung. Einführung in qualitative Methoden. Opladen: Leske+Buderich.

Bourdieu, Pierre. 1983. Ökonomisches Kapital, kulturelles Kapital, soziales Kapital. In *Soziale Ungleichheiten*, Hrsg. Reinhard Kreckel, 183–198. Göttingen: Verlag Otto Schwartz und Co.

Bourdieu, Pierre. 1997. Über die symbolische Macht. *Österreichische Zeitschrift für Geisteswissenschaften* 8:556–564.

Bourdieu, Pierre. 1999. Rethinking the State: Genesis and Structure of the Bureaucratic Field. In *State/Culture. State Formation after the Cultural Turn*, Hrsg. George Steinmetz, 53–75. Ithaca/London: Cornell University Press.

Bourdieu, Pierre. 2000. Das religiöse Feld. Texte zur Ökonomie des Heilsgeschehens. Konstanz: UVK.

Bourdieu, Pierre. 2001a. Das politische Feld. Zur Kritik der politischen Vernunft. Konstanz: UVK.

Bourdieu, Pierre. 2001b. *Die Regeln der Kunst* Frankfurt a.M.: Suhrkamp.

Bourdieu, Pierre. 2001c. *Meditationen. Zur Kritik der scholastischen Vernunft*. Frankfurt a.M.: Suhrkamp.

Bourdieu, Pierre, Jean-Claude Chamboredon, und Jean-Claude Passeron. 1991. *Soziologie als Beruf. Wissenschaftstheoretische Voraussetzungen soziologischer Erkenntnis*. Berlin/New York: Walter de Gruyter.

Charmaz, Kathy. 2006. Constructing Grounded Theory. A Practical Guide through Qualitative Analysis. London: Sage.

Diaz-Bone, Rainer. 2006. Gibt es eine qualitative Netzwerkanalyse? Review Essay: Betina Hollstein & Florian Straus (Hrsg.) (2006): Qualitative Netzwerkanalyse. Konzepte, Methoden, Anwendungen. *Forum Qualitative Sozialforschung* 8:38 Absätze.

Emirbayer, Mustafa. 1997. Manifesto for a Relational Sociology. *American Journal of Sociology* 103: 281–317.

Emirbayer, Mustafa, und Jeff Goodwin. 1994. Network Analysis, Culture, and the Problem of Agency. *American Journal of Sociology* Vol. 99: 1411–1454.

Flick, Uwe. 2004. *Triangulation. Eine Einführung*. Wiesbaden: VS Verlag für Sozialwissenschaften.

Fligstein, Neil. 2001. Social Skill and the Theory of Fields. Sociological Theory 19:2 July 2001: 105–125.

Fligstein, Neil, und Doug McAdam. [im Erscheinen]. Zu einer allgemeinen Theorie strategischer Handlungsfelder. In *Feldanalyse Band 1: Der programmatische Kern*, Hrsg. Stefan Bernhard und Christian Schmidt-Wellenburg, Wiesbaden: VS.

Foley, Michael W., und Bob Edwards. 1999. Is It Time to Disinvest in Social Capital? *Journal of Public Policy* 19: 141–173.

Franke, Carola, und Andreas Wald. 2006. Möglichkeiten der Triangulation quantitativer und qualitativer Methoden in der Netzwerkanalyse. In *Qualitative Netzwerkanalyse. Konzepte, Methoden, Anwendungen*, Hrsg. Betina Hollstein und Florian Straus, 153–176. Wiesbaden: VS Verlag für Sozialwissenschaften.

Fuhse, Jan, und Sophie Mützel. 2010. *Relationale Soziologie. Zur kulturellen Wende der Netzwerkforschung*. Wiesbaden: VS Verlag für Sozialwissenschaften.

Glaser, und Strauss. 1998. *Grounded Theory. Strategien qualitativer Forschung*. Bern: Verlag Hans Huber.

Glaser, Barney G., und Anselm Strauss. 1984. Die Entdeckung der gegenstandsbezogenen Theorie: Eine Grundstrategie qualitativer Sozialforschung. In *Qualitative Sozialforschung*, Hrsg. Christel Hopf und Elmar Weingarten, 91–111. Stuttgart: Klett-Cotta.

Glaser, Barney G., und Anselm Strauss. 2005. *Grounded Theory. Strategien qualitativer Forschung*. Bern: Verlag Hans Huber.

Granovetter, Mark. 1985. Economic Action and Social Structure: The Problem of Embeddedness. *American Journal of Sociology* Vol. 91: 481–510.

Hirschauer, Stefan. 2008. Die Empiriegeladenheit von Theorien und der Erfindungsreichtum der Praxis. In *Theoretische Empirie. Zur Relevanz qualitativer Forschung*, Hrsg. Herbert Kalthoff, Stefan Hirschauer und Gesa Lindemann, 165–187. Frankfurt a.M.: Suhrkamp.

Hollstein, Betina. 2006. Einleitung. In *Qualitative Netzwerkanalyse. Konzepte, Methoden, Anwendungen*, Hrsg. Betina Hollstein und Florian Straus, 11–36. Wiesbaden: VS Verlag für Sozialwissenschaften.

Holzer, Boris. 2006. *Netzwerke*. Bielefeld: transkript.

Jansen, Dorothea. 2003. *Einführung in die Netzwerkanalyse*. Opladen: Leske und Buderich.

Kelle, Udo. 1994. Empirisch begründete Theoriebildung. Zur Logik und Methodologie interpretativer Sozialforschung. Weinheim: Deutscher Studien Verlag.

Kelle, Udo. 1995. Die Bedeutung theoretischen Vorwissens in der Methodologie der Grounded Theory. In *Wahre Geschichten? Zu Theorie und Praxis qualitativer Interviews*, Hrsg. Rainer Strobl und Andreas Böttger, 23–48. Baden-Baden: Nomos.

Kelle, Udo. 2008. Die Integration qualitativer und quantitativer Methoden in der empirischen Sozialforschung. Theoretische Grundlagen und methodologische Konzepte. Wiesbaden: VS Verlag für Sozialwissenschaften.

Lamnek, Siegfried. 1988a. *Qualitative Sozialforschung. Band 1 – Methodologie*. München und Weinheim: Psychologie Verlags Union.

Lamnek, Siegfried. 1988b. *Qualitative Sozialforschung. Band 2 – Methoden und Techniken*. München und Weinheim: Psychologie Verlags Union.

Lamnek, Sigfried. 2005. Qualitative Sozialforschung: Lehrbuch. Beltz.

Lindemann, Gesa. 2008. Theoriekonstruktion und empirische Forschung. In *Theoretische Empirie. Zur Relevanz qualitativer Forschung*, Hrsg. Herbert Kalthoff, Stefan Hirschauer und Gesa Lindemann, 107–128. Frankfurt a.M.: Suhrkamp.

Mauger, Gérard. 2005. Über symbolische Gewalt. In *Pierre Bourdieu: Deutsch-französische Perspektiven*, Hrsg. Catherine Colliet-Thélène, Etienne Francois und Gunter Gebauer, Frankfurt a.M,: Suhrkamp.

Mayring, Philipp. 2000. Qualitative Inhaltsanalyse. Grundlagen und Techniken. 7. Aufl. Weinheim: Deutscher Studien Verlag.

Mayring, Philipp, und Michaela Gläser-Zikuda. 2005. *Die Praxis der Qualitativen Inhaltsanalyse*. Weinheim/Basel: Beltz Verlag.

Mützel, Sophie. 2006. Strukturelle Netzwerkanalyse und Bourdieus Praxistheorie: Weiterführende Ideen für die neue Wirtschaftssoziologie. In *Pierre Bourdieu: Neue Perspektiven für die Soziologie der Wirtschaft*, Hrsg. Michael Florian und Frank Hillebrandt, 109–126. Wiesbaden: VS Verlag für Sozialwissenschaften.

Mützel, Sophie, und Jan Fuhse. 2010. Einleitung: Zur relationalen Soziologie. Grundgedanken, Entwicklungslinien und transatlantische Brückenschläge. In *Relationale Soziologie. Zur kulturellen Wende der Netzwerkforschung*, Hrsg. Jan Fuhse und Sophie Mützel, 7–35. Wiesbaden: VS Verlag für Sozialwissenschaften.

Padgett, John F., und Christopher K. Ansell. 1993. Robust Action and the Rise of the Medici, 1400–1434. American Journal of Sociology.

Reckwitz, Andreas. 1997. *Struktur* Wiesbaden: VS Verlag für Sozialwissenschaften.

Schütz, Alfred. 1974. Der sinnhafte Aufbau der sozialen Welt. Eine Einleitung in die verstehende Soziologie. Frankfurt a.M.: Suhrkamp.

Scott, John. 1988. Trend Report: Social Network Analysis. *Sociology* 22: 109–127.

Scott, John. 1991. Social Network Analysis. A Handbook. London: Sage.

Strübing, Jörg. 2008. Pragmatismus als epistemische Praxis. Der Beitrag der Grounded Theory zur Empirie-Theorie-Frage. In *Theoretische Empirie. Zur Relevanz qualitativer Forschung*, Hrsg. Herbert Kalthoff, Stefan Hirschauer und Gesa Lindemann, 279–311. Frankfurt a.M.: Suhrkamp.

Swartz, David. 2009. Bringing Bourdieu into transnational relations. Manuskript zum Vortrag auf der ECPR General Conference, 10.–12, September 2009, Potsdam

Trezzini, Bruno. 1998. Theoretische Aspekte der sozialwissenschaftlichen Netzwerkanalyse. *Schweizerische Zeitschrift für Soziologie* 24: 511–544.

Wellman, Barry, und S.D. Berkowitz. 1988. *Social Structures. A Network Approach*. Cambridge: Cambridge University Press.

White, Harrison C. 2008. *Identity and Control. How Social Formations Emerge. Second Edition*. Princeton/Oxford: Princeton University Press.

Soziale Netzwerke von Schülern: Beispiele angewandter Netzwerkanalysen

Imke Dunkake

Abstract

Der vorliegende Beitrag zeigt, wie im Bereich der Bildungs- und Jugendsoziologie Techniken der Netzwerkanalyse eingesetzt werden können, um Risken des Bildungserfolges zu identifizieren. Der Begriff „Bildungserfolg" umfasst sowohl Schulleistungen als auch verschiedene Formen abweichenden Verhaltens, die gefährdend für die Schullaufbahn sein können. Dabei werden theoretische Annahmen der Bildungssoziologie mit Methoden der Netzwerkforschung verbunden und auf Basis einer Pretest-Stichprobe empirisch geprüft. Theoretische Grundlage ist ein Mehrebenenmodell, das einen negativen Effekt einer sozioökonomisch deprivierten Lage der Herkunftsfamilie auf das soziale und kulturelle Kapital postuliert. Die Kapitalien beeinflussen ihrerseits positiv die Schulleistungen bzw. reduzieren abweichendes Verhalten der Jugendlichen. Ein besonderer Fokus ist auf das soziale Kapital gerichtet. Um dieses zu messen werden u.a. Merkmale herangezogen, die über netzwerkanalytische Methoden gewonnen werden, wie z.B. die Freundschaftsvernetzung eines Schülers im Klassenverband. Die Ergebnisse zeigen, dass diese Form der Messung des sozialen Kapitals einen Erkenntnisgewinn über die Gruppendynamik im Klassenverband und die Ressourcenkanäle der einzelnen Schüler vermittelt. Somit ist die Netzwerkanalyse eine sinnvolle Ergänzung zu den klassischen Operanden des sozialen Kapitals. Durch die Anwendung netzwerkanalytischer Methoden können nicht nur theoretische Annahmen über das Wirken des Sozialen Kapitals genauer geprüft, sondern auch neue Hypothesen – wie z.B. über die Beziehung zwischen Schulleistungen und sozialer Stellung im Klassenverband – generiert und empirisch geprüft werden.

1. Einführung

Ziel des Beitrages ist es zu zeigen, dass die Anwendung netzwerkanalytischer Techniken in Befragungen einen Erkenntnisgewinn erzeugt, der in vielerlei Hinsicht über den Informationsgewinn einer Individualbefragung hinausgeht. Die Netzwerkanalyse erlaubt es, ergänzend zu den Individualaussagen, Informationen verschiedener sozialer Agenten heranzuziehen, um z.B. die soziale Stellung innerhalb einer Gruppe oder den Ressourcenzugang zu messen. Dies ermöglicht einerseits eine objektivere Messung zentraler Merkmale. Andererseits ist es auch möglich den Zugang oder die Nutzung von verschiedensten Ressourcen präziser abzubilden. Darüber hinaus kann die Wahrnehmung verschiedener Akteure zu bestimmten Fragestellungen miteinander verglichen werden, so dass die Konstruktionen sozialer Wirklichkeiten besser nachvollziehbar sind. Allgemein ermöglicht es die Netzwerkanalyse, die Dynamik sozialer Prozesse – insbesondere Gruppendynamiken – abzubilden, und ist somit eine wichtige Ergänzung zu der Individualbefragung. Da es zu vielen Forschungsfragen noch keine oder nur wenige Erkenntnisse über gruppendynamische Beziehungen gibt, eignet sich die Methode der Netzwerkanalyse hervorragend zur Generierung neuer Hypothesen und dementsprechend auch zur Modifikation theoretischer Modelle. Anhand der Auswertungen einer Schülerbefragung soll dieser Nutzen der Netzwerkanalyse verdeutlicht werden.

Die vorliegenden Ergebnisse basieren auf den Daten eines Pretests, der im Rahmen des DFG geförderten Projektes „Soziale Netzwerke von leistungsschwachen und auffälligen Schülern" (Forschungsinstitut für Soziologie, Universität zu Köln) erhoben wurden. Im Zentrum des Forschungsvorhabens standen zwei Fragen: Welchen Einfluss hat das soziale Kapital auf den Bildungserfolg von Schülern und welche Faktoren beeinflussen das soziale Kapital? Von besonderem Interesse sind dabei Schüler, die in ihrer Bildungslaufbahn zu scheitern drohen. Als Indikatoren einer gescheiterten Bildungslaufbahn wurden schlechte *Schulleistungen* und Formen des *abweichenden Verhaltens* in der Schule herangezogen. Das soziale Kapital – definiert als Ressource, die aus der Interaktion mit anderen gewonnen wird – wird über die Netzwerkgröße und die Qualität sozialer Netzwerke erfasst. Hier sind zwei Netzwerktypen von besonderer Relevanz: Zum einen Netzwerkbeziehungen, die der Schüler direkt zu zentralen Sozialisationsagenten wie den Eltern, Lehrern und Mitschülern hat, und zum anderen die Netzwerkbeziehungen dieser Parteien untereinander. Die Analyse der Netzwerkbeziehungen soll die Frage beantworten, inwieweit die Interaktion zwischen verschiedenen Sozialisationsagenten schlechte Schulleistungen und abweichendes Verhalten beim Schüler hervorrufen oder verhindern können. Da die Ergebnisse im Rahmen eines Pretests ermittelt wurden, ist die Datengrundlage relativ klein und nur eingeschränkt repräsentativ.[1]

Die Stichprobe basiert auf Angaben von 259 Schülern aus 15 Klassen[2] der 9. Jahrgangsstufe allgemeinbildender Schulen, die im Raum in Köln angesiedelt sind. Die Befragung fand im Frühjahr 2006 statt und erfolgte in schriftlicher Form im Klassenverband. Neben einem Fragebogen, der verschiedene Blöcke zu sozialisationsrelevanten Themen umfasst, machten die Schüler in einem gesonderten Teil auch Angaben über ihre Beziehungen zu allen Klassenkameraden. Zusätzlich wurden die Eltern – wenn möglich beide – und die Klassenlehrer befragt. Die inhaltlichen Befunde sind als explorativ zu bezeichnen und dienten vornehmlich der Generierung von Hypothesen.

---

1   Im Vergleich mit der Grundgesamtheit sind die Hauptschulen in unserer Stichprobe unterrepräsentiert und die Gymnasien und Gesamtschulen überrepräsentiert. Da jedoch die Verteilungen zentraler Merkmale (Schulleistungen, Migrationshintergrund, soziale Herkunft etc.) mit denen repräsentative Datensätze übereinstimmen, sind die Pretestergebnisse von Relevanz.

2   In der Stichprobe sind fünf Hauptschulklassen, vier Realschulklassen, vier Gymnasialklassen und zwei Gesamtschulklassen.

2. Gesamttheoretisches Modell

Das im Zentrum stehende Konzept des sozialen Kapitals (grau hervorgehoben) ist in ein theoretisches Gesamtmodell eingebettet, das wesentliche Sozialisationsfaktoren enthält und die Prüfung von Theorien der Sozialisations-, Bildungs- und Delinquenzforschung erlaubt (vgl. Abbildung 1). Da das Gesamtmodell nicht primärer Gegenstand der weiteren Ausführungen ist, wird dieses nur kurz skizziert. Für die Aufklärung der sozialen Mechanismen, die in diesem Rahmen die Sozialisation beeinflussen, werden lern- und kontrolltheoretische Ansätze herangezogen (z.B. Sampson und Laub 1993).

Abbildung 1: Mehrebenenmodell zur Erklärung schulischen Misserfolges und abweichenden Verhaltens von Schülern

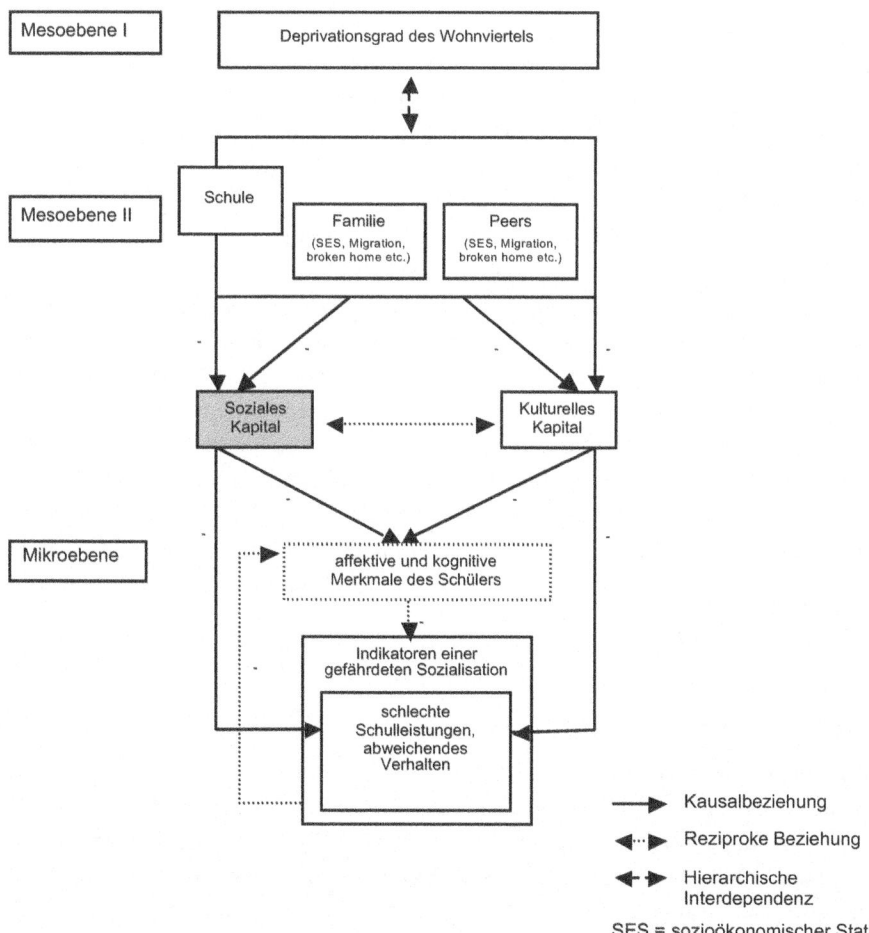

Quelle: eigene Darstellung

Die sozialen Beziehungen von Jugendlichen und ihrer Familien sind eingebettet in sozialöko-logische Kontexte, welche Möglichkeiten und Beschränkungen für die Sozialisation darstel-len (z.b. Brooks-Gunn et al. 1997). Angenommen wird, dass Jugendliche, deren Herkunftsfa-milien in einem deprivierten Wohnviertel ansässig sind bzw. dort eine Schule besuchen, über ein geringeres soziales und kulturelles Kapital verfügen als Jugendliche in privilegierten Vier-teln. Da die Schule als Sozialisationsinstanz eine Organisation darstellt und nicht eine Klein-gruppe, wie die Familie oder Peers, ist sie graphisch von den beiden anderen Instanzen abge-setzt. Zwischen dem Deprivationsgrad des Wohnviertels (Mesoebene I) und Merkmalen der Familie, der Peers und der Schule besteht eine interdependente Beziehung (dargestellt in Ab-bildung 2 durch den gestrichelten Doppelpfeil), denn oft werden für die Definition eines de-privierten Wohnviertels Merkmale dieser Agenten auf aggregierter Ebene herangezogen (z.B. Anteil Alleinerziehender in einem Stadtviertel, Anteil von Familien mit einem niedrigen so-zioökonomischen Status [SES]).

Zwischen der Mesoebene II und der Mikroebene sind das soziale und kulturelle Kapital verortet. Das Konzept des kulturellen Kapitals wird nach Bourdieu (1983) in das inkorporierte, objektivierte und institutionalisierte Kulturkapital unterteilt. In Anlehnung an die Forschung (z.B. Rolff 1997, Merkens und Wessel 2002) wird angenommen, dass nicht immer eine kla-re Trennung zwischen dem sozialen und kulturellen Kapital gegeben ist. So weisen z.B. das inkorporierte Kulturkapital und verschiedenste Dimensionen des Sozialkapitals (z.B. Unter-stützung durch die Eltern bei Schulproblemen) große Ähnlichkeiten auf. Diese Interdepen-denz ist in Abbildung 1 durch den Doppelpfeil dargestellt.

Weiter wird postuliert, dass die Kapitalien bestimmte kognitive und affektive Merkmale des Schülers beeinflussen können. Solche häufig diskutierten Merkmale sind z.B. das Selbst-wertgefühl, das soziale Selbstkonzept (Kaplan 1980, Trautwein et al. 2006) oder die Selbst-kontrolle (z.B. Gottfredson und Hirschi 1990), von denen angenommen wird, dass sie wiede-rum selbst einen Einfluss auf die Schulleistungen bzw. das abweichende Verhalten haben. Die Beziehung der Faktoren auf der Mikroebene „affektive und kognitive Merkmale", „Schullei-stungen" und „abweichendes Verhalten" ist nicht einseitig gerichtet. Vielmehr können schlechte Schulleistungen und abweichendes Verhalten auch eine Rückwirkung auf die Persönlichkeit haben (z.B. Kaplan 1980). Diese Wechselwirkung ist in Abbildung 2 durch einen gestrichel-ten Kausalpfeil hervorgehoben.

3. Soziales Kapital und Soziale Netzwerke

Im Zentrum der Analyse der Funktion sozialer Beziehungen für das Gelingen bzw. die Ge-fährdungen der Sozialisation von Jugendlichen steht das soziale Kapital. Der Sozialkapitalan-satz hat zwar eine lange Forschungstradition, wird aber bis heute unterschiedlich aufgefasst (Haug 1997, Esser 2000, Baier und Nauck 2006). In Anlehnung an Coleman und Hoffer meint Sozialkapital im Sozialisationsprozess

> „ [...] the norms, the social networks, and the relationships between adults and children that are of value for the child's growing up." (Coleman und Hoffer 1987: 36)

Für die Kapitalübertragung auf die jüngere Generation ist die Qualität und Quantität „sinnhafter Kontakte" (Youniss 1994: 128) zwischen Kindern bzw. Jugendlichen und Erwachsenen bedeutsam, die als Mitglieder der Gesellschaft ihr Wissen und ihre Werte mit der nachfolgenden Generation teilen. Diese allgemeine Definition umfasst somit verschiedene Beziehungsmerkmale, wie z.B. die Kommunikation zwischen Eltern und Kind, Gewalt in der Familie, Unterstützung durch Eltern und Geschwister, Beziehungsqualität zwischen Lehrern und Schülern oder die Anbindung an Peers. Obgleich der Begriff „Sozialkapital" nicht immer verwendet wird, sind seine Indikatoren in vielen Forschungsrichtungen etabliert. In den Vereinigten Staaten spielt das soziale Kapital in der Bildungs- und Delinquenzforschung schon seit langem eine wichtige Rolle. Diesen Studien zufolge beinhaltet soziales Kapital drei Beziehungsebenen:

1. das familiale soziale Kapital. Die familialen Einflussgrößen werden zumeist in familiale Struktur- und Prozessmerkmale unterschieden. Strukturmerkmale umschreiben soziodemographische Kriterien, wie z.B. den sozioökonomischen Status oder den Migrationshintergrund. Der Einfluss verschiedenster Strukturmerkmale wurde vielfach in der nationalen als auch internationalen Forschung nachgewiesen (z.B. Baumert et al. 2002, Bos et al. 2007). Gleiches gilt für unterschiedlichste Prozessmerkmale. Hierunter werden kommunikative und interaktive Dimensionen verstanden, wie z.B. die Beziehung zwischen Eltern und Kindern (z.B. Dika und Singh 2002, Farrington 2007).

2. die Beziehung zu den Lehrern sowie zu den Peers inner- und außerhalb der Schule (z.B. Fend 1998, Grundmann et al. 2003, McGloin 2009) und

3. die Beziehungen dieser Agenten (Eltern, Schule und Peers) untereinander (z.B. Coleman und Hoffer 1987, McNeal 1999, Stockè 2010).

Diese drei Sozialisationsagenten stellen die wichtigsten Instanzen in der Entwicklungsphase der Jugendlichen dar und sind dementsprechend zentral in der Konstruktion des Netzwerkes.

4. Messung des sozialen Kapitals in Form von Netzwerken

Herkömmlich werden die Dimensionen des Sozialkapitals durch Selbstauskünfte der Befragten erhoben. Eine Methode, das soziale Kapital detaillierter zu messen, ist die Netzwerkanalyse (z.B. Burt 2000, Schuller, Baron und Field 2000, Lin 2001). Die Netzwerkanalyse wurde in der Jugendforschung bisher zumeist eingesetzt, um die Freundschaftsbeziehungen in einer Schulklasse zu identifizieren (z.B. Moreno 1934, Krappmann und Oswald 1983, Lubbers 2003, Mäs und Knecht 2008, Neal 2008) oder die soziale Stellung des Schülers in der Klasse zu bestimmen (z.B. Cauce 1986, Fend 1998). Um die komplexen direkten als auch indirekten Beziehungen zwischen dem Schüler und den Sozialisationsagenten zu messen, bedarf es einer konkreten Beschreibung der Netzwerkformen. In dem Projekt wird der Fokus auf Teil- und Gesamtnetzwerke gerichtet. Ein Teilnetzwerk bezieht sich auf einzelne Gruppen eines Gesamtnetzwerkes, z.B. Personen in Zweier-, Dreier-, Vierer- oder Fünfergruppen. Sowohl die Merkmale der einzelnen Akteure als auch die Merkmale der Beziehung dieser Akteure zueinander werden durch die Befragung aller beteiligten Personen gemessen. Das zentrale Teilnetzwerk eines Schülers ist in Abbildung 2 dargestellt. Es umfasst sowohl die direkten Beziehungen zwischen dem Schüler und den Bezugspersonen (durchgezogene Linien) als auch die Beziehungen dieser Sozialisationsagenten untereinander (gestrichelte Linien).

Abbildung 2:   Netzwerkbeziehungen von Schülern als soziales Kapital

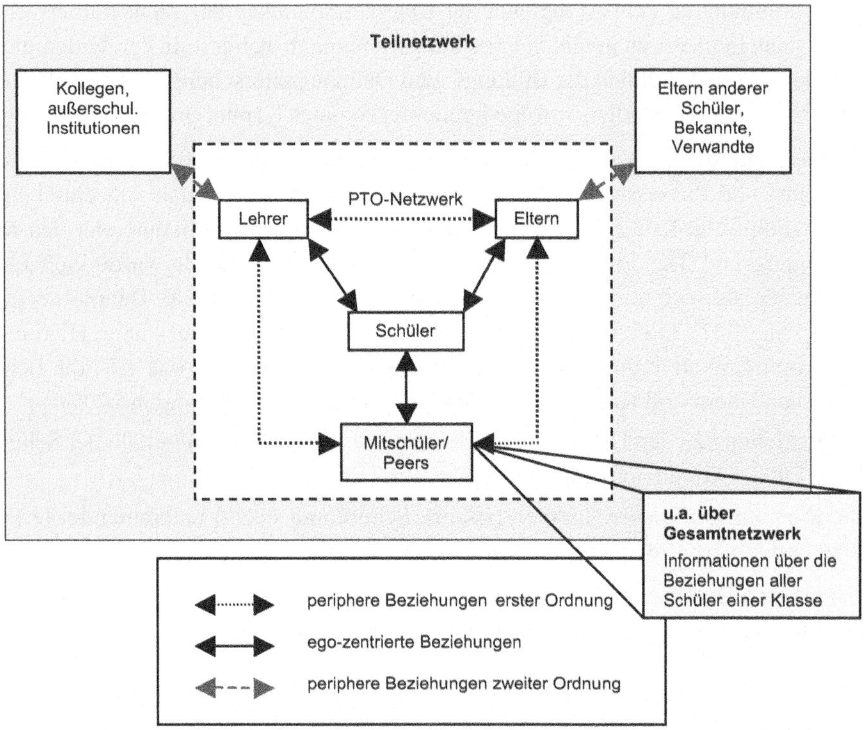

Quelle: eigene Darstellung

Die Beziehungen der Agenten untereinander werden auch als periphere Netzwerkbeziehungen bezeichnet (Stecher 2001). Die periphere Netzwerkbeziehung zwischen Eltern und Lehrern wird in Anlehnung an Coleman und Hoffer (1987) als PTO-Netzwerk betitelt. Ferner werden über die ego-zentrierten und peripheren Beziehungsmuster zwischen Eltern, Lehrern und Mitschülern (periphere Beziehungen erster Ordnung) auch die Kontakte der Eltern zu Eltern anderer Schüler und zu Bekannten/Verwandten sowie die Beziehung der Lehrer zu außerschulischen Institutionen behandelt (periphere Beziehungen zweiter Ordnung). Alle sozialen Netzwerkbeziehungen – mit Ausnahme der peripheren Beziehung zweiter Ordnung – wurden dyadisch erfasst, um einerseits die verschiedenen Perspektiven zwischen den Agenten abzubilden und andererseits die Validität bestimmter Aussagen zu prüfen.

Um das *Gesamtnetzwerk* im Klassenverband abzubilden, gab jeder Schüler Auskunft über die Beziehung zu seinen Mitschülern. Alle Schüler wurden gebeten, die Beziehung zu ihren Mitschülern in Schulnoten auszudrücken. Das *Gesamtnetzwerk* erlaubt Unterschiede im sozialen Klima zwischen den Klassen zu ermitteln. Ferner kann festgestellt werden, welche Schüler miteinander befreundet sind, welche Schüler ein distanziertes Verhältnis zueinander haben und inwieweit Ressourcen befreundeter Schüler genutzt werden. Durch die Erhebung des Klassennetzwerkes, gekoppelt mit den Informationen, die für jeden einzelnen Schüler vorliegen (z.B. soziale Herkunft, Beziehung zu den Eltern, zu den Lehrern, PTO-Netzwerk), lässt sich der „Fluss des sozialen Kapitals" auf unterschiedlichsten Ebenen – der Individual-, der Cliquen und Klassenebene – identifizieren. Insgesamt liegen verwertbare Netzwerkinformationen von etwa 200 Schülern vor; es können Netzwerke von zehn Klassen abgebildet werden.[3]

Die im Pretest gewonnenen Daten erlauben die Analyse verschiedener Beziehungsebenen. Auf alle Ebenen kann in diesem Beitrag nicht eingegangen werden, so dass nur exemplarisch einige Ergebnisse dokumentiert sind. Anfangs werden egozentrierte Merkmale referiert; hier besonders der Zusammenhang zwischen der Beliebtheit eines Schülers und den Schulleistungen bzw. dem abweichenden Verhalten. Daran anknüpfend wird die Elternbefragung vorgestellt und anhand der Verknüpfung der Informationen über das elterliche Netzwerk mit Individualmerkmalen des Schülers die periphere Beziehung zweiter Ordnung erörtert. Letztlich wird in einem multivariaten Modell die Relevanz netzwerkermittelter Merkmale (hier die Beliebtheit) dargestellt.

5. Egozentrierte Beziehungen: Die Schulklasse als soziales Netzwerk und Individualmerkmale des Schülers

Die Netzwerkanalyse bietet eine Reihe verschiedener Merkmale, die es erlauben, die soziale Stellung und Vernetzung der Schüler in einer Klassengemeinschaft zu analysieren und zu beschreiben. Auf der Ebene des gesamten Netzwerkes sind die Größe eines Netzwerkes, die Netzwerkzentralisierung[4] und die Dichte[5] relevante Merkmale. Auf Individualebene ist die Gradzentralität[6], die Closeness-Zentralität[7] und die Betweenness-Zentraliät[8] zu nennen. Da es zu umfangreich wäre, alle benannten Merkmale im Hinblick auf die Beziehungen zu

---

3   Aufgrund einer höheren Anzahl fehlender Werte (>10%) können die Netzwerke von fünf Schulklassen nicht abgebildet werden.

4   Die Netzwerkzentralisierung misst, ob sich die Beziehungen eines Netzwerkes auf einen oder einige wenige Knoten (Akteure) konzentrieren. Eine starke Zentralisierung deutet darauf hin, dass der Ressourcenfluss innerhalb des Netzwerkes von wenigen Akteuren abhängt und schnell – bei Ausfalle eines Akteurs – geblockt werden kann.

5   Die Dichte gibt den Quotienten der Anzahl möglicher durch die Anzahl realisierter Beziehungen wieder.

6   Die Gradzentralität (degree centrality) misst die eingehenden (Indegree) und ausgehenden Verbindungen (Outdegree) eines Netzwerkakteurs und ist ein Indikator für die Popularität (Indegree) und die Einflussnahme (Outdegree) eines Akteurs im Netzwerk.

7   Die Closeness-Zentralität, welche die Erreichbarkeit von Netzwerkmitgliedern unter Berücksichtigung indirekter Verbindungen misst, kennzeichnet die Isolierung bzw. Integration eines Akteurs in einem Netzwerk. Sie basiert auf der geodätischen Distanz, d.h. die mittlere Länge aller kürzesten Pfade eines Netzwerkes.

8   Die Betweenness-Zentralität erlaubt es Mittelsmänner (Broker) zu identifizieren. Sie ist eine Maßzahl dafür, dass die Position eines Akteurs auf dem kürzesten Pfad zwischen anderen Netzwerkakteuren liegt.

Schulleistungen und abweichendem Verhalten zu überprüfen, werden hinsichtlich der Klassenmerkmale die Dichte und der Umfang der Reziprozität positiver und negativer Nennungen herangezogen. Auf Individualebene werden u.a. die Gradzentralität sowie die Broker-Position exemplarisch vorgestellt. Als einfachstes Maß der Schülerpopularität dient das arithmetische Mittel (M) der Schulnoten, die von den Klassenkameraden vergeben werden. Über alle Klassen hinweg beträgt dieses 2,74 (Min.=1,67, Max.=4,63, SD=0,61). Nach Schulformen getrennt, ist ein hochsignifikanter Zusammenhang der Bewertung dahingehend zu erkennen, dass die Beliebtheit mit abnehmender Schulform (vom Gymnasium zur Hauptschule) niedriger wird. Beträgt das arithmetische Mittel an der Gesamtschule 2,58 (SD=0,32) und am Gymnasium 2,65 (SD=0,73), liegt es an der Realschule bei 2,78 (SD=0,48). Am „schlechtesten" ist der Wert an der Hauptschule mit M=3,07 (SD=0,56).

Abbildung 3:   Freundschaftliche Beziehungen

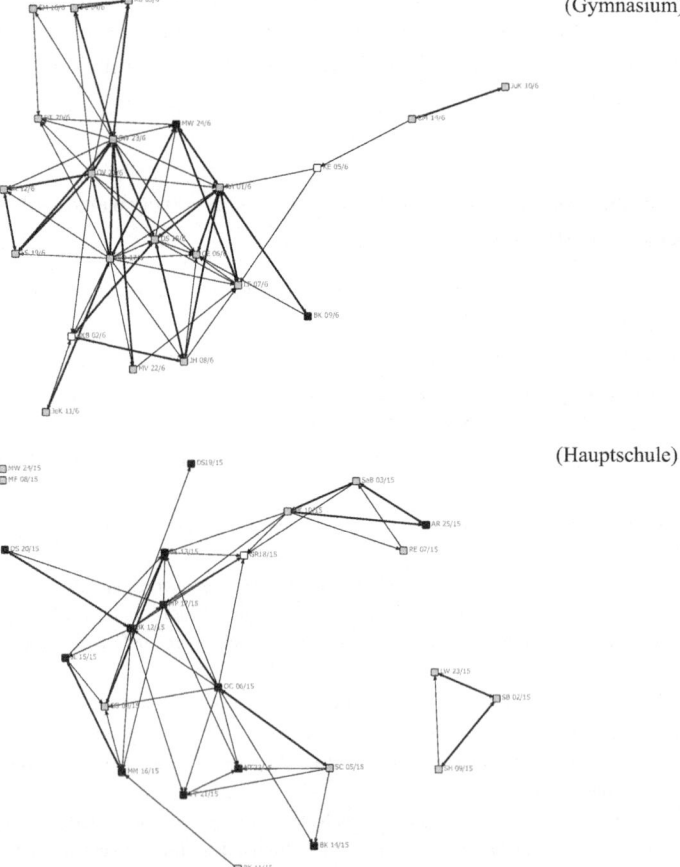

Abbildung 4: Feindliche Beziehungen

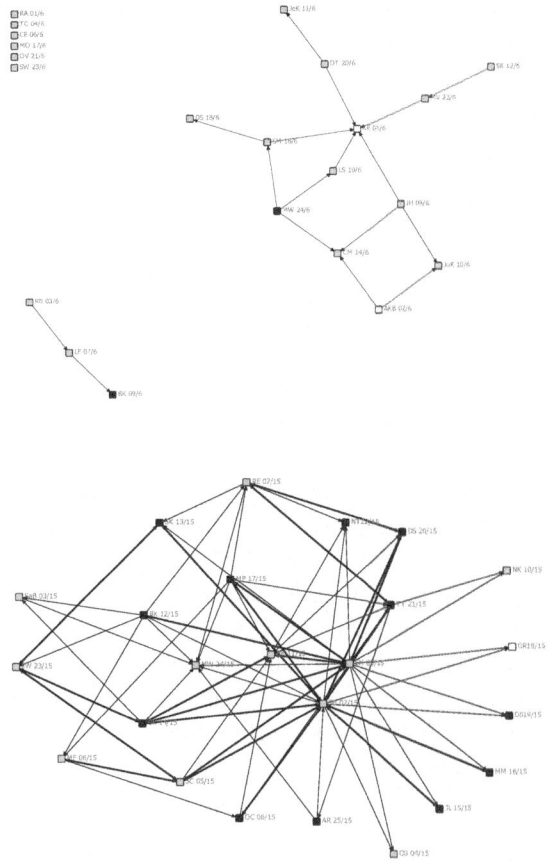

weiß = fehlender Wert, schwarz = Migrationshintergrund, grau = kein Migrationshintergrund

Exemplarisch ist in Form eines Klassennetzwerkes die unterschiedliche Distribution der Sympathien und Antipathien nach Schulform in Abbildung 3 und 4 dargestellt. Hier werden nicht die gemittelte Beliebtheit, sondern die extrem positiven bzw. negativen Nennungen als Merkmale der Beleibtheit herangezogen. Die Sympathiebekundungen basieren auf der Information, dass die Beziehung zum Mitschüler als „sehr gut" (1) bewertet wird, die Antipathiebekundungen auf der Informationen, dass die Beziehung als „mangelhaft" (5) oder „sehr schlecht" (6) eingestuft wird.[9] Die dünnen Kanten stehen für eine einseitige Beurteilung (mit dem Pfeil in Richtung des Empfängers der Beurteilung), dicke Kanten für eine reziproke Beurteilung (beide Schüler geben sich ein „sehr gut" bzw. „sehr schlecht"). Abbildung 3 stellt die freundschaftlichen Beziehungen einer Gymnasial- und Hauptschulklasse dar, Abbildung 4

---

9   Da alle Schüler häufiger gute Bewertungen abgeben als schlechte, wurde für die Definition einer deutlich
     positiven Beziehung nur der Wert „sehr gut" herangezogen.

die feindlichen Beziehungen. Diese Muster stehen exemplarisch alle Gymnasial- und Hauptschulklassen. Schon im Hinblick auf die freundschaftlichen Beziehungen fällt auf, dass die
Dichte in der gymnasial Klasse (Dichte=0,19, Reziprozität=0,39) höher ist als an der Hauptschule (Dichte=0,10, Reziprozität=0,22). Noch deutlicher differieren das Gymnasium und
die Hauptschule bezüglich der negativen Beziehungen (Gymnasium: Dichte=0,04, Reziprozi-
zität=0,00). Auffällig mehr „feindliche" Beziehungen gibt es an der Hauptschule. Die Dichte
(0,15) und Reziprozität feindlicher Beziehungen (0,34) ist hier fast äquivalent zu der Dichte
freundschaftlicher Beziehungen am Gymnasium.

Informationen auf Basis des Gesamtnetzwerkes erlauben nicht nur Vergleiche zwischen
Klassen, sondern ermögliche es auch, Informationen, die aus dem Gesamtnetzwerk gewonnen werden – wie z.B. die Beliebtheit eines Schülers – mit Individualmerkmalen (z.B. Migrationshintergrund, soziale Herkunft) zu koppeln. Wird zum Beispiel die Beliebtheit differenziert nach Schulform und dem Migrationshintergrund[10] betrachtet, zeigen sich Unterschiede
zwischen der Hauptschule und der Gesamtschule gegenüber dem Gymnasium und der Realschule. Für die Haupt- und Realschule gilt: Schüler *ohne Migrationshintergrund* sind unbeliebter in der Klasse als Schüler *mit* Migrationshintergrund. Signifikant ist diese Beziehung
jedoch nur für die Hauptschulen (Jugendliche mit Migrationshintergrund M=2,78, SD=0,35
vs. Jugendliche ohne Migrationshintergrund M=3,34, SD=0,57). Eine gegenläufige Tendenz
ist für die Gymnasien und die Gesamtschule zu verzeichnen, hier sind Jugendliche mit Migrationshintergrund eher unbeliebt. Abermals ist das Ergebnis nur für eine Schulform signifikant:
die Gesamtschule (Jugendliche mit Migrationshintergrund M=2,68, SD=0,28 vs. Jugendliche
ohne Migrationshintergrund M=2,50, SD=0,31). Zudem sind Schüler, die einer oder mehrere familiale Deprivationen[11] erlebt haben, deutlich unbeliebter bzw. isolierter als Schüler, die
immer bei beiden leiblichen Eltern lebten (vgl. Abbildung 5).

Abbildung 5: Beliebtheit des Schülers nach dem Stand der familialen Deprivation in %

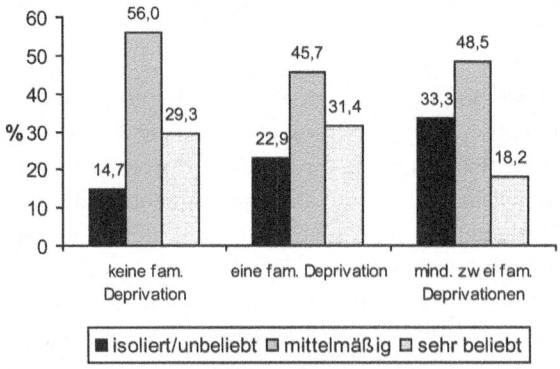

---

10   Migrationshintergrund = mind. ein Elternteil ist nicht in Deutschland geboren.
11   Die Schüler sollten angeben, ob es Zeiten gab, in denen sie nicht bei ihren leiblichen Eltern lebten. Solche
     vorgegebene Situationen waren z.B.: „ohne meine leiblichen Vater gelebt", „ohne meine Eltern bei meinen
     Grosseltern gelebt", „in einem Heim gelebt".

In Bezug auf die Schulleistungen ist festzuhalten, dass Schüler, die schon einmal eine Klasse wiederholt haben, im Mittel signifikant unbeliebter sind (M=2,95, SD=0,54) als Schüler, die noch keine Klasse wiederholen mussten (M=2,70, SD=0,61). Differenziert nach Schulformen ist jedoch lediglich für die Haupt- und Gesamtschule ein signifikanter Unterschied festzuhalten.[12] Gleiches gilt für Schüler, die versetzungsgefährdet sind.

Hingegen zeigt sich beim abweichenden Verhalten ein ambivalentes Bild (vgl. Tabelle 1). Als eher harmlos zu bezeichnende Varianten des abweichenden Verhaltens, wie „Unterricht stören" oder „Klassenbucheintrag", korrespondieren *positiv* mit der gemittelten Beliebtheit. Schüler, die mehrmals (2–5-mal in den letzten 14 Tagen) den Unterricht störten, andere Mitschüler oder den Lehrer ärgerten sind demnach signifikant beliebter als Schüler, bei denen dies nicht der Fall ist. Diese Ergebnisse korrespondieren mit der Vorstellung, dass Jugendliche, die „aufmüpfig" sind, sich besonderer Beliebtheit unter den Mitschülern erfreuen (vgl. Trautwein 2003).[13] In Bezug auf das tageweise Schulschwänzen oder der gewaltsamen Entnahme von Gegenständen der Mitschüler – hier Tätigkeiten, die als schwerere Formen des abweichenden Verhaltens bezeichnet werden – kehrt sich das Bild: Je häufiger dieses Verhalten praktiziert wird, desto unbeliebter ist der Schüler.

Tabelle 1: Gemittelte Beliebtheit des Schülers nach leichten und schweren Formen abweichenden Verhaltens

abweichendes Verhalten		nie/selten		mindestens 2-mal	
		M	SD	M	SD
leichte Formen	Lehrer ärgern[†]	2,78	0,52	2,67	0,73
	Unterricht stören**	2,91	0,70	2,60	0,43
	Mitschüler ärgern*	2,83	0,74	2,64	0,41
schwerere Formen	anderen gewaltsam etwas wegnehmen*	2,39	0,33	2,79	0,61
	tageweises Schulschwänzen[†]	2,73	0,60	3,10	0,63

** p=0,01, * p=0,05, [†]=0,19, M = arithm. Mittel, SD = Standardabweichung
Je höher der Mittelwert, desto unbeliebter.

Eine weitere interessante Position innerhalb des Klassenverbandes ist die des Brokers. Gerade ein Schüler in der Broker-Position, der in einem Netzwerk *zwischen* verschiedenen Cliquen bzw. Akteuren steht, sollte einen besonders guten Zugang zu (verschiedenen) Kapitalien unterschiedlicher Netzwerke haben. Es ist zu erwarten, dass Schüler, die diese Position innehaben, bessere Schulleistungen zeigen als Schüler ohne bzw. eingeschränkte Broker-Position. Ferner sollte eine Broker-Position mit einem geringen Ausmaß abweichenden Verhaltens

---

12   Hauptschule p=0,05, Gesamtschule p=0,10.
13   Die berichteten Zusammenhänge sind mindestens auf dem 10 %-Niveau signifikant.

zusammenhängen: Zum einen, da von einer positiven Beziehung zwischen Schulleistungen und abweichendem Verhalten ausgegangen werden kann und zum anderen, da vermutet werden kann, dass Broker – aufgrund ihrer Einbindung in mehrere Netzwerke – einer stärkeren sozialen Kontrolle unterliegen.

Abbildung 6:   Freundschaftsbeziehungen im Klassenverband nach dem familialen
              Deprivationsgrad

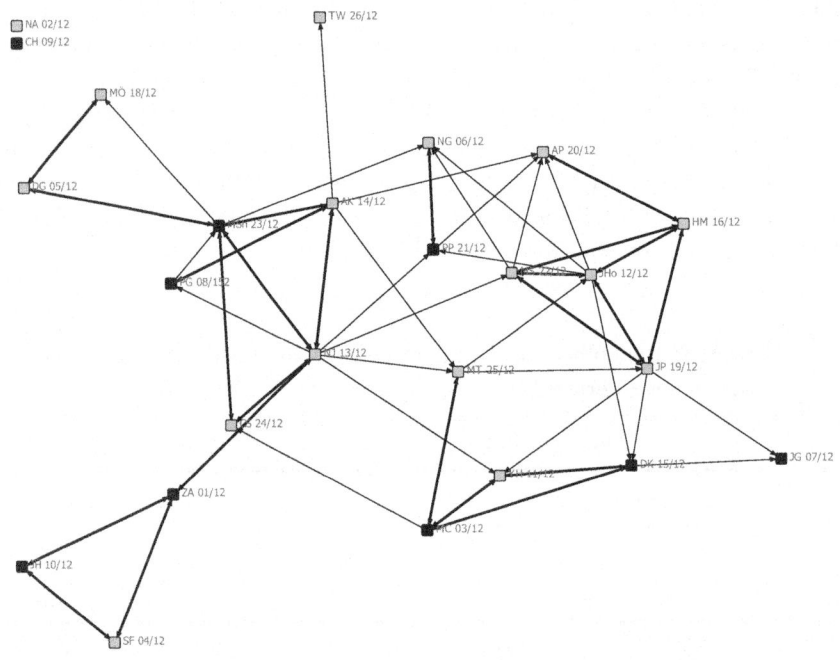

schwarz = mindestens eine familiale Deprivationen
grau = keine familiale Deprivation
dünne Kanten = einseitige Beziehungen
dicke Kanten = reziproke Beziehungen

Die Pretestdaten zeigen, dass Schüler, die in den Hauptfächern (Deutsch, Mathematik und Englisch) sehr gute oder gute Leistungen zeigen, häufiger in der Position des Brokers sind.[14] Im Hinblick auf dissoziales Verhalten sind die Befunde abermals ambivalent. Schüler die gewalttätig sind, nehmen seltener die Position des Brokers ein (keine Gewalt: M=0,22, SD=0,14, Gewalt: M=0,12, SD=0,12); hingegen sind Schüler, die Mitschüler ärgern (Mitschüler ärgern:

---

14   Der Mittelwert des Status Broker beträgt bei Schülern mit sehr guten oder guten Leistungen in den Hauptfächern
     0,26, bei Schülern mit mittleren Leistungen M=0,21 und bei Schülern mit schlechten Leistungen 0,18.

M=0,23, SD=0,13, Mitschüler nicht ärgern: M=0,19, SD=0,15) häufiger in der Position des „Verbindungsmannes".

Kontrolliert nach soziodemographischen Merkmalen zeigt sich, dass Schüler, die mindestens zwei familiale Deprivationen[15] aufweisen, signifikant seltener in der Position des Brokers sind (M=0,15, SD=0,14) als Schüler, die keine oder nur eine familiale Deprivation erfahren haben (M=0,21, SD=0,14 bzw. M=0,22, SD=0,13).[16] Exemplarisch ist hier das Netzwerk einer gymnasialen Klasse dargestellt (Abbildung 6). Ersichtlich ist, dass Schüler mit familialer Deprivation kaum zentrale Broker-Positionen innehaben. Darüber hinaus wird deutlich, dass Schüler mit mindestens einer familialen Deprivation häufig in der Peripherie des Klassenverbandes zu finden sind. Ebenfalls findet man in fast allen Klassen – unabhängig von der Schulform –, dass Schüler, die mindestens eine familiale Deprivation erfahren haben, häufiger enge Freundschaften zu Schülern aufweisen, die auch negative familiale Erlebnisse in ihrer Biographie verzeichnen.

6. Merkmale des elterlichen Netzwerkes

Die Elternfragebögen beinhalten Fragen zu schul- und familienbezogenen Themen. Dazu gehören z.B. Fragen nach der Kenntnis schulischer Sanktionsmaßnahmen gegenüber dem Kind, der (emotionalen) Beziehung zum Kind oder der Art angewandter Erziehungsstile. Die Befragung der Eltern wurde auf drei verschiedene Arten durchgeführt: eine face-to-face Befragung der einzelnen Elternteile (n=77), eine face-to-face Befragung beider Elternteile gemeinsam (n=12) und eine schriftliche Elternbefragung (n=50). Ferner wurde mit türkischsprachigen Eltern eine face-to-face Einzelbefragung in türkischer Sprache durchgeführt (n=12). Der aus diesen Teildatensätzen konstruierte Elterndatensatz umfasst letztlich 151 Elternangaben. Insgesamt können 92 Schülern (von 253 Schülern) Interviews von einem oder beiden Elternteile zugeordnet werden.

Eingangs wurden den Eltern verschiedene Fragen zu relevanten Bezugspersonen gestellt, um das sogenannte „core network" (Kernnetzwerk) zu identifizieren. Die Formulierung der Namensgeneratoren lehnt sich an die modifizierte Fassung des Namensgenerators von Burt (1984) und McCallister und Fischer (1978) nach Friedrichs et al. (2002) an. Die Eltern wurden z.B. gefragt, an wen sie sich in den letzten 14 Tagen gewandt haben, um wichtige Dinge zu besprechen, oder wer sich an sie in den letzten 14 Tagen gewandt hat, um Dinge zu besprechen. Die einzelnen Dimensionen und deskriptiven Befunde sind in Tabelle 2 wiedergegeben.

---

15 Der Begriff „familiale Deprivation" umfasst Ereignisse, die eine längere oder dauerhafte zeitliche Trennung von den leiblichen Eltern beschreiben, so z.B. die Scheidung der Eltern, die Anwesenheit eines Stiefelternteils, der Aufenthalt in einem Kinderheim oder die Versorgung durch Verwandte.

16 Die Differenzen sind auf dem 5%-Niveau signifikant.

Tabelle 2:   Anzahl der genannten Elternkontakte

	Minimum	Maximum	arith. Mittel (Standardabweichung)	n
Eltern suchen Kontakt, um wichtige Dinge zu besprechen.	1	15	4,60 (3,10)	97
Eltern werden als Kontakt gesucht, um wichtige Dinge zu besprechen.	1	13	4,00 (2,59)	95
Eltern besuchten Kontakt zu Hause.	1	9	3,22 (1,76)	89
Eltern wurden vom Kontakt zu Hause besucht.	1	13	3,65 (2,22)	96
Gemeinsame Freizeitaktivitäten außerhalb des Hauses.	1	13	3,52 (2,58)	85
Weitere Personen, die eine wichtige Rolle im Leben spielen.	1	14	4,24 (2,94)	86

Quelle: eigene Berechnung

Werden Eltern mit und ohne Migrationshintergrund in Bezug auf ihre Netzwerkgröße verglichen, dann zeigen sich bei fast allen Kategorien signifikante Unterschiede. Eltern ohne Migrationshintergrund haben sich in den letzten zwei Wochen an eine größere Anzahl von Bezugspersonen gewandt, um wichtige Dinge zu besprechen (M=4,89, SD=3,06 vs. M=2,94, SD=1,92), sie wurden von mehr Personen kontaktiert, um wichtige Dinge zu thematisieren (M=4,17, SD=2,61 vs. M=3,10, SD=2,17), und sie weisen auch in den Kategorien „Eltern besuchten Kontakt zu Hause" (M=3,43, SD=1,79 vs. M=2,60, SD=1,58) und „Eltern wurden vom Kontakt zu Hause besucht" (M=3,91, SD=2,44, vs. M=2,96, SD=1,34) im Mittel größere Netzwerke auf. Dagegen gibt es keine signifikanten Unterschiede in Bezug auf die Anzahl der Kontaktpersonen, mit denen in der Freizeit außerhalb des Hauses etwas unternommen wurde, und bei der zusätzlichen Nennung von Personen, die im Leben eine wichtige Rolle spielen.

Kontrolliert nach dem Bildungsniveau der Eltern lässt sich erkennen, dass Eltern mit einem niedrigen Schulabschluss (keinen Abschluss oder Hauptschulabschluss) in allen oben aufgeführten Kategorien signifikant kleinere Netzwerke haben als Eltern mit einem mittleren (Realschulabschluss) oder hohen Schulabschluss (mindestens Fachhochschulreife). Die Verteilungen der Netzwerkgröße nach dem Bildungsniveau der Eltern sind exemplarisch anhand der zwei Items „Gemeinsame Freizeitaktivitäten außerhalb des Hauses" und „Eltern wurden vom Kontakt zu Hause besucht" in Abbildung 7 dargestellt.

Neben den Fragen nach der Anzahl von Netzwerkpersonen, die in verschiedenen Lebensbereichen in den letzten 14 Tagen relevant waren, gab es einen weiteren Block, in dem „Namensinterpretatoren" eingesetzt wurden. Namensinterpretatoren liefern Informationen über die genannten Netzwerkpersonen. In der Netzwerkforschung ist es üblich, diese zusätzlichen Fragen auf eine bestimme Anzahl an Alteri zu reduzieren, da ansonsten die Befragung zu umfangreich wird. Im vorliegenden Fall haben wir die Erhebung der Namensinterpretatoren in Anlehnung an Burt (1984) auf fünf Personen beschränkt.

Abbildung 7: Anzahl der Netzwerkpersonen der Eltern nach dem Bildungsabschluss der
Eltern (arithmetisches Mittel, 95 % Konfidenzintervall)

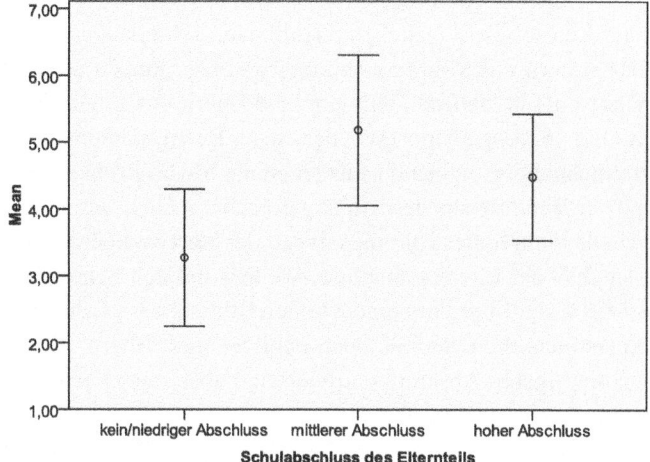

Netzwerkpersonen, mit denen die Eltern gemeinsam außerhalb des Hauses etwas unternommen haben

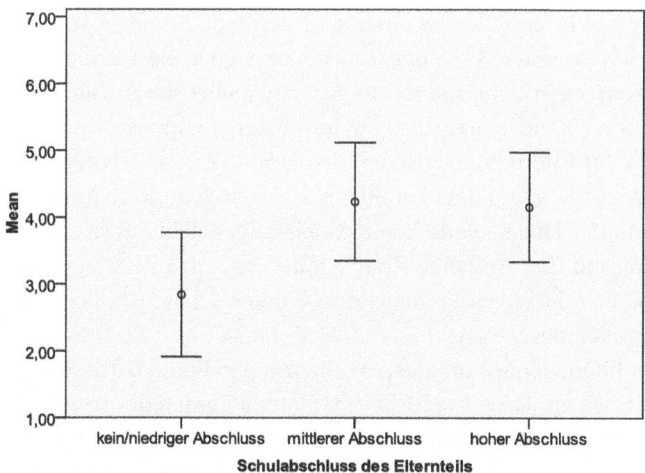

Netzwerkpersonen, die die Eltern zu Hause besucht haben

Von den insgesamt 149 Elternteilen machten 139 detaillierte Angaben (Alter, Geschlecht, Bildungsabschluss, Verwandtschaftsverhältnis etc.) zu den Personen, die ihnen besonders wichtig sind. Fast die Hälfte der Eltern (46,8 %) nannte die maximale Anzahl von fünf Bezugspersonen, etwa 21,0 % benannten noch vier Personen, und etwa je 10,0 % nannten drei, zwei oder eine Bezugsperson(en). Häufig wurden Partner oder Verwandte als Bezugspersonen aufgeführt.

In Bezug auf den Migrationshintergrund der Eltern ist festzuhalten, dass Eltern, die nicht in Deutschland geboren sind, seltener eine größere Anzahl von Vertrauenspersonen (4 bis 5 Personen) nennen, als in Deutschland geborene Eltern (58,3 % vs. 71,0 %). In Anlehnung an die Befunde anderer Autoren (z.B. Nauck und Kohlmann 1998, Haug und Pointer 2007) zeigt sich aber auch, dass Eltern mit Migrationshintergrund fast doppelt so häufig Verwandte als enge Vertraute nennen als in Deutschland geborene Eltern. So geben 20,0 % der Eltern mit Migrationshintergrund an, dass über 50,0 % der engen Bezugspersonen Verwandte sind. Bei Eltern ohne Migrationshintergrund sind es dagegen nur etwa 11,0 %.

Entsprechend der Befunde aus der Bildungsforschung (z.B. Baumert et al. 2002, Bos et al. 2007) zeigt sich, dass ein hohes Bildungsniveau der Netzwerkpersonen der Eltern erstens mit dem Bildungsniveau der Eltern selbst und zweitens mit den Schulleistungen des Kindes zusammenhängt. 68,6 % der Eltern mit einem hohen Bildungsniveau haben einen engen Kontakt zu Netzwerkpersonen, die ebenfalls hoch gebildet sind; Eltern, die einen Realschulabschluss oder einen niedrigeren Abschluss aufweisen, haben nur zu je etwa 20,0 % ein hochgebildetes Netzwerk.

7. Verknüpfung von Eltern und Schülerangaben als Beispiel der peripheren Beziehung erster Ordnung

Von den 92 befragten Elternteilen machten 63 Elternteile Angaben zu dem Klassennetzwerk ihres Kindes. Damit konnten 32 % der Eltern nichts über die Beziehungen ihrer Kinder zu den Mitschülern aussagen. Jene Eltern, die Aussagen über die Anzahl der engen Freunde im Klassenverband ihrer Kinder machten,[17] unterschätzten zumeist die Größe des Netzwerkes (53 %). Nur 18 % der Eltern überschätzten den Umfang. Eine Übereinstimmung in den Angaben von Eltern und Kindern liegt bei 30 % vor. Nach Schulform kontrolliert wird deutlich, dass gerade Eltern der Hauptschule keine Angaben gemacht haben oder am seltensten eine Übereinstimmung mit den Angaben ihrer Kinder zeigen. Eltern von Gymnasiasten haben mehr Kenntnisse über die engen Freunde ihres Kindes. Über 50 % der Elternangaben decken sich mit denen des Kindes.

Die meisten Eltern nennen mindestens einen engen Freund, der auch von ihrem Kind angegeben wurde. Etwa ein Drittel der Eltern konnte in kompletter bzw. fast kompletter Übereinstimmung mit den Angaben des Kindes seine engen Freunde benennen. Ein weiteres Drittel nennt immerhin noch die Hälfte der vom Kind genannten Freunde korrekt und das letzte Drittel kann weniger als 50 % der vom Kind benannten engen Klassenkameraden korrekt angeben.

In Bezug auf die abhängigen Variablen „Schulleistung" und „abweichendes Verhalten" zeigen sich signifikante Beziehungen. Kinder von Eltern, die nur rudimentäre Kenntnisse über den Freundeskreis in der Klassengemeinschaft haben, üben signifikant häufiger „verbotene

---

17 Die Eltern wurden gebeten anzugeben, mit welchen Kindern aus der Klasse ihr eigenes Kind eng befreundet ist, ferner wurden dann weitere Angaben zu den Freunden erfragt.

Dinge" aus[18] und sind zudem häufiger versetzungsgefährdet. Wenn die einzelnen Kategorien des abweichenden Verhaltens im schulischen Kontext betrachtet werden (vgl. Abbildung 8), zeigt sich folgendes Bild: Schüler, deren Eltern alle oder fast alle Freunde kennen, ärgern signifikant seltener die Mitschüler, zerstören seltener Sachen, verprügeln seltener Mitschüler und prügeln sich im Allgemeinen seltener.

Abbildung 8: Abweichendes Verhalten in der Schule nach der Kenntnis der Eltern über die engen Freunde aus der Klasse in %

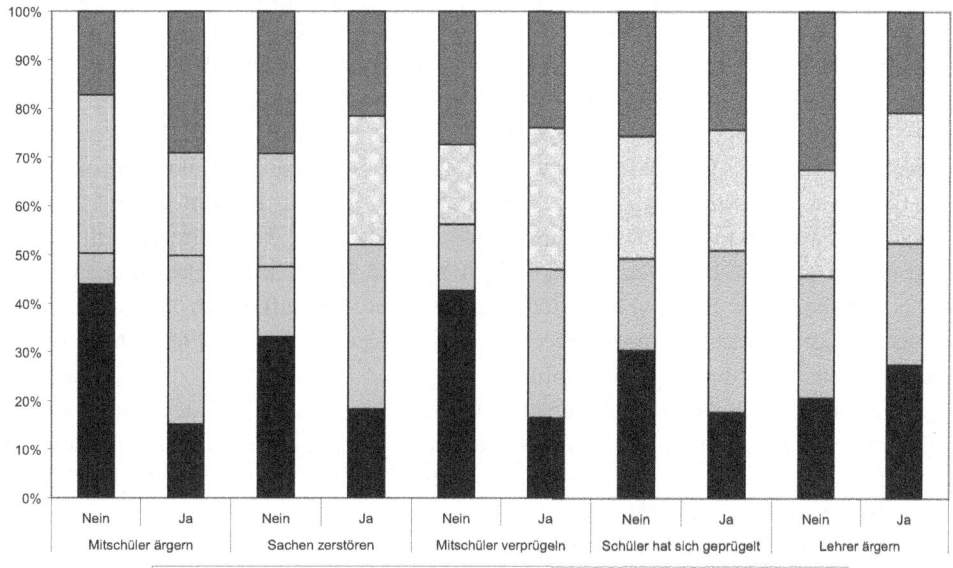

In Bezug auf die Beliebtheit des Schülers in der Klasse wird ersichtlich, dass Schüler, deren Eltern weniger als die Hälfte ihres Freundeskreises aus ihrer Klasse kennen, unbeliebter sind als Schüler, deren Eltern gute Kenntnisse vom Freundeskreis ihres Kindes in der Klasse haben (M=2,70, SD=0,61 vs. M=2,81, SD=0,43). Auch wenn diese Differenz nicht signifikant ist – was auch auf die kleine Fallzahl (n=80) zurückzuführen ist – ist es jedoch lohnenswert, auf Basis einer größeren repräsentativen Stichprobe diesem Verhältnis von „unwissender" Eltern-Kind Beziehung und Popularität bei Gleichaltrigen weiter auf den Grund zu gehen. Immerhin hängt die Popularität selbst wiederum mit den Schulleistungen der Schüler zusammen.

---

18   33 % der Kinder, deren Eltern rudimentäre Kenntnisse haben vs. 21 % der Kinder, deren Eltern gute Kenntnisse haben.

8. Netzwerkpartner der Eltern und Merkmale des Schülers in der Klasse als Beispiel der peripheren Beziehung zweiter Ordnung

Wie vorab gezeigt, korrespondiert die Beliebtheit eines Schülers positiv mit schulischen Leistungsmerkmalen. Es ist nicht überraschend, wenn dementsprechend auch ein positiver Zusammenhang zwischen einem hohen Bildungsniveau des elterlichen Netzwerkes und der Schulleistung des Schülers (z.B. Versetzungsgefährdung des Schülers und Bildungsniveau des elterlichen Netzwerkes r_{sp}=-0,32, p=0,01) und seiner Beliebtheit zu finden ist (r_{sp}=0,31, p=0,01). Kontrolliert nach Schulformen bewegen sich die Korrelationskoeffizienten auf dem Gymnasium, der Real- und Hauptschule zwischen r_{sp}=0,31 und r_{sp}=0,35. Lediglich auf der Gesamtschule ist kein Zusammenhang vorzufinden (r_{sp}=-0,01).

Bezüglich der *Position des Brokers* zeichnet sich hingegen ein überraschendes Bild ab. Über alle Schulformen hinweg zeigt sich: Je *niedriger* das Bildungsniveau des elterlichen Netzwerkes, desto höher die Brokerwerte der Schüler (r_{sp}=-0,27, p=0,05). Differenziert nach Schulform sind für das Gymnasium und die Realschule signifikante Differenzen zu verzeichnen. Für beide Schulformen gilt, dass Schüler eher in der Rolle des Mittelmannes zwischen verschieden Cliquen und Akteuren sind, wenn die Netzwerke der Eltern ein mittleres Bildungsniveau (mittlere Reife) aufweisen.[19] Damit haben vor allem die Broker des Gymnasiums eine diskonforme Position bezüglich ihrer sozialen Herkunft. Denn die meisten Schüler des Gymnasiums haben Eltern und elterliche Netzwerke – in unserem Pretest 64 % (n=51) – mit einem hohen Bildungsniveau (Abitur).

Von Eltern, deren Netzwerk „hoch gebildet" ist, weisen 3 % der Kinder eine Versetzungsgefährdung auf. Hingegen sind 22 % der Kinder, deren Eltern ein Netzwerk mit mittlerem Bildungsniveau haben und 32 % der Kinder, deren Eltern ein Netzwerk mit niedrigem Bildungsniveau haben, versetzungsgefährdet.

Im Hinblick auf das Sozialkapital kann angenommen werden, dass homogene Netzwerke weniger Ressourcen bieten als heterogene Netzwerke. Je heterogener das Netzwerk, desto mehr Zugang hat der Akteur zu verschiedenen Kapitalien (z.B. Humankapital) der Netzwerkpartner. Der Zugang zu unterschiedlichen Kapitalien sollte sich positiv auf den Bildungserfolg auswirken. Dieser Aspekt lässt sich z.B. am Anteil der Verwandten in dem elterlichen Netzwerk verdeutlichen. Elterliche Netzwerke, die sich vornehmlich aus Verwandten zusammensetzen, haben vermutlich weniger unterstützendes Bildungskapital als heterogene Netzwerke. Schüler, deren Eltern ein Netzwerk haben, das sich primär aus Verwandten zusammensetzt, weisen häufiger schlechte Schulleistungen und eher schwere Formen abweichenden Verhaltens auf als Schüler, deren elterliches Netzwerk überwiegend aus nicht-verwandten Personen besteht. Die Verteilung verschiedener Formen abweichenden Verhaltens der Kinder nach der „Verwandtschaftslastigkeit" des elterlichen Netzwerkes ist in Abbildung 9 dargestellt.

---

19   M bei Schülern, deren elterliches Netzwerk ein hohes Bildungsniveau hat (Abitur) = 0,13; M bei Schülern, deren elterliches Netzwerk ein mittleres Bildungsniveau hat = 0,22. Der Zusammenhang zwischen Brokerposition und Bildungsniveau des elterlichen Netzwerkes ist bei den Gymnasiasten auf dem 5 %-Niveau signifikant.

Abbildung 9: Abweichendes Verhalten der Schüler nach dem Anteil der Verwandten im elterlichen Netzwerk in %

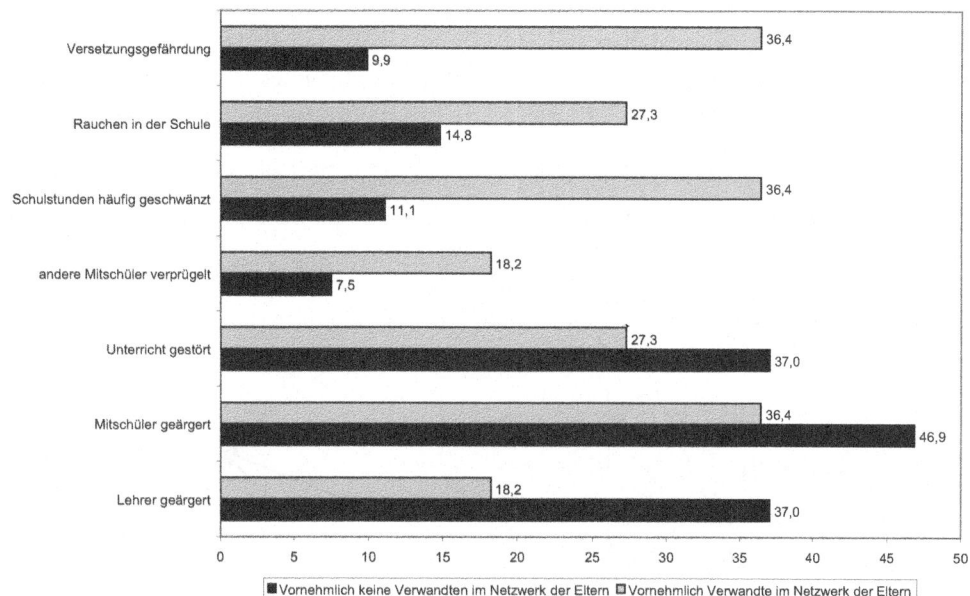

9. Multivariate Analysen

Multivariate Analysen sind aufgrund der zum Teil geringen Fallzahl nur eingeschränkt möglich und nur dann anwendbar, wenn sparsame Modelle geschätzt werden. Leider führt diese Sparsamkeit auch dazu, dass nur wenige theoretisch relevante Dimensionen in ein Modell aufgenommen werden können. Trotz dieser Restriktionen erlauben die Modellierungen eine Einschätzung der Relevanz bestimmter Faktoren, insbesondere der hier im Zentrum stehenden Netzwerkmerkmale. Im Folgenden wird exemplarisch ein Pfadmodell berechnet, das entsprechend der Theorie die direkten und indirekten Effekte auf einen Indikator schlechter Schulleistungen, hier die Klassenwiederholung, prüft. Angenommen wird, dass die Strukturmerkmale sozioökonomischer Status, Migrationshintergrund und familiale Deprivationen einen Einfluss auf die Beliebtheit des Schülers und das Verhalten der Eltern in schulischen Belangen haben. Die Beliebtheit wird über die Benotung durch die Mitschüler gemessen. Die schulischen Belange sind über drei Skalen operationalisiert, die erstens einen Mangel an Zeit für schulische Belange und das Interesse der Eltern an den schulischen Belangen des Kindes abbilden[20], zweitens die väterliche emotionalen Unterstützung bei schulischen Prob-

---

20 Die Skala umfasst drei Items, die wiedergeben, ob das Kind Schwierigkeiten hat, mit dem Vater schulische Probleme zu besprechen, und ob Vater und Mutter wenig Zeit für schulische Belange haben ($\alpha=0{,}66$).

lemen[21] und drittens die elterliche Kontrolle der Schul- und Hausaufgaben.[22] Die postulierten Beziehungen zwischen den Prädiktoren zu den intervenierenden Merkmalen bzw. der abhängigen Variable sind Abbildung 10 zu entnehmen. So wird zum Beispiel davon ausgegangen, dass ein niedriger sozioökonomischer Status negativ mit der Beliebtheit in der Klasse korrespondiert; die Beliebtheit in der Klasse sollte wiederum einen negativen Effekt auf eine Klassenwiederholung haben.

Abbildung 10: Modell der Prädiktoren der Klassenwiederholung bzw. schlechter Schulnoten

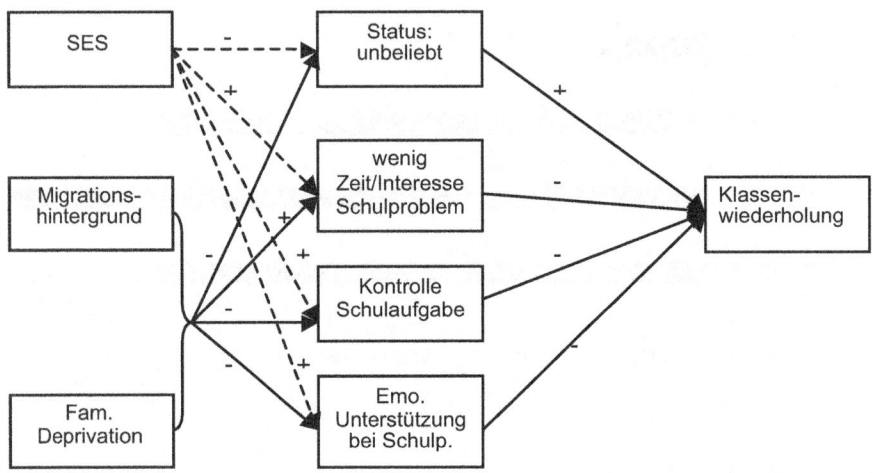

+ = positive Beziehung, – = negative Beziehung. Gestrichelte Linien stellen die Beziehungen ausgehend vom sozio-ökonomischen Status (SES) dar.

Das hier verwendete Programm MPLUS (Muthén und Muthén 2007) erlaubt es, Pfadmodelle für kategorial abhängige Variablen zu berechnen. Die Berechnung der Koeffizienten basiert im Folgenden auf dem Verfahren der Probit-Regression. Der hier verwendete Schätzer basiert auf dem Unweighted-Least-Squares-Verfahren (ULS), der besonders für kleine Stichproben geeignet ist. Die geschätzten Modelle werden überprüft, indem verschiedene Maßzahlen für die Modellgüte berechnet werden (z.B. CFI, TLI, RMSEA).[23]

Die Darstellung der Ergebnisse der multivariaten Analyse erfolgt in zwei Schritten. Im ersten Schritt werden die direkten Effekte aller Merkmale auf die Klassenwiederholung ermit-

---

21   Die Skala hat drei Items, die angeben, ob der Vater Mut macht, wenn Schwierigkeiten in der Schule auftreten, ob der Vater sich freut, wenn das Kind eine gute Klassenarbeit schreibt und ob das Kind keine Angst vor dem Vater haben muss, wenn es schlechte Arbeiten mit nach Hause bringt (α=0,76).

22   Die Skala umfasst vier Items, die angeben, ob zum einen der Vater und zum anderen die Mutter kontrollieren, was der Schüler für die Schule tut und zwei weiteren Items, die wiedergeben, ob Vater und Mutter die Hausaufgaben kontrollieren (α=0,77).

23   Vgl. hierzu z.B. Hu und Bentler (1999).

telt. Im zweiten Schritt werden die direkten gemeinsam mit den indirekten Effekten berechnet. Um die Ergebnisse anschaulich darzustellen, werden nur die indirekten Beziehungen in den Pfadmodellen abgebildet. Tabelle 3 sind die direkten Effekte aller Merkmale auf die Klassenwiederholung zu entnehmen. Es zeigt sich, dass die Koeffizienten der soziodemographischen Merkmale alle hypothesenkonform sind. Je niedriger der soziökonomische Status, desto eher hat der Jugendliche eine Klasse wiederholt. Zudem gilt: Wenn die Eltern einen Migrationshintergrund haben bzw. mindestens eine familiale Deprivation vorliegt, dann haben die Jugendlichen eher eine Klasse wiederholt. Von diesen drei Prädiktoren sind nur die familiale Deprivation (p=0,10) und besonders der Migrationshintergrund (p=0,001) signifikant. Von den vier Merkmalen des sozialen Kapitals erweist sich nur der negative soziale Status in der Klasse als einflussreicher Prädiktor (p=0,01). Es gilt: Wenn ein Schüler in der Klasse sehr unbeliebt ist, dann hat er eher schon einmal eine Klasse wiederholt. Dieser Befund ist u.a. deswegen hervorzuheben, da der soziale Status in der Klasse selbst unter Kontrolle einschlägiger soziodemographischer Merkmale bestehen bleibt und ferner einflussreicher ist als andere häufig verwendete Operanden des sozialen Kapitals. Die Erklärungskraft des Modells beträgt 0,25. Die Fit-Indizes spiegeln eine gute Anpassung des Modells wider (CFI=0,99, TLI=0,99, RMSEA=0,07, x^2-Tests nicht signifikant, n=117).

Tabelle 3: Die direkten Effekte auf die Klassenwiederholung

	Probit-Koeffizient (unstandardisiert)	Probit-Koeffizient (standardisiert)	S.E.
SES/Kontrollmerkmale			
SES (niedrig – hoch)	-0,17	-0,10	0,21
familiale Deprivation (keine-viel)	0,21[†]	0,21[†]	0,13
Migration (0=kein Mig., 1=Mig.)	0,70***	0,29***	0,29
Soziales Kapital			
Status : unbeliebter Schüler (wenig-viel)	0,23**	0,22**	0,10
Kontrolle Schulaufgaben (wenig-viel)	0,05	0,05	0,12
Emotionale Unterstützung bei Schulproblemen (wenig-viel)	0,14	0,13	0,13
Wenig Zeit und Interesse für schulische Belange (viel Z.-wenig Z)	-0,21	-0,19	0,14

*** p ≤ 001, ** p ≤ 0,01, * p ≤ 0,05; [†] p ≤ 0,10

SES = sozioökonomischer Status, S.E. = Standardfehler

Von den indirekten Beziehungen ist lediglich ein Pfad signifikant, ausgehend von der familialen Deprivation über den Status in der Klasse auf die Klassenwiederholung (Wenn mindestens eine familiale Deprivation vorliegt, dann sind die Schüler unbeliebter und dann habe sie auch eher in ihrer Laufbahn eine Klasse wiederholt). Dieser indirekte Effekt ist auf dem 10%-Niveau signifikant (ß=-0,08)[24]. Auch besteht eine signifikante Beziehung zwischen dem Migrationshintergrund und der Kontrolle der Hausaufgaben (ß=0,23, p=0,01); jedoch nicht mehr zwischen der Kontrolle und der Klassenwiederholung. Ingesamt sind die indirekten Effekte im Vergleich zu den direkten sehr schwach und tragen kaum zu den totalen Effekten (Summe des indirekten und direkten Effektes) bei.

Abbildung 11: Indirekte Effekte auf die Klassenwiederholung (standardisierte Probit-Koeffizienten)

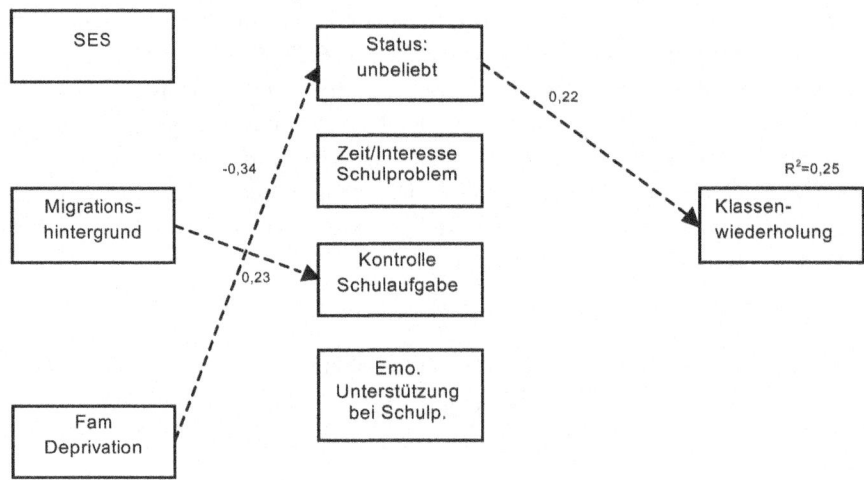

10. Diskussion

Ziel des vorliegenden Beitrages war es zu zeigen, dass die Anwendung netzwerkanalytischer Instrumente zur Messung des Sozialkapitals einen Erkenntnisgewinn erzeugt, um Annahmen über Risikofaktoren von Jugendlichen in ihrer Bildungslaufbahn zu spezifizieren. In Bezug auf die Eingangsfragen – welchen Einfluss hat das soziale Kapital auf den Bildungserfolg und welche Faktoren beeinflussen das soziale Kapital – lassen sich unter Berücksichtigung der Tatsache, dass es sich um Pretestdaten handelt, folgende Antworten geben: Verschiedene Operanden des Sozialkapitals, wie z.B. die Popularität eines Schülers, haben einen wichtigen Einfluss auf den Schulerfolg. Sowohl auf die Schulleistung als auch auf (stärkere) Formen abweichenden Verhaltens. Die Frage nach zentralen Prädiktoren des Sozialkapitals selbst kann nur angerissen werden. Die Ergebnisse lassen jedoch den Schluss zu, dass Merkmale wie die familiale Deprivation oder ein Migrationshintergrund eng mit dem Sozialkapital korrespondieren.

Aus den gewonnenen Ergebnissen lassen sich neue Hypothesen ableiten, die besonders die Gruppendynamik im Klassenverband und die Interaktion der Sozialisationsagenten unter-

---

24   ß = standardisierter Probit-Koffizient

einander betrachten. Ferner bieten diese Daten noch Ausschöpfungsmöglichkeiten, die hier nicht weiter referiert wurden (z.B. Vergleich der Angaben verschiedener Akteure, Analyse der Cliquenebene). Auch wenn hier nur Auszüge der Datenanalyse gezeigt werden, ist ersichtlich, dass diese Informationen von Relevanz für die weitere Theoriebildung, empirische Forschung als auch für die Praxis sind. Alleine eine weitergehende Analyse der Muster und Ursachen des hier vorgestellten schlechten Klassenklimas an Hauptschulen ist für die Entwicklung der Jugendlichen nützlich. Allgemein erleichtert die Kenntnis über die positiven wie negativen Faktoren der sozialen Komposition in einer Schulklasse den pädagogischen Umgang und erlaubt es, Ressourcen im Interesse der Jugendlichen gezielter einzusetzen. Dies betrifft auch Risikomaker für Außenseiterpositionen im Klassenverband.

Besondern relevant sind die Verbindungen der Informationen verschiedener Sozialisationsagenten. Die Netzwerkanalyse erlaubt die Verknüpfung verschiedenster Daten, z.B. aller Individualangaben (einschließlich der Eltern- und Lehrerangaben) von befreundeten oder verfeindeten Schülern oder von besonders schlechten und guten Schülern. Die Erhebung solcher Daten ist zwar aufwendiger als die reine Individualbefragung, doch der Nutzen sollte dieses legitimieren. Gerade im Rahmen von Schülerbefragungen, in denen das Gesamtnetzwerk durch die Klasse abgegrenzt werden kann, ist der Einsatz von Netzwerkinstrumenten gut umsetzbar. Eher problematisch ist die Frage nach dem Umgang mit fehlenden Werten in einem Netzwerke als auch die in Schülerbefragungen üblichen Hürden, wie z.B. die Kooperationsbereitschaft der Schulen und Eltern. Die wachsende Aufmerksamkeit, die der Netzwerkanalyse geschenkt wird, gerade im Rahmen der Jugendforschung, zeigen auch die umfangreichen Erhebungen, die in den USA (National Longitudinal Study of Adolescent Health) oder den Niederlanden (Dutch Social Behavior Study, Utrecht Social Development Project) durchgeführt werden. Die Sozialforschung in Deutschland sollte diese Entwicklung stärkere berücksichtigen.

Literatur

Baier, D. und B. Nauck, 2006: Soziales Kapital – Konzeptionelle Überlegungen und Anwendung in der Jugendforschung. S. 49–71. In: A. Iittel und H. Merkens (Hg.), Interdisziplinäre Jugendforschung. Jugend zwischen Familie, Freunden und Feinden. Wiesbaden: VS Verlag.

Baumert, J., Artelt, C., Klieme, E., Neubrand, M., Prenzel, M., Schiefele, U., Schneider, W., Tillmann, K. J. und M. Weiß (Hg.), 2002: PISA 2000. Die Länder der Bundesrepublik Deutschland im Vergleich. Opladen: Leske & Budrich.

Bos, W., Bonsen, M., Baumert, J., Prenzel, M., Selter, C. und G. Walther (Hg.), 2007: Mathematische und naturwissenschaftliche Kompetenzen von Grundschulkindern in Deutschland im internationalen Vergleich. Münster: Waxmann.

Bourdieu, P., 1983: Ökonomisches Kapital, kulturelles Kapital, soziales Kapital. S. 183–198. In: R. Kreckel (Hg.), Soziale Ungleichheiten. Soziale Welt, Sonderband Nr. 2. Göttingen: Schwartz.

Brooks-Gunn, J., Duncan, G. J. und J. L. Aber, 1997: Neighborhood poverty: Context and consequences for children. New York: Sage.

Burt, R., 1984: Network Items and the General Social Survey. Social Networks 6: 293–339.

Burt, R., 2000: The Network Structure of Social Capital. S. 345–424. In: R. Sutton und B. Staw (Hg.), Research in Organizational Behavior, Vol. 22, Elsevier, JAI Press.

Cauce, A. M., 1986: Social Networks and Social Competence: Exploring the Effects of Early Adolescent Friendships. American Journal of Community Psychology 14: 607–328.

Coleman, J. S. und T. B. Hoffer, 1987: Public and Private High Schools: The Impact of Communities. New York: Basic Books.

Coleman, J. S., 1988: Social Capital in the Creation of the Human Capital. American Journal of Sociology 94: 95–120.

Dika, S. L. und K. Singh, 2002: Applications of Social Capital in Educational Literature: A Critical Synthesis. Review of Educational Research 72: 31–60.

Esser, H., 2000: Netzwerke und Beziehungsstrukturen. S. 171–208. In: H. Esser (Hg.), Soziologie. Spezielle Grundlagen, Bd. 4. Frankfurt/New York: Campus.

Farrington, D. P., 2007: Childhood risk factors and risk-focused prevention. S. 602–641. In: M. Maguire, R. Morgan und R. Reiner (Hg.), The Oxford handbook of criminology (4. A.) Oxford: Oxford University Press.

Fend, H., 1998: Qualität im Bildungswesen. Schulforschung zu Systembedingungen, Schulprofilen und Lehrerleistung Weinheim/München: Juventa.

Friedrichs, J., Kecskes, R. und C. Wolf, 2002: Struktur und sozialer Wandel einer Mittelstadt. Euskirchen 1952–2002. Opladen: Leske & Budrich.

Gottfredson, M. und T. Hirschi, 1990: A General Theory of Crime. Stanford: University Press.

Grundmann, M., Groh-Samberg, O., Bittlingmayer, U. H. und U. Bauer, 2003: Milieuspezifische Bildungsstrategien in Familie und Gleichaltrigengruppe. Zeitschrift für Erziehungswissenschaft 6 (1): 25–45.

Haug, S. und S. Pointner, 2007: Soziale Netzwerke, Migration und Integration. S. 367–396 in: A. Franzen und M. Freitag (Hg.), Sozialkapital. Grundlagen und Anwendungen, Kölner Zeitschrift für Soziologie und Sozialpsychologie, Sonderheft 47.

Haug, S., 1997: Soziales Kapital. Ein kritischer Überblick über den aktuellen Forschungsstand. Arbeitsbericht II, Nr. 15. Universität Mannheim.

Hu, L. T. und P. M. Bentler, 1999: Cutoff criteria for fit indexes in covariance structure analysis: Conventional criteria versus new alternatives. Structural Equation Modeling, 6, 1–55.

Jansen, D., 2003: Einführung in die Netzwerkanalyse. Opladen: Leske & Budrich.

Kaplan, H. B., 1980: Deviant Behavior in Defense of self. New York: Academic Press.

Krappmann, L. und H. Oswald, 1983: Beziehungsgeflechte und Gruppen von Gleichaltrigen Kindern in der Schule. S. 420–450. In: F. Neidhardt (Hg.), Gruppensoziologie. Opladen: Westdeutscher Verlag.

Lin, N., 2001: Social Capital: A Theory of Social Structure and Action. New York: Cambridge University Press.

Lubbers, M. J., 2003: Group composition and network structure in school classes: a multilevel application of the p* model. Social Networks 25: 309–332.

Mäs, M. und A. Knecht, 2008: Die Entwicklung von negativen Beziehungen in Schulklassen. S. 373–384. In: C. Stegbauer (Hg.), Netwerkanalyse und Netzwerktheorie: Ein neues Paradigma in den Sozialwissenschaften. Wiesbaden: VS Verlag.

McCallister, L. und C. S. Fischer, 1978: A Procedure for Surveying Personal Networks. Sociological Methods Research 1978, 7: 131–148.

McGloin, J. M., 2009: Delinquency Valance: Revisiting Peer Influence: Criminology 47 (2): 439–477.

McNeal, R. B., 1999: Parental involvement as social capital: Differential effectiveness on science achievement, truancy, and dropping out. Social Forces 78:117–144.

Merkens, H. und A. Wessel, 2002: Zur Genese von Bildungsentscheidungen: Eine empirische Studie in Berlin und Brandenburg. Hohengehren: Schneider Verlag.

Moreno, J. L., 1934: Who Shall Survive? Washington, D.C.: Nervous and Mental Disease Publishing Co.

Muthén L. K., und B. O. Muthén, 2007: Mplus statistical software. Los Angeles, CA. 1998–2007.

Nauck, B. und A. Kohlmann, 1998: Verwandtschaft als soziales Kapital – Netzwerkbeziehungen in türkischen Migrantenfamilien. S. 203–235. In: M. Wagner und Y. Schütze (Hg.), Verwandtschaft. Sozialwissenschaftliche Beiträge zu einem vernachlässigten Thema. Stuttgart: Enke.

Neal, J., 2008: Hanging Out: Features of Urban Elementary Students' Classroom Networks. Conference Papers, American Sociological Association, Annual Meeting in Boston.

Rolff, H.-G., 1997 [1972]: Sozialisation und Auslese durch die Schule. Weinheim und München: Juventa.

Rosenberg, M., Schooler, C. und C. Schoenbach, 1989: Self-Esteem and Adolescent Problems. Modelling Reciprocal Effects. American Sociological Review 54: 1004–1018.

Schuller, T., Baron, S. und J. Field, 2000: Social Capital: A Review and Critique. S. 1–38. In: S. Baron, J. Field und T. Schuller (Hg.), Social Capital. Critical Perspectives. Oxford: University Press.

Stecher, L., 2001: Die Wirkung sozialer Beziehungen. Empirische Ergebnisse zur Bedeutung sozialen Kapitals für die Entwicklung von Kindern und Jugendlichen. Weinheim und München: Juventa.

Stocké, V., 2010: Schulbezogenes Sozialkapital und Schulerfolg der Kinder: Kompetenzvorsprung oder statistische Diskriminierung durch Lehrkräfte? S. 81–116. In: B. Becker und D. Reimer (Hg.), Vom Kindergarten bis zur Hochschule. Wiesbaden: VS-Verlag.

Trautwein, U., Lüdtke, O., Köller, O. und J. Baumert, 2006: Self-esteem, academic self-concept, and achievement: How the learning environment moderates the dynamics of self-concept. Journal of Personality and Social Psychology 90 (2): 334–349.

Youniss, J., 1994: Soziale Konstruktion und psychische Entwicklung. Frankfurt am Main: Suhrkamp.

Soziale Netzwerkanalyse der Wissenskonstruktion in Wikipedia

Iassen Halatchliyski / Ulrike Cress

Abstract

Der Beitrag führt in die theoretischen Ansätze des computergestützten kollaborativen Lernens ein. Anlehnend an einer neueren Perspektive der Wissenskreation wird der Kollaborationsprozess in Wikipedia aufgefasst als gekoppelt an der Entwicklung von dynamischen digitalen Wissensobjekten, wie verlinkte Artikel, Kategoriensystem, Diskussionsseiten. Diese geteilten Artefakte vermitteln bei der langfristigen Zusammenarbeit innerhalb einer zahlreichen Autorengemeinschaft. Der Fall von Wikipedia geht also über die im Forschungsfeld der pädagogischen Psychologie bisher typische Betrachtung von Kleingruppen hinaus. Die noch weitgehend unerforschte Ausrichtung auf Massenkollaborationsprozesse erfordert einen neuen analytischen Ansatz. Das Konzept des Netzwerks wird dabei als passend für die Perspektive erkannt und auf einer konkreten Fragestellung der Wissenskreation angewendet, wie entstehen kollaborativ die inhaltlichen Verbindungen zwischen Wissensgebieten.

Anhand von empirischen Daten zu einem Artikelnetzwerk werden populäre Zentralitätsmaße aus der Sozialen Netzwerkanalyse berechnet. Damit werden Hypothesen getestet über die Bedeutung unterschiedlicher Autorengruppen in Wikipedia im Bezug auf die inhaltliche Verbindung zweier benachbarter Wissensgebiete. Diese bestehen aus den Artikeln unter den Kategorien Physiologie und Pharmakologie. Die statistischen Ergebnisse belegen, dass eine relativ kleine Gruppe von Autoren einen soliden Beitrag zur Verbindung der Gebiete leistet.

Obwohl es sich bei der Studie um einen der ersten Versuche in einer neuen Richtung innerhalb der Lern- und Wissensforschung handelt, liegt die Anwendungsrelevanz deutlich auf der Hand. Die Nutzung neuer Technologien, die Massenkollaboration und informelles Lernen erleichtern, verbreitet sich schlagartig. Die moderne Wissensgesellschaft verlangt entsprechende Praktiken und Fertigkeiten, um die Potentiale der Wissen konstruierenden Gemeinschaftsnetzwerke zu erreichen. Voraussetzung für die erfolgreiche Gestaltung von kollaborativen Settings im großen Umfang ist das vertiefte Verständnis über die vermittelnden Wissensprozesse zwischen Autoren und Artefakten in Netzwerken.

1. Einführung in CSCL

Mit dem Begriff *Computer-Supported Collaborative Learning* (CSCL) werden aktuelle pädagogisch-psychologische Forschungsansätze beschrieben, die computergestütztes kollaboratives Lernen und Wissenskonstruktion untersuchen. Diese Forschungsansätze behandeln lern- und wissensorientierte soziale Interaktionen, die an oder über Computermedien ablaufen. Innerhalb der pädagogischen Gesamtdisziplin nimmt CSCL immer mehr an Bedeutung zu. So hat das International Journal of Computer-Supported Collaborative Learning zum Beispiel laut dem aktuellen Journal Citation Report 2009 das zweithöchste Ranking im Bereich Education & Educational Research. CSCL ist dabei ein junges Forschungsfeld, das auf Erkenntnissen über Lerneffektivität im kooperativen Gruppenkontext basiert (z.B. Johnson und Johnson 1989; Slavin 1991, 1995). Es wird die Vision verfolgt, das Bildungssystem umzugestalten und den aktuellen Umständen Rechnung zu tragen, dass digitale Kommunikationsmedien sehr breite Nutzung finden, und damit einhergehend, das informelle Lernen alle Lebensbereiche prägt (Stahl et al. 2006; Ryberg und Larsen 2008).

Historisch ist der Schwerpunkt der Betrachtung vom Individuellen mehr in Richtung des Kollektiven gewandert. Die frühere Forschung hat sich ausgehend von Piagets (1932) kognitivem Konstruktivismus mit dem individuellen Lernen als Aufbau von Informationsrepräsentationen beschäftigt. In der letzteren Zeit sind dynamische, partizipative Wissensprozesse und -praktiken zentral geworden wie der Diskurs in einer Gruppe oder Gemeinschaft (Dillenbourg et al. 1996). Das kollaborative Lernen hängt mit der Bildung einer Gemeinschaft zusammen und ist durch gemeinsames Engagement bei der Konstruktion von Wissen gekennzeichnet (Lipponen 2002; Puntambekar 2006). Die im Diskurs ausgehandelten gemeinsamen Bedeutungen und Sinnzusammenhänge sind nicht fixiert und können von den Individuen interpretiert und redefiniert werden. Solche gemeinschaftlichen Artefakte lassen sich aber nicht auf die Kommunikation einzelner Individuen reduzieren (Koschmann 2002). Diese auf Vygotsky (1930/1978) zurückgehende sozial-konstruktivistische Sichtweise propagiert die intersubjektiven Sinngebungsprozesse, die über die Kognition des Individuums hinausgehen, als Untersuchungsgegenstand von CSCL (Palincsar 1998; Koschmann 2002; Stahl et al. 2006). Bedeutsam ist also nicht, dass sich die individuellen Lernergebnissen im sozialen Kontext aufwerten, sondern wie Wissen durch partizipative Prozesse in der Gemeinschaft konstruiert wird.

Sfard (1998) hat für die beschriebene Unterscheidung der individualistischen und der sozial-konstruktivistischen Ausrichtung in CSCL den Gegensatz der sogenannten Aneignungs- und Partizipationsmetaphern geprägt. Eine Weiterentwicklung dieser Klassifikation stammt von Paavola, Lipponen und Hakkarainen (2002, 2004), die als dritte Metapher die Wissenskreation nennen. Darunter werden langfristige Kollaborationsprozesse zusammengefasst, die an der Entwicklung von geteilten abstrakte Ideen und dynamischen Artefakten wie digitale Wissensobjekte gekoppelt sind und durch diese vermittelt ablaufen. Modelle aus dieser Kategorie sind am besten auf Kollaboration innerhalb großer Gruppen und Gemeinschaften anwendbar und gehen über die im Forschungsfeld typischen Kleingruppenanalysen hinaus. Trotz der globalen Betrachtung fokussieren diese Modelle meistens auf das Zusammenwirken von individuellem und kollektivem Wissen. Das Ko-Evolutionsmodell von Cress und Kimmerle (2008) liefert ein Beispiel für diese Perspektive. Es beschreibt einen Mechanismus wie Wissen vermittelt durch Social Software Artefakte, z.B. Wikis, konstruiert wird.

Die CSCL Forschung ist durch heterogene Herangehensweisen an ihre Hauptphänomene gekennzeichnet. Die Vielfalt der Auffassungen geht auf die Unterschiedlichkeit der Disziplinen zurück, aus denen die tätigen ForscherInnen stammen – von Anthropologie über Psychologie bis zu Informatik. Darüber hinaus wird der Gegenstandsfokus selbst und oft fundamentale

Begriffe wie Wissen, Lernen und Kognition zur Diskussion gestellt und neu definiert (Stahl et al. 2006). Entsprechend divers ist auch die methodische Ausrichtung (Lipponen 2002). Lernen und Wissenskonstruktion werden nicht nur experimentell, sondern vor allem eingebettet in natürliche Kollaborationskontexte innerhalb langfristiger Implementationsstudien (Design-based research) untersucht (Koschmann 2002). Dabei werden z.B. quantitative Analysen von Logdateien aus der benutzten Kollaborations- und Lernsoftware mit qualitativen Auswertungen von Interviews kombiniert.

2. Technologien für CSCL

Die Rolle der Technologie hat sich im Forschungsansatz CSCL im Vergleich zum vorausgehenden E-Learning Ansatz gewandelt. Computermedien sollen nun nicht mehr nur die Lerninhalte für einzelne Individuen bereitstellen, sondern den sozialen Kollaborationsprozess zwischen den Lernenden unterstützen (Stahl et al. 2006). Dem Computer wird also eine besondere Stellung als Mediator im Prozess der Wissenskonstruktion beigemessen, unabhängig davon, ob die ganze Kommunikation computervermittelt oder Face-to-Face abläuft. Computermedien werden als transformative Artefakte verstanden, die kollektives Lernen anregen (Lipponen et al. 2004).

Den aktuellen Web 2.0 Trends im Internet kommt eine besondere Bedeutung im CSCL Kontext zu. Sie bedingen das neuartige Phänomen der Massenkollaboration und heben das Konzept des Netzwerks hervor (Ryberg und Larsen 2008). Die Online-Enzyklopädie Wikipedia ist hier ein gutes Beispiel für den Einsatz von Social Software für kollaborative Wissenskonstruktion. Social Software ermöglicht eine aktive Beteiligung ihrer Nutzer, im Gegensatz zur passiven Rezeptionshaltung bei statischen Medien. Dadurch bedingt verlagert sich das Forschungsinteresse verstärkt weg vom Konzept des Lernens zu dem der kollaborativen Wissenskonstruktion.

Umfangreiche digitale Kommunikations- und Kollaborationspraktiken werfen neue Fragen für die CSCL Forschung auf (Stahl et al. 2006), die im Zentrum des vorliegenden Beitrags stehen. Neben der Mikroperspektive des lernenden Individuums und der Mesoperspektive des Gruppendiskurses ergibt sich somit die Makroperspektive des Gemeinschaftsnetzwerks in dem Wissen konstruiert wird (Lipponen 2002; Ryberg und Larsen 2008). Wellman (1997) bezeichnet als Netzwerke soziale Strukturen mit bestimmten Mustern, die aus einer Menge von Menschen und ihren Beziehungen bestehen. Im Internet geht es oft um größere Gemeinschaftsnetzwerke, wo sich nicht alle Beteiligten untereinander kennen müssen und vornehmlich computervermittelt kommunizieren. Basis für die Gemeinschaft sind meistens gemeinsame Einzelaspekte, wie die Zusammenarbeit an einem großen Projekt oder geteiltes Interesse. Die Mitglieder sind aber auf Grund ihrer Vielzahl untereinander auch sehr unterschiedlich. Thiedeke (2008) unterscheidet die Grenzkonzepte von Gruppe und Gemeinschaftsnetzwerk im virtuellen Raum, zwischen denen ein Variationsspektrum mit fließenden Übergängen liegt. Netzwerke bestehen also aus eher fluiden, lockeren Verbindungen zwischen den Beteiligten (Stegbauer 2008) und haben „besondere Bedeutung für die Wissensaneignung und Bildung".

3. Wissenskonstruktion in Wikipedia

Wikipedia ist das bedeutendste Beispiel für den Prozess der Massenkollaboration unterstützt durch die Wiki-Technologie. Forte und Bruckman (2006) haben festgestellt, dass die Aktivitäten der beitragenden Autoren mit dem Wissenskonstruktionsmodell von Scardamalia und Bereiter (2006) vereinbar sind. Es handelt sich also um ein Gemeinschaftsnetzwerk, das seine Wissensbasis im Diskurs durch Aushandlungsprozesse erweitert. Meinungsverschiedenheiten und Konflikte werden dabei in der Kommunikation über das Wiki gelöst und prägen die Wiki-Inhalte.

Auf Grund der Vielzahl sind nicht alle Wikipedia-Autoren, die an demselben Artikel arbeiten, im Stande, sich untereinander zu kennen. Dem gesamten Projekt sind keine Grenzen gesetzt, und es basiert auf einer asynchronen Arbeitsweise. Dementsprechend ist ein signifikanter Anteil der Interaktion zwischen den Beteiligten erst über die Vermittlung der gemeinsam konstruierten Artefakte möglich, auch wenn es viele lebhaften Diskussionen und eine Unmenge an kodifizierten Regeln gibt, die den Prozess koordinieren (vgl. Niederer und van Dijck 2010). Die Wissensbasis in Wikipedia stellt ein komplexes dynamisches Artefakt dar, das aus Millionen Artikeln besteht. Die Artikel sind auf unterschiedliche Art und Weise verbunden, z.B. über die direkte Verlinkung und durch das Kategoriensystem. Das Artefakt vereint also die Explikation des gemeinsam konstruierten Wissens mit dem Tool, das den kollaborativen Arbeitsprozess unterstützt.

Um den kollaborativen Konstruktionsprozess von Wissen in Wikis zu erklären, bedarf es eines Modells, das auf diesen spezifischen CSCL Kontext angepasst ist. Das Koevolutionsmodell (Cress und Kimmerle 2008) beschreibt aus systemischer Sicht einen detaillierten Austauschmechanismus, wie sich das Wissen im Kommunikationssystem des Wikis und in den kognitiven Systemen seiner Nutzer gemeinsam und interdependent entwickelt. Inkongruenzen zwischen den Systemen können einen kognitiven Konflikt auslösen, der durch Austausch zwischen den Systemen entschärft werden kann. Die Interaktion zwischen den Systemen ist dann am wahrscheinlichsten zu erwarten, wenn die Unstimmigkeiten ein mittleres Ausmaß annehmen. Als Ergebnis kommt individuelles Lernen – Internalisierung – oder eine Änderung der Wiki-Inhalte – Externalisierung – zu Stande. Das externalisierte Wissen an sich wird zu einem vermittelnden Artefakt, das weitere Sequenzen von Internalisierung und Externalisierung ansteuern kann.

Aus der Makroperspektive fördern Wikis die Integration von verschiedenen und sogar widersprüchlichen Aspekten oder ganzen Theorien in einem Netzwerk. Es ist bisher nur selten versucht worden, die Eigendynamik dieser globalen Ebene zu erklären. Interessant ist also, wie die unterschiedlichen Meinungen von verschiedenen Teilgruppen zu einem gemeinsamen Verständnis über breitere Themen oder ganze Wissensgebiete kommen. Das betrifft das Konzept des *emergenten* Wissens. Um solche Fragen zu beantworten befasst sich diese Makroperspektive mit der Struktur des Gemeinschaftsnetzwerks, den relativen Positionen der Autoren und deren Einfluss auf die Wissensbasis.

Unter emergentem Wissen versteht man Wissen, das innerhalb eines Gemeinschaftsnetzwerks entsteht und einen qualitativ höheren Wert hat, als die Summe des Wissens aller Individuen im Netzwerk. Im Prozess der Wissenskonstruktion entsteht solches emergentes Wissen erst durch die Kollaboration. Obwohl es sich also aus der Tätigkeit der einzelnen Individuen entwickelt, ist es nicht auf ihre ursprünglichen Kenntnisse reduzierbar. Sowohl die Struktur der Wiki-Inhalte, als auch die Auswirkung der verschiedenen Autoren auf diese Struktur müssen berücksichtigt werden, um zu erklären, wie emergentes Wissens auf globaler Ebene entsteht.

In einer Studie dieser Art (Kimmerle et al. 2010), die sich eines Clustering-Algorithmus aus der Sozialen Netzwerkanalyse bedient, wurden Wikipedia Artikel mit Verbindung zum Thema Schizophrenie analysiert. Dabei wurden in der zeitlichen Entwicklung dieses Netzwerks über Jahre hinweg Parallelen zur inhaltlichen Entwicklung der Erklärungsansätze für die Krankheitsursachen festgestellt. Für die Anfangsjahre ergab der Clustering-Algorithmus zwei voneinander getrennte biologische und soziale Artikelcluster. In der späteren Entwicklung des Netzwerks wurde ein relativ aktuelles Modell, das biologische und soziale Ansätze in sich vereint, als eigenständiges Artikelcluster nachgewiesen. Die Verschmelzung der Artikelcluster drückte sich auch auf der Autorenebene entsprechend der Koevolutionshypothese aus. Autoren aus dem biologischen und dem sozialen Lager arbeiteten in den späteren Jahren verstärkt zusammen. Diese Koevolution der Autoren- und Artikelnetzwerke wurde durch die integrative Tätigkeit von bestimmten Autoren erklärt, die Verbindungen zwischen den beiden Erklärungsansätzen für Schizophrenie herstellten und entsprechend Boundary Spanner (Tushman und Scanlan 1981) genannt werden können.

Die Ergebnisse dieser Studie deuten darauf hin, dass Boundary Spanner durch ihre Arbeit an integrativen Wissensinhalten eine besondere Rolle für die Wissenskonstruktion innerhalb der Gemeinschaftsnetzwerke haben (vgl. Hoe 2006). Solche Autoren gehören zu zwei oder mehr Teilgruppen, da sie sich in verschiedenen Wissensgebieten auskennen. Dank ihrer Netzwerkposition als Bindeglied ermöglichen sie den Wissensaustausch zwischen Teilgruppen und leisten einen wichtigen Beitrag zur Weiterentwicklung und Verbindung der verschiedenen Perspektiven. Womöglich treiben gerade sie das Entstehen von emergentem Wissen maßgeblich an.

Die Makroperspektive auf die Wissenskonstruktion in Gemeinschaftsnetzwerke bietet also einen spannenden und noch unerforschten Zugang zum Problemfeld von CSCL. Das zentrale Konzept des Netzwerks erfordert dabei eine angemessene methodische Herangehensweise. Im Folgenden wird kurz in die Methodik der vorliegenden Arbeit eingeleitet.

4. Soziale Netzwerkanalyse und Wissenskonstruktion

Die Soziale Netzwerkanalyse (SNA) stellt im weitesten Sinne eine Methodologie, also eine Zusammenstellung von verschiedenen Ansätzen zur Handhabung von relationalen Daten zwischen Akteuren dar. Ursprünglich wurde sie von Moreno als Soziometrie entwickelt, um in Arbeitsgruppen und Schulklassen den Einfluss von sozialen Beziehungen auf psychologische Variablen zu analysieren. Die methodologische Perspektive wird zunehmend bei der Erforschung von computergestützter Interaktion in Foren und Wikis eingenommen (z.B. Stegbauer und Rausch 2006).

Die Netzwerkperspektive bietet einen *strukturalistischen* Zugang zu Prozessen der Wissenskonstruktion. Das bedeutet, dass nicht der *Inhalt* der Artikel analysiert wird, sondern die Relationen zwischen den Artikeln und entsprechend auch die Relationen zwischen ihren Autoren. Ein Netzwerk besteht aus einer bestimmten Menge von Knoten und Links. In unserer Studie stellen Artikel Knoten dar, die durch Hyperlinks miteinander verbunden sind. Als Hauptmerkmal für Artikelposition innerhalb unseres Netzwerks benutzen wir die in der SNA Literatur bewährten und weit verbreiteten *Closeness* und *Betweenness* Zentralitäten (Freeman 1979).

Closeness ist ein Maß für die Entfernung eines Artikels zu allen restlichen Artikeln in unserer Studie. Die Verbindungsschritte über andere vermittelnde Artikel zwischen dem betreffenden einen Artikel und jedem anderen Artikel in der erhobenen Menge werden gezählt und zusammenaddiert. Dabei wird nur die kürzeste Verbindung zwischen Ursprungsartikel und Zielartikel berücksichtigt. Höhere Closeness Werte kennzeichnen zentralere Artikel, die eher kürzere Verbindungen zu den restlichen Artikeln haben. Das Maß ist definiert sowohl für ungerichtete Netzwerke als auch für Gerichtete, wenn also die Richtung der Hyperlinks zwischen den Artikeln berücksichtigt wird. Die Werte unterscheiden sich, da ein Hyperlink zwei Artikel nur in eine eindeutige Richtung verbindet. Für die gegenläufige Verbindung benötigt man ein zweites Hyperlink, das nicht immer gegeben ist. Bei Wikipedia kann man jedoch auch die Artikel anzeigen, die auf einen spezifischen Artikel verlinken, d.h. theoretisch kann auch die Gegenrichtung aller Hyperlinks verfolgt werden. Wir haben ein ungerichtetes Netzwerk von Artikeln nicht nur aus diesem Grund postuliert, sondern auch entsprechend unserer Fragestellung.

Wie in dem nächsten Abschnitt ausgeführt, sind wir an dem Schnittbereich interessiert, der zwischen zwei Wissensgebieten vermittelt. Dieser Bereich ist definiert als die Menge von Artikeln, die am Kürzesten über Hyperlinks erreicht werden können und am Kürzesten zu den übrigen Themen in beiden Wissensgebieten weiter verlinken. Entsprechend benutzen wir die Zentralitätsmaße in beiden Richtungen, d.h. im ungerichteten Netzwerk.

Betweenness ist auch ein Maß für Artikelzentralität, das einen etwas anderen Schwerpunkt auf das Vermittlungspotential einzelner Artikel im Netzwerk setzt. Es zeigt, inwieweit ein Artikel für die kürzeste Verbindung von möglichst vielen Paarkombinationen der restlichen Artikel verantwortlich ist. Die Richtung der Hyperlinks ist nicht von Bedeutung. Nach dieser Definition eignet sich auch Betweenness als Maß zur Bestimmung derjenigen Artikel, die eine ausgeprägte vermittelnde Funktion zwischen zwei Wissensgebieten einnehmen.

Zusammengefasst kann man mit Hilfe der SNA die relevanten Strukturen und Positionen eines Netzwerks ermitteln. Wir verwenden Zentralitätsmaße des Artikelnetzwerks in Wikipedia, um die Bedeutung der einzelnen Artikel für die Wissensvermittlung zwischen zwei Gebieten festzustellen. Darauf aufbauend entwickeln wir Hypothesen über das Beitragsverhalten von Wikipedia Autoren in denselben Wissensgebieten. Die SNA wird also in ein Erklärungsmodell zum Phänomen der Wissenskonstruktion integriert. Bewährte statistische Methoden werden dann zum Testen der Hypothesen herangezogen, welche im Folgenden näher beschrieben werden.

5. Forschungsfragen und Hypothesen

Wir fokussieren die Prozesse der Wissenskonstruktion, die zwischen zwei benachbarten Wissensgebieten stattfinden. Unserem Verständnis nach wird jedes Gebiet von verschiedenen Autoren bedient. Soweit zwei Gebiete thematische Ähnlichkeit besitzen, bildet sie ein verbundenes Netzwerk, das auch mit gewissen Überlappungen der Autoren einhergeht. Gerade die Schnittstelle zwischen zwei Gebieten ist von besonderer Bedeutung. Durch die Ausarbeitung der Beziehungen zu Nachbargebieten bereichert sich und konkretisiert sich auch jedes Wissensgebiet an sich. Die Herstellung von Verbindungen ist folglich ein wichtiger Teil der Wissenskonstruktion. Somit verfolgen wir mit der vorliegenden Arbeit die Frage, wer sind die Autoren, die am meisten integratives Wissen beitragen, d.h. an die Artikel arbeiten, die zwei Wissensdomänen miteinander verbinden.

Wir vermuten, dass es eine konkrete Gruppe von Autoren gibt, die sich mit der Wissensintegration zwischen benachbarten Gebieten beschäftigt. Diese Autoren nennen wir *Boundary Spanner*. Wissensintegration ist keine einfache Aufgabe und setzt Kenntnisse in beiden Gebieten voraus. Entsprechend ordnen wir in diese Gruppe Autoren ein, die zu beiden Gebieten beitragen. Die zu vergleichende Kontrollgruppe besteht aus Autoren, die nur zu einem der Gebiete beitragen. Wissensgebiete sind meistens an sich nicht klar abgrenzbar, sie können dieselben Artikel beinhalten. Das spiegelt sich auch im Kategoriensystem von Wikipedia wider. Der Artikel Sauerstoff ist z.B. Teil der beiden Kategorien Physiologie und Pharmakologie. Deshalb unterscheiden wir solche Boundary Spanner, die an Artikeln aus der Schnittmenge, wohin auch der Artikel Sauerstoff gehört, arbeiten und solche, die das nicht tun, aber trotzdem an Artikeln in beiden Gebieten schreiben.

In unserer Studie wird die Autorengruppe als *erklärende* Variable aufgefasst und hinsichtlich ihrer Bedeutung für die *zu erklärende* Variable, den persönlichen Beitrag zur Wissensintegration, geprüft. Die zu erklärende Variable bezieht sich auf die Autorebene und stellt eine Aggregation von Zentralitäten aller Artikel, zu denen ein bestimmter Autor signifikant beigetragen hat. Um ein besseres Verständnis über das Forschungsthema zu erlangen, betrachten wir drei Netzwerke, je eines für die beiden getrennten Wissensgebiete sowie das gemeinsame Netzwerk mit allen Links zwischen den Artikeln in beiden Gebieten. Entsprechend wurden je drei unterschiedliche Closeness und Betweenness Maße berechnet. Die folgenden Hypothesen wurden aufgestellt:

1. Die Boundary Spanner haben eine höhere Anzahl von Beiträgen in beiden Wissensgebieten als die Einzelgebiets-Autoren.

2. Innerhalb der getrennten Netzwerke beider Wissensgebiete haben die Einzelgebiets-Autoren zentralere Beiträge als die Boundary Spanner.

3. Innerhalb des gemeinsamen Netzwerks beider Wissensgebiete haben die Boundary Spanner, die zu Schnittmenge-Artikeln beitragen, zentralere Beiträge als die Einzelgebiets-Autoren.

4. Innerhalb des gemeinsamen Netzwerks beider Wissensgebiete haben die Boundary Spanner, die nicht zu Schnittmenge-Artikeln beitragen, zentralere Beiträge als die Einzelgebiets-Autoren.

6. Methode

Wir haben unsere Hypothesen an Daten aus der Deutschen Wikipedia getestet. Erhebungszeitpunkt war der 25. Mai 2009. Die Daten stammen aus dem deutschen Wikimedia Toolserver [https://wiki.toolserver.org/view/Main_Page], der sie in der MySQL Datenbankform zu Forschungs- und Testzwecken bereitstellt. Darin sind alle wichtigen Metainformationen über Autoren, Artikel und einzelne Beiträge enthalten.

Als Wissensgebiete haben wir *Physiologie* und *Pharmakologie* ausgewählt, da sie inhaltliche Verbindung haben und in etwa gleich viele Artikel umfassen. Die Gesamtmenge von 4733 Artikeln und ihre Zuordnung zu den Wissensgebieten wurden mit Hilfe des Kategoriensystems in Wikipedia bestimmt. Es wurden auch alle Artikel aus den Unterkategorien der Physiologie und Pharmakologie berücksichtigt. Die Gesamtmenge setzt sich zusammen aus 2142 Artikeln zur Physiologie, 2283 Artikel zur Pharmakologie und 308 Schnittmengen-Artikel, die sowohl für das Wissensgebiet Physiologie als auch für das Wissensfeld Pharmakologie relevant sind.

Das Artikelnetzwerk wurde auf der Basis der zum Zeitpunkt der Erhebung vorhandenen Hyperlinks zwischen den Artikeln gebildet. Die Soziale Netzwerkanalyse, insbesondere die Berechnung von Zentralitätsmaßen, wurde mit der freien Software Pajek (Batagelj und Mrvar) durchgeführt. Die Betweenness- und Closenessmaße wurden für jeden Artikel einmal innerhalb des gemeinsamen Netzwerks und je einmal innerhalb der isolierten Netzwerke der beiden Gebiete berechnet.

Unsere Hypothesen beziehen sich auf die Wikipedia Autoren, entsprechend wurden alle angemeldeten Autoren berücksichtigt, die mindestens einen Beitrag mit mindestens 150 Zeichen zu einem physiologischen oder pharmakologischen Artikel geschrieben hatten. Die Beitragsschwelle wurde entsprechend einer durchschnittlichen Satzlänge gewählt. Das Ziel bestand darin, den Fokus auf die inhaltliche Arbeit der Autoren innerhalb der Wissensgebiete einzuschränken und stilistische, sprachliche und strukturelle Änderungen sowie automatisierte und als klein markierte Änderungen auszulassen. Da Autoren oft in einer Aufgabe, einer Beitragsart in Wikipedia spezialisiert sind, wurden durch die Volumenschwelle jene ausgeklammert, die keinen inhaltlichen Beitrag leisten. Zusätzlich wurden noch Wiederherstellungen früherer Artikelversionen identifiziert, um Vandalenjäger von der Studie auszuschließen. Diese haben zwar längere Artikelbeiträge, sind jedoch keine Urheber der Inhalte, sondern beheben lediglich Vandalenakte wie Löschungen sinnvoller Inhalte. Durch dieses selektive Verfahren wurde das Augenmerk der Studie auf inhaltliche Autorenbeiträge innerhalb benachbarter Wissensgebiete gelenkt.

Die zu erklärende Variable, die Zentralität von Autorenbeiträgen, wurde als aggregiertes Maß auf Autorenebene gebildet. Dabei wurde der Durchschnitt der Zentralität der einzelnen Artikel berechnet, zu denen ein Autor inhaltlich beigetragen hatte. Die erklärende Variable, die Autorengruppierung, wurde gebildet, um zwischen den Beitragsvorlieben der Autoren bezüglich den beiden Wissensgebieten zu unterscheiden. 4679 Autoren wurden in *vier* Gruppen aufgeteilt. Zwei der Gruppen enthielten Autoren, die ausschließlich Artikel in einem der Wissensgebiete Physiologie oder Pharmakologie bearbeitet hatten. Die dritte Gruppe wurde durch Autoren definiert, die Artikel in beiden Gebieten gleichzeitig bearbeitet hatten, wobei darunter auch Schnittmenge-Artikel waren. Die vierte Gruppe bestand aus Autoren, die Artikel in beiden Gebieten gleichzeitig bearbeitet hatten, jedoch keine Schnittmenge-Artikel.

Die verschiedenen Autorengruppen wurden am Ende untereinander auf die Durchschnittswerte der Autoren für Artikelzentralität hin verglichen. Als Vergleichsmaß diente zum einen die die Zentralität innerhalb des gemeinsamen Netzwerks beider Wissensgebiete und zum anderen die Zentralität innerhalb der Netzwerke der einzelnen Wissensgebiete. Je nach Netzwerk wurden unterschiedliche Hypothesen aufgestellt, welche Autorengruppen zu den zentralen Artikeln beitragen (siehe den vorherigen Abschnitt).

7. Ergebnisse

7.1 Deskriptive Autorenstatistik

Wie in Tabelle 1 dargestellt ist die Verteilung der Autorenrechte in den verschiedenen Beitragsgruppen ungleichmäßig. Die Anzahl an Administratoren unter den Boundary Spanner ist überproportional und fast doppelt so groß wie unter den Einzelgebiet-Autoren.

Tabelle 1: Verteilung der Autorenrechte

Autoren Rechte	nur Physio- logen	nur Pharma- kologen	Boundary Spanner		Summe
			Schnittmenge	keine Schnitt- menge	
Administratoren	38 (2,1%)	35 (2,1%)	56 (9,2%)	64 (12,2%)	193 (4.1%)
Allgemeine	1805 (97,9%)	1664 (97,9%)	556 (90,8%)	461 (87,8%)	4486 (95,9%)
Summe	1843 (100%)	1699 (100%)	612 (100%)	525 (100%)	4679 (100%)

Da Administratoren spezifische Beitragsmuster aufweisen (vgl. Stegbauer 2009), wurden sie zunächst aus der Berechnung herausgenommen. Die nähere Betrachtung der Beitragsmerkmale von Autoren mit allgemeinen Rechten zeigte, dass Einzelgebiet-Autoren und Boundary Spanner sich weiterhin voneinander unterscheiden. Tabelle 2 deckt höhere Werte bei den Boundary Spannern für den Zeitraum ihrer Beitragserfahrung, für die Anzahl der Beiträge und für die Menge der geschriebenen Texte in beiden Gebieten auf.

Tabelle 2: Beitragsmerkmale der Autoren mit allgemeinen Rechten

	Tage zwischen dem ersten und dem letzten Beitrag in den Gebieten		Anzahl Beiträge in den Gebieten		Beitragsmenge in den Gebieten (in KB)	
	Mittelwert	Standardabw.	Mittelwert	Standardabw.	Mittelwert	Standardabw.
nur Physiologen	61	209	2	4	3,4	7,8
nur Pharma-kologen	53	182	2	3	3,1	10,5
Bound. Sp. Schnittmenge	364	476	18	49	27,9	78,4
Bound. Sp. keine Schnitt-menge	445	413	8	11	12,6	24,8

Die allgemeine Beitragsverteilung in Wikipedia folgt dem Potenzgesetz (siehe Voß 2005), so dass die Mehrheit der Autoren nur wenige und kleine Artikelbeiträge leisten. Der Großteil der Artikeltexte stammt von einer kleinen Zahl Autoren. Diese stark schiefe Verteilung der Beitragswerte erfordert die Anwendung von non-parametrischen Statistiken wie dem Wilcoxon Rangsummentest für unabhängige Stichproben, um die Beitragsmerkmale der verschiedenen Autorengruppen zu vergleichen.

Entsprechend Hypothese 1 tragen die Boundary Spanner mehr als die Einzelgebiet-Autoren zu den beiden Wissensgebieten bei. Dies lässt sich auch an den Signifikanzwerten ablesen: Vergleichsstatistik $W = 226905$, $p < 0.001$ und für die Anzahl Beiträge und $W = 264630$, $p < 0.001$ für die Beitragsmenge. Die entsprechenden Ergebnisse für Boundary Spanner, die nicht zu Schnittmenge-Artikeln beigetragen haben, sind ebenfalls signifikant mit $W = 72955$, $p < 0.0001$, bzw. $W = 132314$, $p < 0.0001$. Dieses Ergebnismuster bestätigt unsere erste Hypothese.

7.2 Korrelationen

Unsere weiteren Hypothesen beziehen sich auf netzwerkanalytische Unterschiede im Beitragsverhalten der unterschiedlichen Autorengruppen. Nachdem schon Unterschiede der Beitragsmerkmale auf der deskriptiven Ebene festgestellt wurden soll zunächst deren Bezug zu den netzwerkanalytischen Maßen ermittelt werden und beim Testen der weiteren Hypothesen kontrolliert werden. Dementsprechend wurden Pearson-Korrelationen zwischen den deskriptiven und den netzwerkanalytischen Beitragsmerkmalen aller Autoren berechnet. Tabelle 3 stellt die Korrelationen getrennt nach Bezugsnetzwerk dar.

Tabelle 3: Korrelationen der Beitragsmerkmale der Autoren

	Tage zwischen dem ersten und dem letzten Beitrag in den Gebieten		Anzahl Beiträge in den Gebieten		Beitragsmenge in den Gebieten (in KB)	
	Betweenness	Closeness	Betweenness	Closeness	Betweenness	Closeness
Physiologie Netzwerk	0,014	0,052*	0,004	0,036	0,004	0,034
Pharmakologie Netzwerk	0,010	-0,013	-0,001	0,034	-0,009	0,029
Gemeinsames Netzwerk	0,019	0,021	0,001	0,037*	-0,002	0,032*

* signifikant mit $p < 0,05$

Man kann festhalten, dass nur wenige der Beitragsmerkmale in einem statistisch signifikanten Zusammenhang stehen. Wichtiger aber ist, dass die Zusammenhänge mit bis zu 5 % durchgehend vernachlässigbar klein sind. Somit gilt, dass die durchschnittliche Zentralität der Autorenbeiträge von der Beitragserfahrung und -menge der Autoren unabhängig verteilt ist. Die weiteren Hypothesen können also ohne Rücksicht auf das unterschiedliche Beitragsverhalten der unterschiedlichen Autorengruppen getestet werden.

7.3 Zentralitäten

Vor dem Testen der Haupthypothesen wurde die Verteilung der zu erklärenden Variablen geprüft. Die Betweenness Zentralität ist sehr schief verteil und folgt einem Potenzgesetz, wobei die Mehrzahl der Autoren sehr niedrige Werte von knapp Null aufweisen. Die Closeness Zentralität ist annähernd normalverteilt. Dieser Umstand erfordert unterschiedliche statistische Tests für die zwei Zentralitätsindizien.

Die mittleren Werte der Zentralitäten sind in Tabelle 4 aufgeführt und dienen der übersichtlichen Orientierung bei den Teststatistiken für die Gruppenvergleiche in der darauffolgenden Tabelle 5. Insbesondere das W-Maß für die schief verteilte Betweenness Zentralität lässt sich nur zusammen mit den entsprechenden Medianwerten interpretieren.

Tabelle 4:   Tabelle 4. Zentralitäten nach Netzwerk und Autorengruppe

Netzwerk	Autoren	Betweenness		Closeness	
		Median	Mittelwert	Median	Mittelwert
Physiologie Netzwerk	nur Physiologen	0,0004	0,0029	0,300	0,290
	nur Pharmakologen	-	-	-	-
	Bound. Sp. Schnittmenge	0,0011	0,0030	0,300	0,300
	Bound. Sp. keine Schnittmenge	0,0008	0,0026	0,300	0,300
Pharmakologie Netzwerk	nur Physiologen	-	-	-	-
	nur Pharmakologen	0,0004	0,0023	0,360	0,350
	Bound. Sp. Schnittmenge	0,0012	0,0023	0,370	0,360
	Bound. Sp. keine Schnittmenge	0,0007	0,0024	0,360	0,350
Gemeinsames Netzwerk	nur Physiologen	0,0002	0,0017	0,303	0,297
	nur Pharmakologen	0,0003	0,0015	0,334	0,327
	Bound. Sp. Schnittmenge	0,0010	0,0021	0,338	0,335
	Bound. Sp. keine Schnittmenge	0,0008	0,0016	0,320	0,315

Tabelle 5 bezieht sich auf die Ergebnisse der Vergleiche der unterschiedlichen Autorengruppen entsprechend den Hypothesen 2 bis 4. Die Tabelle ist spaltenweise nach Zentralitätsmaß und zeilenweise nach Bezugsnetzwerk aufgeteilt. Die Autorengruppen sind folgendermaßen nummeriert: 1 – pure Physiologen; 2 – pure Pharmakologen; 3 – Boundary Spanner, die in der Schnittmenge schreiben; 4 – Boundary Spanner, die nicht in der Schnittmenge schreiben.

Entsprechend der unterschiedlichen Verteilung der Zentralitäten wurden die Closeness Vergleiche mit ANOVA Kontrasten und die Betweenness Vergleiche mit dem Wilcoxon-Rangsummentest durchgeführt. Ein negativer ANOVA t-Wert deutet auf einen niedrigeren Mittelwert für Closeness für die Gruppen der Einzelgebiet-Autoren. Je nach Bezugsnetzwerk sind das entweder die puren Physiologen, die puren Pharmakologen, oder beide Gruppen zusammen im Gesamtnetzwerk.

Tabelle 5: Vergleiche der Zentralitäten zwischen den Autorengruppen

	Betweenness		Closeness			
Netzwerk	**(Gr.1 und/oder Gr. 2) gegen Gr. 3**	**(Gr.1 und/oder Gr. 2) gegen Gr. 4**	**(Gr.1 und/oder Gr. 2) gegen Gr. 3**		**(Gr.1 und/oder Gr. 2) gegen Gr. 4**	
	W	W	t	df	t	df
Physiologie Netzwerk	451868***	424597***	-4,9***	1630	-2,6*	1045
Pharmakologie Netzwerk	366442***	380949***	-5,5***	1524	0,3	941
Gemeinsames Netzwerk	655948***	716859***	-13,9***	1275	-1,7†	901

† signifikant mit p < 0,1   * signifikant mit p < 0,05   *** signifikant mit p < 0,001

Unsere Hypothese 2 lautete, dass die Einzelgebiet-Autoren zentralere Beiträge als die zwei Gruppen von Boundary Spanner innerhalb der getrennten Netzwerke beider Wissensgebiete leisten. Im Physiologie Netzwerk ergibt der Betweenness Median Vergleichswerte von 0,0004 (nur Physiologen) zu 0,0011 (Boundary Spanner in der Schnittmenge) und 0,0008 (Boundary Spanner außerhalb der Schnittmenge) und der Closeness Mittelwert ergibt entsprechend Vergleichswerte von 0,29 zu 0,3 und 0,3, wie aus den ersten Zahlenblöcken in Tabelle 4 ersichtlich ist. Diese Unterschiede sind exakt gegenläufig zu unserer Hypothese 2 und auch statistisch signifikant wie Tabelle 5 zeigt, W-Maß Betweenness in Höhe von 451868 und t-Maß Closeness in Höhe von -4,9. Die Boundary Spanner, die als Autoren definiert wurden, die auf beiden Gebieten schreiben, arbeiten also im Durchschnitt an Artikeln mit höherer Betweeneess und Closeness innerhalb des getrennten Physiologie Netzwerks im Vergleich zu den spezialisierten Einzelgebiet-Autoren. Das gleiche gilt auch innerhalb des Pharmakologie Netzwerks. Somit gilt Hypothese 2 als verworfen.

Hypothesen 3 und 4 vermuteten, dass die Beiträge der beiden Gruppen von Boundary Spanner innerhalb des Gesamtnetzwerks zentraler sind als die Beiträge der Einzelgebiet-Autoren. Die Vergleichs- und Testwerte sind in Tabellen 4 und 5 abzulesen, in der gleichen Weise wie bei der oben ausgeführten Prüfung der Hypothese 2. Die Ergebnisse sind signifikant und stimmen diesmal mit beiden Hypothesen 3 und 4 überein. Im gemeinsamen Netzwerk beider Wissensgebiete leisten beide Boundary Spanner Gruppen zentralere Beiträge als die Einzelgebiet-Autoren. Interessanterweise führen Tests dieser Hypothesen unter Ausschluss der Autoren mit Administratorstatus zu noch stärker signifikanten Ergebnissen.

Zusammenfassend sind die Boundary Spanner als Autoren besonders zentral aufgestellt. Sie bearbeiten zum einen die zentraleren Artikel in den einzelnen Wissensgebieten und zum zweiten die Artikel, die zwei Wissensgebiete verknüpfen und somit im gemeinsamen Netzwerk zentral sind.

8. Diskussion

Ziel der vorliegenden Arbeit war es, Prozesse der umfangreichen kollaborativen Wissenskonstruktion näher aus der Netzwerkperspektive zu durchleuchten. Das besondere Augenmerk galt der Boundary Spanner als Autorengruppe, die die Integration von Wissensinhalten aus zwei verschiedenen Gebieten unterstützt und somit das Entstehen von emergentem Wissen antreibt. Darüber hinaus wurden Gruppen von Autoren untersucht, die auf ein Wissensgebiet spezialisiert sind. Die Erwartung war, dass sie große Verantwortung für die Inhaltsorganisation in ihrem Gebiet wahrnehmen.

Die Ergebnisse zeigen, dass Wissensintegration ein wichtiger Aspekt der Massenkollaboration ist und von erfahrenen Wikipedia-Autoren durchgeführt wird. Interessanterweise waren die Boundary Spanner nicht nur die die Verbindungsartikel zwischen den Wissensgebieten bearbeiten, sondern sich auch um die zentralen Artikel innerhalb der einzelnen Gebieten kümmern. Die Einzelgebiet-Autoren tragen auch wertvolle Inhalte bei, haben aber nicht durch die Mitarbeit an unentbehrlichen Artikeln im Netzwerk des eigenen Gebiets weiterentwickelt oder überhaupt etabliert. Laut Panciera et al. (2009) scheint es zweifelhaft, dass die Mehrheit dieser Einzelgebiet-Autoren jemals zentral in ihrem Gebiet werden, da sie keinen bemerkenswerten Grad an Engagement von Anfang an gezeigt haben.

Die Boundary Spanner Gruppe ist um einiges kleiner als die der spezialisierten Autoren. Das entspricht einem allgemeinen Merkmal von Wikis, dass der Großteil der Arbeit von einem Bruchteil der Beteiligten erledigt wird. Wie wir zeigen konnten liegt das nicht an speziellen Befugnissen oder Verpflichtungen, die mit einem formellen Status einhergehen, sondern am persönlichen Engagement.

Der vorliegende Beitrag bietet also einen vielversprechenden Ansatz zur Beurteilung von Wiki-Autoren im Speziellen und von umfangreicher Wissenskonstruktion im Allgemeinen. Beide Zentralitätsmaße erwiesen sich als nützliche Indizien der Beteiligung am Prozess.

Eine der Ausrichtungen unserer zukünftigen Arbeit wird es sein, die Unterschiede zwischen den Autorengruppen im Detail auf Ebene der deskriptiven persönlichen Charakteristika zu studieren, um die entsprechenden Gruppen von Autoren, genauer zu beschreiben. In der vorliegenden Studie haben wir auf wenige persönliche Variablen beschränkt, und zugleich einige interessante Gruppenunterschiede entdeckt.

Es bleibt auch noch die offene Frage der zeitlichen Entwicklung der Wissenskonstruktion und der Entstehung von emergentem Wissen.

Literatur

Batagelj, Vladimir, und *Andrej Mrvar:* Pajek – Program for Large Network Analysis. Homepage: http://pajek.imfm. si/doku.php

Cress, Ulrike, und *Joachim Kimmerle,* 2008: A systemic and cognitive view on collaborative knowledge building with wikis. International Journal of Computer-Supported Collaborative Learning 3(2): 105–122.

Freeman, Linton C., 1979: Centrality in social networks I: Conceptual clarification. Social Networks 1: 215–239.

Dillenbourg, Pierre, M. Baker, A. Blaye, und *C. O'Malley,* 1995: The evolution of research on collaborative learning. S. 189–211 in *Hans Spada* und *Peter Reiman* (Hg.), Learning in Humans and Machines: Towards an interdisciplinary learning science. Oxford: Elsevier/ Pergamon.

Forte, Andrea und *Amy Bruckman,* 2006: From Wikipedia to the classroom: exploring online publication and learning. S. 182–188 in International Conference of the Learning Sciences, Bloomington, IN.

Hoe, Siu Loon, 2006: The boundary spanner's role in organizational learning: unleashing untapped potential. Development and Learning in Organizations 20(5): 9–11.

Johnson, David und *Roger Johnson,* 1989: Cooperation and competition: Theory and research. Edina, MN: Interaction Book Company.

Kimmerle, Joachim, Johannes Moskaliuk, Andreas Harrer, und *Ulrike Cress,* 2010: Visualizing co-evolution of individual and collective knowledge. Information, Communication and Society 13(8): 1099–1121.

Koschmann, Timothy D., 2002: Dewey's contribution to the foundations of CSCL research. S. 17–22 in: *Gerry Stahl* (Hg.), Computer support for collaborative learning: Foundations for a CSCL community: Proceedings of CSCL 2002. Boulder, CO: Lawrence Erlbaum Associates.

Lipponen, Lasse, 2002: Exploring Foundations for Computer-Supported Collaborative Learning. S. 72–81 in: *Gerry Stahl* (Hg.), 4th CSCL: Foundations for a CSCL Community, (CSCL-2002), Colorado, LEA, NJ. USA.

Lipponen, Lasse, Kai Hakkarainen, und *Sami Paavola,* 2004: Practices and Orientations of Computer-Supported Collaborative Learning. S. 31–50 in: *J. Strijbos, P. Kirschner* und *R. Martens* (Hg.), What we know about CSCL, and implementing it in higher education. Boston, MA: Kluwer Academic Publishers.

Niederer, Sabine, und *José van Dijck,* 2010: Wisdom of the Crowd or Technicity of Content? Wikipedia as a sociotechnical system. New Media & Society 12(8): 1368–1387.

Paavola, Sami, Lasse Lipponen, und *Kai Hakkarainen,* 2002: Epistemological Foundations for CSCL: A Comparison of Three Models of Innovative Knowledge Communities. S. 24–32 in: *Gerry Stahl* (Hg.), Computer Support for Collaborative Learning: Foundations for a CSCL community. Proceedings of the Computer-supported Collaborative Learning 2002 Conference. Hillsdale, NJ: Erlbaum.

Paavola, Sami, Lasse Lipponen, und *Kai Hakkarainen,* 2004: Models of Innovative Knowledge Communities and Three Metaphors of Learning. Review of Educational Research 74(4): 557–576.

Palincsar, Annemarie Sullivan, 1998: Social constructivist perspectives on teaching and learning. Annual Review of Psychology 49: 345–375.

Panciera, Katherine, Aaron Halfaker, und *Loren Terveen,* 2009: Wikipedians are born, not made. (Sanibel Island, USA, May 10 – 13, 2009) GROUP '09. ACM Press, New York, NY.

Piaget, Jean, 1932: The moral judgment of the child. London: Kegan Paul, Trench, Trubner and Co.

Puntambekar, Sadhana, 2006: Analyzing collaborative interactions: Divergence, shared understanding and construction of knowledge. Computers & Education 47(3): 332–351.

Ryberg, Thomas, und *Larsen, Malene Charlotte,* 2008: Networked identities: Understanding relationships between strong and weak ties in networked environments. Journal of Computer Assisted Learning 24: 103–115.

Scardamalia, Marlene, und *Carl Bereiter,* 2006: Knowledge building: Theory, pedagogy, and technology. S. 97–118 in: *R. Keith Sawyer* (Hg.), Cambridge handbook of the learning sciences. New York: Cambridge University Press.

Sfard, Anna, 1998: On two metaphors for learning and the dangers of choosing just one. Educational Researcher 27(2): 4–13.

Slavin, Robert E., 1991: Synthesis of research on cooperative learning. Educational Leadership 48: 71–82.

Slavin, Robert E., 1995: Cooperative Learning: Theory, Research, and Practice. Boston: Allyn and Bacon.

Stahl, Gerry, 2005: Group cognition in computer assisted learning. Journal of Computer Assisted Learning 21(2): 79–90.

Stahl, Gerry, Timothy D. Koschmann, und *Dan Suthers,* 2006: Computer-supported collaborative learning: An historical perspective. S. 409–426 in *R. K. Sawyer* (Hg.), Cambridge handbook of the learning sciences. Cambridge, UK: Cambridge University Press.

Stegbauer, Christian, 2008: Soziale Netzwerkanalyse. S. 166–172 in: *Friederike von Gross, Kai Hugger,* und *Uwe Sander* (Hg.), Handbuch Medienpädagogik. Wiesbaden: VS Verlag.

Stegbauer, Christian, 2009: Wikipedia. Das Rätsel der Kooperation. Wiesbaden: VS Verlag.

Stegbauer, Christian und Alexander Rausch, 2006: Strukturalistische Internetforschung. Wiesbaden: VS Verlag.

Thiedeke, Uwe, 2008: Virtuelle Gemeinschaften, Gruppen und Netzwerke in Neuen Medien. S. 428–431 in: *Friederike von Gross, Kai Hugger,* und *Uwe Sander* (Hg.), Handbuch Medienpädagogik. Wiesbaden: VS Verlag.

Tushman, Michael L., und *Thomas J. Scanlan,* 1981: Boundary spanning individuals: their role in information transfer and their antecedents. The Academy of Management Journal 24: 289–305.

Voß, Jakob, 2005: Measuring Wikipedia. In *Ingwersen, P.* und *B. Larsen* (Hg.), Proceedings of ISSI 2005 – The 10th International Conference of the International Society for Scientometrics and Informetrics, Stockholm: Karolinska University Press.

Vygotsky, Lev S., 1930/1978: Mind in society: The development of higher psychological processes. Cambridge, MA: Harvard University Press.

Wellman, Barry, 1997: An Electronic Group is Virtually a Social Network. S. 179–205 in: *Sara Kiesler* (Hg.), Culture of the Internet. Mahwah, NJ: Lawrence Erlbaum.

Vergleich von Netzwerkkooperationen in unterschiedlichen organisationalen Feldern

Michael Noack / Herbert Schubert / Holger Spieckermann

Abstract

Interorganisatorische Kooperationen werden sowohl im Feld der Profit- als auch im Feld der Nonprofit-Organisationen als Erfolgsfaktor betrachtet. Aber unterscheiden sich die Netzwerkkooperationen nach diesen beiden Wirtschaftsfeldern? Diese Frage wurde deduktiv bearbeitet. Die Sichtung institutionsökonomischer und prozesstheoretischer Ansätze diente dem Ziel, Hinweise zu den Unterschieden und Gemeinsamkeiten beim Aufbau und bei der Steuerung von interorganisatorischen Netzwerkkooperationen zu betrachten. Es wurden Hypothesen formuliert, um ihre Bedeutung für interorganisatorische Kooperationen in Nordrhein-Westfalen – differenziert nach den Feldern der Profit- und Nonprofit-Wirtschaft – zu untersuchen.

Die quantitative egozentrierte Netzwerkanalyse wurde als Methode ausgewählt, um die empirischen Daten zu gewinnen und zu analysieren. Im Beitrag werden die Modifikationen beschrieben und begründet, die bei der Anwendung der Methode auf interorganisatorische Netzwerke notwendig wurden. Zudem werden – vor dem Hintergrund der Ausschöpfungsquote – die Vor- und Nachteile des Erhebungsinstruments „Onlinefragebogen" bei der egozentrierten Netzwerkanalyse aufgezeigt.

Der Beitrag endet mit einer interpretativen Rückkopplung der Forschungsergebnisse an die theoretische Ausgangsbasis. Dadurch können zum einen die Annahmen, dass der soziokulturelle Referenzrahmen die Netzwerksteuerung unterstützt, spezifiziert werden. Zum anderen können konkrete Implikationen für den Aufbau einer Netzwerkarchitektur im Spannungsfeld von Flexibilität und Stabilität abgeleitet werden.

1. Einleitung

Angetrieben durch technische Innovationen und den Prozess der Globalisierung tendieren Organisationen seit rund einem Jahrzehnt dazu, Kooperationsnetzwerke mit anderen Unternehmen höher zu gewichten als die Arbeit in monobetrieblichen Strukturen. Diese Tendenz zeigt sich sowohl in der profitorientierten Wirtschaft als auch in der überwiegend nicht profitorientierten Sozialwirtschaft, da beide in verschiedene organisationale Kontexte eingebettet sind und Kooperationsstrategien verfolgen, die zu unterschiedlichen Kooperationsmustern führen.

Um Fragen der netzwerkorientierten Organisationsentwicklung aufzuklären, wurde an der Fachhochschule Köln ein interdisziplinäres Forschungsprojekt initiiert (2008–2011). Beteilt sind die drei Fakultäten für angewandte Sozialwissenschaften, für Wirtschaftswissenschaften und für Fahrzeugsysteme und Produktion, die unterschiedliche „organisationale Felder" (DiMaggio/Powell 1983) repräsentieren. In den angewandten Sozialwissenschaften wird der Blick auf Nonprofit-Organisationen im Feld der Sozialwirtschaft fokussiert; in den Wirtschaftswissenschaften und in der Fahrzeugproduktion agieren dem gegenüber profitorientierte Organisationen der mittelständischen Wirtschaft und der Mobilitätswirtschaft. Im Rahmen des Projekts werden eine (i) Situationsanalyse und eine (ii) Bedarfsanalyse durchgeführt, um auf dieser Grundlage (iii) Entwicklungskonzepte entwerfen zu können (Fachhochschule Köln 2009: 1). Dabei sollen Unterschiede beim Aufbau, bei der Steuerung und in den Prozessen von Netzwerkkooperationen in Profit- und Nonprofit-Feldern empirisch aufgedeckt werden.

2. Zum Verhältnis von Theorie, Methode und Anwendung

Für diesen Beitrag wurden interorganisatorische Netzwerke mittels der quantitativen egozentrierten Netzwerkanalyse untersucht. Jansen (1999: 74) versteht unter einem egozentrierten Netzwerk „das um eine fokale Person, das Ego, verankerte soziale Netzwerk." Diese Definition deutet das Ziel dieser Forschungsmethode an: Aus den Angaben eines Netzwerkakteurs (Ego) über die Partner im Netzwerk (Alteri) lässt sich die gesamte Vernetzung näherungsweise rekonstruieren; und aus einer Ego-Stichprobe lassen sich die Vernetzungsstrukturen der Grundgesamtheit schätzen (Pappi 1987: 20). Wenn Organisationen als kollektive Akteure betrachtet werden, kann die egozentrierte Netzwerkanalyse zur Betrachtung von interorganisatorischen Beziehungen verwendet werden (Sydow 2002: 218). Über Namensgeneratoren wird Ego zur Angabe der wichtigsten Alteri in der organisationalen Kooperation und zur Qualifizierung der Beziehungsrelation angeregt (Gerich/Lehner 2003: 52). Für die Genese vertiefender Informationen über die Alteri werden Namensinterpretatoren eingesetzt.

Die egozentrierten Netzwerkanalyse steht und fällt mit Egos Bereitschaft, (ehrliche) Angaben über seine Verhältnis zu den Alteri und den Alteri untereinander zu machen (Jansen 1999: 86). Trotzdem wurde diese Methode ausgewählt, da sie geeignet ist, soziale Strukturen mittels konventioneller Auswahl- und Befragungsverfahren zu analysieren. Ego antwortet als Teil der Netzwerkstruktur, in die er eingebettet ist, und es sind Gemeinsamkeiten sowie Unterschiede in den Netzwerkstrukturen, die das Erkenntnisinteresse des Forschungsprojekts bilden. Diese Unterschiede werden unter anderem über den Vergleich von Dichteparametern[1] abgebildet und interpretiert.

Eine wichtige Voraussetzung für eine quantitative egozentrierte Netzwerkanalyse ist die exakte Formulierung des Erhebungsraumes (Bock und Polach 2008: 434). Bei der vorliegenden Untersuchung handelt es sich um eine Vollerhebung unter Organisationen der Sozialwirtschaft, der mittelständischen Wirtschaft und der Mobilitätswirtschaft in Nordrhein-Westfalen. Die so aufgestellten Daten werden in zweifacher Hinsicht mit Theorien zur interorganisatorischen Zusammenarbeit verbunden: Zum einen werden Hypothesen über den Aufbau und die

---

1   Die Dichte informiert über das Ausmaß, mit dem ein Akteur im Netzwerk mit anderen Akteuren verknüpft ist
     (vgl. Fuchs 2006: 137).

Steuerung zwischenbetrieblicher Zusammenarbeit theoretisch untermauert. Zum anderen werden die Ergebnisse der Zusammenhangsprüfungen vor dem theoretischen Hintergrund bewertet. Dadurch kann eruiert werden, welche theoretischen Aussagen zum Aufbau und zur Steuerung von Netzwerkkooperationen im Feld von Profit- und Non-Profit-Organisationen ‚viable‘ – d.h. gangbare bzw. passende – Wege repräsentieren (Glasersfeld 1997: 55) und welche theoretischen Annahmen hinsichtlich der empirischen Wirklichkeit in beiden Feldern modifiziert werden müssen. Durch die getrennte Prüfung der Hypothesen für den Profit- und Non-Profit Bereich werden aus den Forschungsergebnissen Handlungsempfehlungen – differenziert nach beiden organisationalen Feldern – abgeleitet.

3. Theoretische Grundlagen

Um zu beleuchten, ob Netzwerkkooperationen in den organisationalen Feldern der Sozialwirtschaft und der mittelständischen Profitwirtschaft ähnlich strukturiert sind oder ob die Kooperationsmuster nach institutionellen Kontexten variieren, werden theoretische Aussagen des Neo-Institutionalismus (DiMaggio/Powell 1983) zu Grunde gelegt.

Damit sowohl Gemeinsamkeiten als auch Unterschiede bei der interorganisatorischen Verknüpfung von (Dienst-) Leistungen im Profit- und Nonprofit-Bereich erkannt werden können, werden die prozesstheoretischen Überlegungen Porters (2008: 86) herangezogen. Diese weisen Parallelen zu neo-institutionalistischen Überlegungen auf, weil davon ausgegangen wird, dass das Wettbewerbsfeld die Konstruktion der Wertschöpfungskette prägt.

Aus einer Steuerungsperspektive ist es relevant, wie sich die Transaktionsspezifität bei Netzwerkkooperationen in den beiden organisationalen Feldern unterscheidet. Dafür wird auf die Transaktionskostentheorie zurückgegriffen (vgl. Williamson 1992).

3.1 Unterschiede im Legitimationsdruck in den beiden organisationalen Feldern

Der theoretische Ansatz des Neo-Institutionalismus hat seinen Standort in der Organisationsforschung (Hasse/Krücken 2005: 20f). Für Meyer/Rowan (1977) und DiMaggio/Powell (1983) resultieren die institutionellen Arrangements nicht ausschließlich aus Effizienzbestrebungen, da auch Legitimitätserfordernisse eine wichtige Rolle spielen. Hasse und Krücken schreiben:

> „Die provokante These lautet, dass formale Organisationsstrukturen Mythen zum Ausdruck bringen, die in ihrer gesellschaftlichen Umwelt institutionalisiert sind." (2005: 23)

Mythen sind Konzepte, die in der Umwelt von Organisationen als rational klassifiziert werden. Charakteristisch für Mythen im Sinne von Meyer und Rowan (1977) ist ihre Übernahme durch die Organisationen, ohne dass sie auf ihre Tauglichkeit geprüft wurden. Die Umsetzung von Mythen zielt auf die interne und externe Legitimierung der Organisation, indem eine Ähnlichkeit zwischen den Organisationsstrukturen und der gesellschaftlichen Umwelt hergestellt wird (Isomorphie). Das Besondere an dieser Umsetzung von Mythen ist, dass sie zwar in die von außen beobachtbaren formalen Organisationsstrukturen übersetzt werden, aber trotzdem kaum Einfluss auf die innere Aktivitätsstruktur haben. Dieses organisatorische

Verhalten sei in erster Linie der „unvermeidliche Versuch, inkonsistente Erfordernisse effektiv zu bewältigen und die Überlebensfähigkeit der Organisation sicherzustellen" (Hasse/Krücken 2005: 24). Organisationen werden in dieser Denkrichtung primär also nicht unter „Gesichtspunkten der Effizienz", sondern unter Aspekten der „Legitimität" gestaltet. Bezogen auf Organisationen des Profitbereichs sei das Herstellen von Legitimität durch das „Aufgreifen, Kopieren und zeremonielle Zur-Geltung-Bringen" eine fundamentale Technik zur Absicherung des Überlebens der jeweiligen Organisation. Legitimität hat danach mehr Relevanz als die „Orientierung an technisch-instrumentellen Kriterien der Problembearbeitung" (ebd.).

Die Bedeutung der institutionellen Legitimität ist im Feld der Nonprofit-Organisationen noch deutlicher erkennbar, weil diese Organisationen „im Gegenzug zu Wirtschaftsorganisationen kein klar definiertes Produkt herstellen, anhand dessen sich die Effizienz der Organisationsabläufe bestimmen ließe" (ebd.: 23). Durch ihre externe Legitimation kann sich eine Nonprofit- Organisation leichter Ressourcen in ihrer Umwelt beschaffen. Unter den Organisationen ergeben sich organisationale Angleichungsprozesse, die als „institutionelle Isomorphie" bezeichnet werden (ebd.: 25). Di Maggio und Powell (1983: 150 ff.) unterscheiden drei Mechanismen zur Herstellung von institutioneller Isomorphie: Zwang, Imitation und normativer Druck.

Im Feld der überwiegend nicht profitorientierten Sozialwirtschaft hat der Mechanismus der Imitation wegen eines „Mangels an eindeutigen Problemlösungstechnologien" und wegen „heterogener Umwelterwartungen" einen hohen Stellenwert (Hasse/Krücken 2005: 26). Denn im Allgemeinen können für die fachlichen, oft pädagogisch ausgerichteten Handlungsabläufe in der Sozialwirtschaft keine eindeutigen Ursachen- und Wirkungszusammenhänge bestimmt werden, weshalb Merchel ein „strukturelles Technologiedefizit" diagnostiziert (1998: 14 f). Dennoch befinden sich sozialwirtschaftliche Nonprofit-Organisationen in einem Spannungsfeld unterschiedlicher Umwelterwartungen hinsichtlich der Wirkung ihrer Arbeit. Die Adressaten erwarten durch den Konsum sozialer Dienstleistungen eine Zustandsveränderung und die Kostenträger erwarten einen effizienten und vor allem effektiven Umgang mit den zugewiesenen Mitteln bei der Dienstleistungserbringung. Vor diesem Hintergrund imitieren sozialwirtschaftliche Nonprofit-Organisationen aktuell hoch angesehene Technologien, mit denen sich institutionelle Legitimität erzielen lässt. Gegenwärtig gehören dazu beispielsweise die Vernetzung mit anderen Diensten der Sozialwirtschaft und die Orientierung an so genannter „bester Praxis" nach der Benchmarking-Logik. Daher wird zwischen den Variablen „sozialwirtschaftliche Netzwerkkooperation" und „Auswahl von Netzwerkpartnern durch Benchmarking" ein positiver Zusammenhang vermutet.

Um zu erkennen, ob sich soziale Dienste bei der Auswahl ihrer Netzwerkpartner an ‚Best Practice'-Beispielen aus ihrer Umwelt orientieren, wurde gefragt, ob das Ergebnis eines Benchmarkings bei der Partnerauswahl den Ausschlag gegeben hat. Denn dieser Indikator zeigt die Imitation des institutionellen Umfelds an, weil Leistungsvergleiche mit extern nachvollziehbaren Kennziffern die Legitimität der Organisation fördern (Döhler 2006: 51).

3.2 Unterschiede bei der Verknüpfung von Prozessen in beiden organisationalen Feldern

Dass Organisationen vom Modus der monobetrieblichen Produktion in den Kooperationsmodus wechseln, wird von Kritikern auf die Absicht verkürzt, sie wollten nur den Profit erhöhen (Otto 2002: 26). Aber die Umgestaltung der Wertschöpfungskette, die alle Tätigkeiten vom Entwurf über die Herstellung bis zur Distribution des Produkts umfasst (Vahs 2007: 229), reicht weit über Effizienzeffekte hinaus. Die Produktqualität und der Kundennutzen spielen dabei in gleicher Weise eine hervorgehobene Rolle. Und bei der zeitlichen und sachlogischen Verknüpfung von Geschäftsprozessen durch eine Netzwerkkooperation wird zudem angestrebt, die besten dafür erforderlichen Kompetenzen zu verbinden. Das Denken in und die Gestaltung von Prozessketten überschreitet dabei die Organisationsgrenze, weil die Herstellung von Produkten bzw. die Erstellung von Dienstleistungen unter der Maßgabe von Kundennutzen, Qualitätssicherung und Kompetenzorientierung zunehmend die interorganisationale, externe Vernetzung verlangt (Harms 2002: 24).

Geschäftsprozesse werden im Allgemeinen nach der Differenzierung von Porter (2008: 70 ff.) in Primär-, Sekundär- und Innovationsprozesse unterteilt: Die Primärprozesse beinhalten die unmittelbare Wertschöpfung der Erstellung oder des Vertriebs eines Produkts bzw. einer Dienstleistung – wie z.B. Fertigung, Distribution und Kundenservice. Sekundärprozesse sind alle Tätigkeiten, die den Betriebsablauf sicherstellen, indem sie die Primärprozesse unterstützen – wie z.B. die Unternehmensplanung und die Beschaffung von Ressourcen. Von Innovationsprozessen wird gesprochen, wenn es um Tätigkeiten geht, die auf die Entwicklung und Einführung von neuen Produkten bzw. Dienstleistungen ausgerichtet sind.

Ausgehend von der Erkenntnis, dass die Verflechtung zwischen Unternehmenseinheiten erleichtert wird, wenn eine Unternehmensidentität besteht (vgl. Porter 2000: 517), wird für beide organisationale Felder zwischen den Merkmalen „gemeinsame Netzwerkidentität" und „Zufriedenheit mit der Koordination" ein positiver Zusammenhang vermutet. Die Zufriedenheit mit dem „Wir-Gefühl" dient als Indikator für die Netzwerkidentität. Erfolgreiche Koordinationsbemühungen werden über die Zufriedenheit mit der Netzwerksteuerung angezeigt.

3.3 Unterschiede in der Transaktionskostenspezifizität bei Profit- und Non-Profit-Organisationen

Nach dem institutionsökonomischen Ansatz von Williamson (vgl. 1990) gehen Leistungsaustauschbeziehungen mit Transaktionskosten einher, deren Reduzierung die Effizienz einer Organisation fördert. Demnach steht und fällt der Wert einer Organisation mit der Harmonisierung der Schnittstellen des Leistungsaustausches (Williamson 1990: 34). Mit dieser Theorie werden Möglichkeiten zur Reduzierung von Transaktionskosten aufgezeigt, die den Nutzen interorganisatorischer Netzwerke erhöhen (vgl. Schubert 2008: 72). Nach Picot (1982: 269) lautet die Definition:

> „Eine Transaktion umfasst den Prozess der Anbahnung, Vereinbarung, Kontrolle und u.U. Anpassung eines Leistungsaustausches, der dem eigentlichen physischen Güteraustausch logisch, meist auch zeitlich vorausgeht."

Transaktionskosten bestehen ex-ante aus dem zeitlichen und finanziellen Aufwand für die Anbahnung einer vertraglich geregelten Leistungsaustauschbeziehung; sie bestehen aus den Kosten für die Beschaffung von Informationen und aus den Kosten, die im Zuge der Vertragsverhandlungen und des Vertragsabschlusses entstehen (Williamson 1990: 22). Ex-post setzen sich Transaktionskosten aus dem zeitlichen und finanziellen Aufwand für die Regelung von Fehlanpassungen, für die Verringerung des Verhandlungsaufwands, für die Einrichtung und den Betrieb von Überwachungssystemen sowie für die Durchsetzung verlässlicher Aussagen zusammen (ebd.: 22ff.). Diese Kosten können durch die Auswahl einer geeigneten Organisationsform gemäß der Transaktionskostentheorie reduziert werden (Sydow 2002: 130). Dies trifft sowohl für Organisationen der Profit- als auch der Nonprofit-Wirtschaft zu.

Als mögliche Organisationsformen zur Abwicklung von Transaktionen werden in der Transaktionskostentheorie die Idealtypen Markt, hierarchische Organisationen und Hybridformen unterschieden (Ebers/Gotsch 2006: 284). Der Steuerungsmechanismus für Leistungsaustauschbeziehungen, die über den Markt abgewickelt werden, ist der „Preis", für den Austausch von Leistungen innerhalb hierarchischer Organisation steht der Governance-Mechanismus „Weisung" zur Verfügung (Wald/Jansen 2006a: 94). Interorganisatorische Netzwerke werden in der Literatur als Hybride bezeichnet (vgl. z.B. Bradach/Eccles 189: 977 ff) und können Koordinationsmechanismen beinhalten, die auch in den Idealtypen Markt und Hierarchie angewendet werden (Homburg 1998: 45). Wald und Jansen (2006a: 94) gehen zudem davon aus, dass Vertrauen ein separater Steuerungsmechanismus für interorganisatorische Netzwerke ist, weil die Beziehungen nicht nur transaktionskostenbezogen gestaltet werden. Vertrauen als immaterieller Vernetzungseffekt entsteht auf der Mikroebene persönlicher Beziehungen (relationaler Effekt) und übt auf der Mesoebene einen Transaktionskosten reduzierenden (strukturellen) Effekt aus:

> „Der relationale Effekt resultiert aus der strukturellen Einbettung zwischen zwei Akteuren. Eine Tauschbeziehung ist eingebettet, sobald die Tauschpartner neben dem Preis- und Mengeninformationen, welche die Tauschleistung im engeren Sinn betreffen, weitere Informationen über den Gegenüber erlangen. Diese verdichten sich im Zuge wiederholter Transaktionen und führen dazu, dass Verhaltenserwartungen und Vertrauen zwischen den Tauschpartnern entstehen (…). Der strukturelle Effekt der Einbettung ergibt sich aus der Gesamtheit der Beziehungen und hat einen indirekten Einfluss auf das Handeln. Neben Kontroll- und Überwachungskosten werden auch Informations- und Koordinationskosten gesenkt." (Wald/Jansen 2006a: 101)

Die Transaktionskostentheorie betont besonders auch die Vertragsproblematik des Leistungsaustausches (Williamson 1990: 20). Über Verträge soll negativen Auswirkungen des Opportunismus vorgebeugt werden. Der Vertrag schützt vor einer „Störanfälligkeit ‚idealer' kooperativer Formen ökonomischer Organisation", weil dann einzelne Kooperationspartner das gegenseitige Vertrauen nicht unterlaufen und ausbeuten können (ebd.: 73). Nach dem Menschenbild der Transaktionskostentheorie sind die Leistungsaustauschpartner begrenzt rational und neigen prinzipiell zu opportunistischen Verhalten. Daher wird das Kernproblem ökonomischer Organisation auf Vertrags- und Überwachungssysteme bezogen, mit denen die begrenzte Rationalität und die Gefahr opportunistischen Verhaltens kompensiert (ebd.: XI) sowie Vertrauen geschaffen werden können (ebd. 72). Leistungsaustauschprozesse werden somit auf der Grundlage formaler Regelungen der Zusammenarbeit organisiert.

Empirisch ist es daher interessant zu erfahren, ob durch die Regelung der Transaktionen Vertrauen in den beiden organisationalen Feldern der Profit- und Nonprofit-Wirtschaft entsteht, und ob eine Zufriedenheit mit dem Vertrauen festzustellen ist. Dabei werden Regelungen auf der Kooperationsebene und auf der Partnerebene unterschieden. Regelungen auf der Ebene der gesamten Kooperation binden alle Netzwerkakteure an die jeweiligen Absprachen. Zusätzlich wurde nach Regelungen gefragt, die die Zusammenarbeit zwischen einzelnen, jedoch nicht zwischen allen Netzwerkpartnern steuern (Partnerebene).

4. Forschungsdesign

Zunächst wird auf die Modifikationen eingegangen, die bei der Anwendung der egozentrierten Netzwerkanalyse auf interorganisatorische Netzwerkkooperationen notwendig wurden. Anschließend wird die Ziehung der Stichprobe beschrieben und der Rücklauf kritisch reflektiert. Schließlich erfolgt die Beschreibung des statistischen Auswertungsverfahrens.

4.1 Beschreibung des Erhebungsinstruments

Die Methode der egozentrierten Netzwerkanalyse wurde für eine Onlinebefragung von Organisationen modifiziert. Die gängigen Namensgeneratoren – wie bspw. das Fischer-Instrument, das die Alteri von Ego über zehn Alltagssituationen erhebt (vgl. Jansen 1999: 77) – fokussieren auf zwischenmenschliche Unterstützungsleistungen. In der modifizierten Methode wurden die befragten Organisationsvertretungen zunächst aufgefordert, ihren Vernetzungsstatus zu anderen Unternehmen, Organisationen und Institutionen sowie den Gegenstand der Kooperation anzugeben. Dadurch wurde einleitend angezeigt, dass es um interorganisationale bzw. interinstitutionelle Beziehungen geht. Anschließend wurde exemplarisch nach dem aktuell bedeutsamsten Kooperationsgegenstand gefragt, bei dessen Erstellung Ego bzw. seine Organisation mit mehreren Partnern zusammenarbeitet. Diese Kooperation konnte Ego namentlich bezeichnen. Die entsprechende Bezeichnung wurde bei den weiteren Fragen zur Kooperation immer wieder eingeblendet. Schließlich wurde nach den Namen der wichtigsten fünf Kooperationspartner gefragt. Um Informationen über die Beziehungen von Ego zu den (bis zu 5) Alteri und zur Relation zwischen den Alteri untereinander zu erheben, wurden vertiefende Fragen gestellt, die der befragte Organisationsrepräsentant für jeden einzelnen Alteri beantworten konnte.

4.2 Stichprobenbeschreibung

Sozialwirtschaft (Nonprofit-Wirtschaft)

Im sozialwirtschaftlichen Bereich wurden Organisationen in freier, privater und öffentlicher Trägerschaft sowie selbständige Fachkräfte der Sozialen Arbeit befragt. In zwei Erhebungswellen wurden zwischen Oktober 2009 und Januar 2010 sozialwirtschaftliche Organisationen in öffentlicher und freier Trägerschaft aus allen Städten und Gemeinden Nordrhein Westfalens per Email gebeten, an der Onlinebefragung teilzunehmen. Die Emailadressen der Organisationsvertreter wurden den Homepages entnommen.

Um Selbständige in der Sozialen Arbeit auf die Befragung aufmerksam zu machen, wurde auch das Netzwerk „Selbständige" des Deutschen Berufsverbandes für Soziale Arbeit (DBSH e. V.) auf die Befragung aufmerksam gemacht.

Insgesamt wurden 5.175 Organisationsvertreter angeschrieben. Von diesen kamen 522 Emails zurück, es gab 47 Abwesenheitsnotizen. 391 Emails waren unzustellbar. Nach zehn Tagen wurde eine Erinnerungsmail verschickt. Sozialwirtschaftliche Organisationen in privater Trägerschaft wurden außerdem noch durch eine Rundmail des Landesverbandes des Bundesverbandes privater Anbieter sozialer Dienstleistungen auf die Befragung aufmerksam gemacht.

Betriebs- und Automobilwirtschaft (Profitorientierte Organisationen)

Die Stichprobe des Profitbereichs unterteilt sich in zwei Teilstichproben: Die erste Teilstichprobe beinhaltet Zulieferer und Hersteller der Automobilwirtschaft, die zweite klein- und mittelständische Unternehmen aus anderen Branchen in Nordrhein Westfalen. Als Grundlage für die Stichprobe der Automobilwirtschaft diente das Branchenverzeichnis der Automobilzulieferer 2007/2008. Insgesamt ließen sich 386 Zulieferer in NRW recherchieren. Diese Teilstichprobe wurde im November 2009 angeschrieben.

Die zweite Teilstichprobe beinhaltet klein- und mittelständische Unternehmen aus anderen Branchen in NRW. Sie wurden aus dem Telefonbuch extrahiert. Im Dezember 2009 und Januar 2010 wurden 3.283 Unternehmen angeschrieben. Davon waren 101 unzustellbar. Eine Erinnerungsmail wurde jeweils zehn Tage nach dem Erstversand verschickt.

Klein- und mittelständische Unternehmen wurden auf die Befragung auch über den Bundesverband mittelständische Wirtschaft (BVMW) aufmerksam gemacht. Der BVMW berichtete im Newsletter Dezember 2009 in Nordrhein Westfalen über die Befragung.

Rücklauf der Befragung

Die Stichprobenausschöpfung der Onlinebefragung beträgt 3 %, wie im Folgenden (gegenüberliegende Seite) tabellarisch dargestellt.

Der geringe Rücklauf der Onlinebefragung scheint eine Schwäche dieser Erhebungsmethode zu offenbaren. Obwohl jeder Erhebungswelle eine „Erinnerungsmail" folgte, konnte die Ausschöpfungsquote nicht gesteigert werden.

Es bleibt offen, inwiefern der Effekt der Selbstselektion hier zu einer systematischen Verzerrung der Stichprobe geführt hat. Da keine Vergleichsdaten über Grundgesamtheit und Stichprobe vorliegen, ist dies nicht zuverlässig zu klären. Angesichts des geringen Rücklaufs gehen wir allerdings nicht von einer Repräsentativität der Stichprobe aus.

Tabelle 1:   Stichprobenausschöpfung der Onlinebefragung ONE

Rücklauf und Ausschöpfung der Stichprobe	
(1) Teilstichprobe Sozialwirtschaft	**5.175**
ungültige / unbekannte Email-Adresse	391
Bereinigte Untersuchungsstichprobe	4.784
Nichtteilnahme / Verweigerungen	4.608
Teilnahme / Rücklauf	176
Ausschöpfungsquote Sozialwirtschaft	4%
(2) Teilstichprobe Betriebs- und Automobilwirtschaft	**3.669**
klein- und mittelständische Unternehmen	3.283
Automobilzulieferer/-hersteller	386
ungültige / unbekannte Email-Adresse	124
Bereinigte Untersuchungsstichprobe	3.545
Nichtteilnahme / Verweigerungen	3.470
Teilnahme / Rücklauf	75
Ausschöpfungsquote Betriebs- und Automobilwirtschaft	2%
(3) Gesamtstichprobe	**8.844**
Bereinigte Stichprobe	8.329
Nichtteilnahme / Verweigerungen	8.060
Teilnahme / Rücklauf	251
Gesamte Ausschöpfungsquote	3,02%

4.3 Beschreibung des statistischen Auswertungsverfahrens

Burt (1982: 45) definiert die Dichte eines Netzwerks als Division der Anzahl der möglichen Paare (d.h. die Anzahl der möglichen Zweierbeziehungen in der Akteursmenge) durch die tatsächliche Anzahl der erhobenen Beziehungen. Durch die Betrachtung verschiedener Dichteparameter lassen sich Rückschlüsse auf die Struktur interorganisatorischer Netzwerke ziehen. Im Hinblick auf den Vergleich von Netzwerkstrukturen in den organisationalen Feldern von Profit- und Nonprofit-Organisationen sind vor allem folgende Dichteparameter relevant:

- Beziehungen,
- Interaktionen und
- Interdependenzen

Denn nur in ihrer Zusammenschau geben diese Indikatoren einen Hinweis auf den Status der Struktur interorganisatorischer Netzwerke, weil sich Netzwerkstrukturen ausgehend von der Mikroebene über verdichtete Beziehungen und Interaktionen herausbilden (vgl. Conrad/Geene 2009: 123). Da die Mesoebene von Netzwerken als Muster interdependenter Beziehungen betrachtet wird (vgl. Bernhard 2008: 122), kann durch die Beleuchtung der Interdependenz-

dichte eruiert werden, ob sich eine Netzwerkstruktur konstituiert hat, die zu einer wechselseitigen Bindung und Beeinflussung der Netzwerkakteure führt.

Auf der Grundlage eines aus der Theorie abgeleiteten positiven oder negativen Zusammenhangs zwischen einer abhängigen und einer unabhängigen Variablen werden in der bivariaten Auswertung Hypothesen gebildet. Die zugrunde liegende Forschungsfrage und der ver-
mutete positive oder negative Zusammenhang werden theoretisch begründet.

5. Darstellung der Forschungsergebnisse

Bevor die Ergebnisse der statistischen Zusammenhangsprüfungen dargestellt werden, erfolgt
die Beschreibung der Kooperationsbereiche der untersuchten Netzwerke und der Dichte-Pa-
rameter. Die Größe der zu Grunde liegenden Teilstichprobe wird bei vergleichenden Auswertungen von Netzwerken der profitorientierten und der Nonprofit-Wirtschaft für beide organisationale Felder getrennt angegeben.

5.1 Beschreibung der Kooperationsbereiche

Abbildung 1: Kooperationsbereiche in beiden organisationalen Feldern

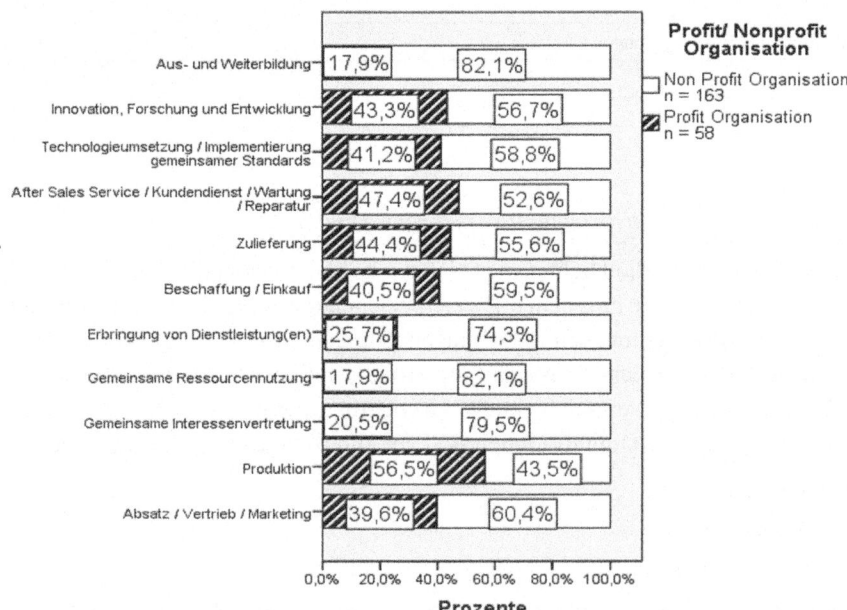

Es zeigt sich, dass die häufigsten Kooperationsbereiche bei der Erbringung von Dienstleistungen, bei der gemeinsamen Interessenvertretung, bei der Aus- und Weiterbildung sowie bei der

gemeinsamen Ressourcennutzung festzustellen sind. Das sind die Kooperationsschwerpunkte von Nonprofit Organisationen. Die in der Stichprobe geringer vertretenen Profit-Organisationen kooperieren eher in den Bereichen Absatz, Vertrieb, Marketing, Beschaffung, Innovation, Forschung und Entwicklung sowie Zulieferung und Produktion.

5.2 Beschreibung der Netzwerkdichte

Mit der Beziehungs- und der Interaktionsdichte kann vergleichend beschrieben werden, wie weit die Genese von Netzwerkstrukturen in den beiden organisationalen Feldern der Profit- und Nonprofit-Wirtschaft vorangeschritten ist. Denn Netzwerkstrukturen werden über Kontakte, Interaktionen und Interdependenzen erzeugt (Sydow 2002: 123).

Beziehungsdichte

Zur Messung der Beziehungsdichte in den betrachteten Netzwerken wurde aus der Frage: „Bitte geben Sie an, ob die fünf von Ihnen genannten Partner auch untereinander zusammenarbeiten: (1) Ja, (2) Nein und (3) Keine Antwort/Weiß nicht" der neue Indikator „Beziehungsdichte" gebildet. Durch diesen wird die Anzahl der genannten Kooperationen errechnet und durch die höchstmögliche Anzahl an Arbeitsbeziehungen geteilt. Die Ergebnisse wurden den Ausprägungen: (1) „Beziehungsdichte 0 bis 30 %", (2) „Beziehungsdichte 31 bis 60 %" und (3) „Beziehungsdichte 61 bis 100 %" zugeordnet.

Abbildung 2: Beziehungsdichte in Organisationen der Profit- und Nonprofit-Wirtschaft

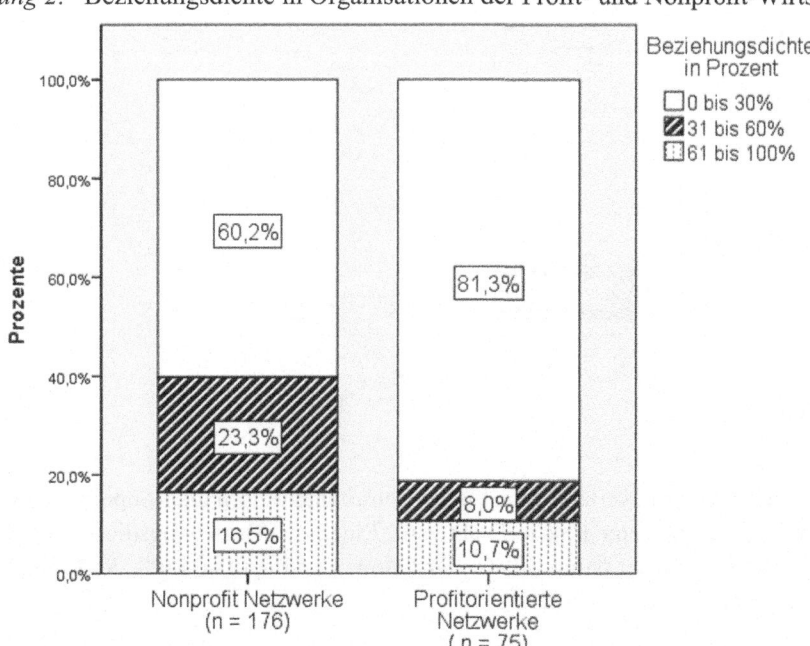

Interorganisatorische Netzwerke der Nonprofit-Wirtschaft weisen tendenziell eine höhere Beziehungsdichte auf als die befragten Organisationen des Profit-Bereich: Eine hohe Beziehungsdichte von mehr als 60 % besteht in Netzwerken von Nonprofit-Organisationen der Sozialwirtschaft zu fast 16,5 %, in Netzwerken der Profitwirtschaft aber nur zu knapp 10,7 %.

Interaktionsdichte

Zur Beleuchtung der Dichte von stark ausgeprägten Interaktionen wurde aus der Frage: „Wie eng arbeiten Ihre Kooperationspartner zusammen? (1) sehr eng, (2) eng, (3) mittel, (4) lose, (6) sehr lose" der neue Indikator „Interaktionsdichte" gebildet. Dieser errechnet den Anteil aller engen und sehr engen Interaktionen und teilt ihn durch die höchstmögliche Anzahl enger und sehr enger Kooperationen. Die Ergebnisse werden den Ausprägungen: (1) „Interaktionsdichte 0 – 30 %", (2) „ Interaktionsdichte 30 %–60 %" und (3) „Interaktionsdichte 61 %–100 %" zugeordnet.

Abbildung 3: Interaktionsdichte in Organisationen der Profit- und Nonprofit-Wirtschaft

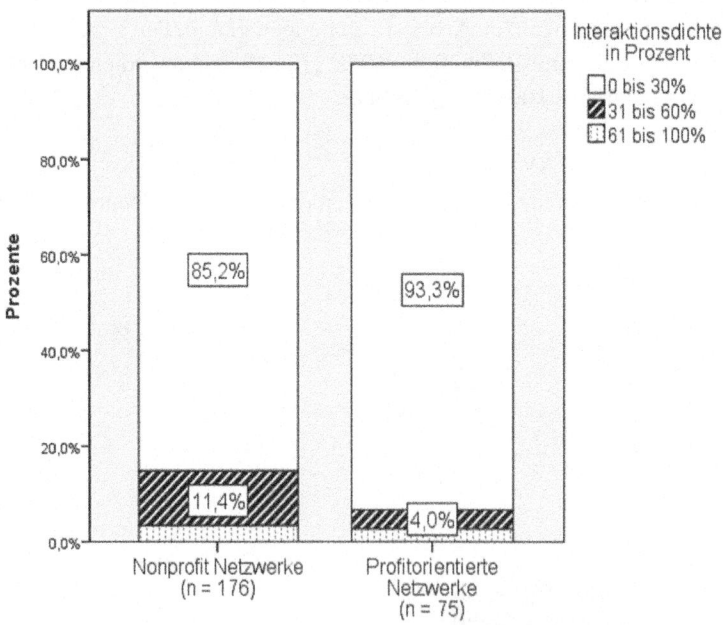

Auch hinsichtlich der netzwerkinternen Interaktionsdichte weisen die Kooperationen im Feld der Nonprofit-Wirtschaft eine höhere Dichte auf. Eine hohe Beziehungsdichte von 31 % bis 60 % besteht bei 11,4 % der Nonprofit-Organisationen und nur bei 4,0 % der profitorientierten Kooperationen.

Abhängigkeitsdichte

Um die Dichte der Abhängigkeit zwischen den Netzwerkpartnern abzubilden, wurde aus der Frage: „Besteht zwischen den von Ihnen benannten Partnern eine wirtschaftliche Abhängigkeit? (1) Ja, (2) Nein oder (3) Keine Angabe/Weiß nicht" der neue Indikator „Abhängigkeitsdichte" gebildet. Dieser errechnet alle angegeben Abhängigkeitsbeziehungen und dividiert sie durch ihre höchstmögliche Anzahl. Die Ergebnisse werden den Ausprägungen: (1) „Abhängigkeitsdichte 0 – 30 %", (2) „Abhängigkeitsdichte 31 %–60 %" und (3) „Abhängigkeitsdichte 61 %–100 %" zugeordnet.

Abbildung 4: Abhängigkeitsdichte in Organisationen der Profit- und Nonprofit-Wirtschaft

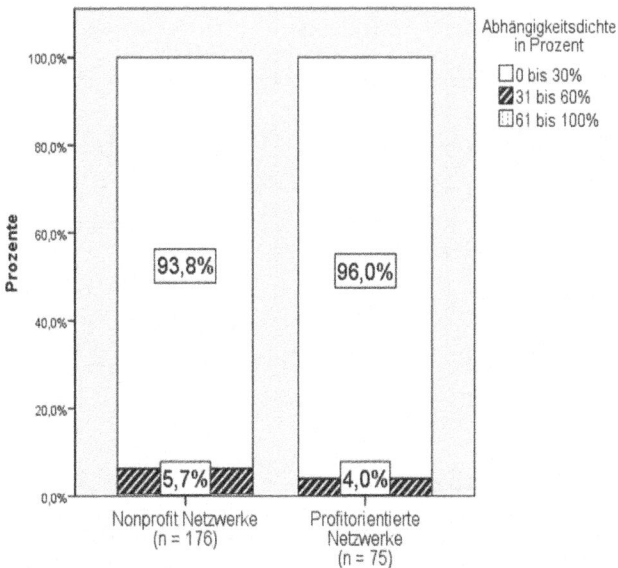

Die Dichte der Interdependenzen fällt im Feld Non-Profit-Organisationen ebenfalls etwas höher aus als bei den profitorientierten interorganisatorischen Kooperationen. Netzwerkkooperationen aus dem Nonprofit Bereich weisen zu 5,7 % eine Abhängigkeitsdichte von 31–61 % auf, die profitorientierten Netzwerke zu 4 %.

5.3 Ergebnisse der statistischen Zusammenhangsprüfungen

Es liegt ein positiver Einfluss eines „Wir-Gefühls" innerhalb der Kooperation auf die Zufriedenheit mit der Netzwerksteuerung sowie einer geregelten Zusammenarbeit auf das Vertrauen innerhalb der Kooperation vor.

Tabelle 2: Ergebnisse der statistischen Zusammenhangsprüfungen

Hypothese	Signifikanz	Zusammenhangsstärke	Anzahl der Befragten
Unter dem Einfluss des sozialwirtschaftlichen Organisationsfeldes erfolgt die Partnerauswahl in Nonprofit Netzwerken durch ein Benchmarking (vgl. 3.1).	0,275	Cramer's V: 0,69	237
Je zufriedener die Befragten mit dem „Wir-Gefühl" innerhalb ihrer Kooperation sind, desto zufriedener sind sie mit der Koordination ihrer Zusammenarbeit (vgl. 3.2).	0,000	Kendalls Tau-b: 0,475	216
Unter dem Einfluss einer geregelten Zusammenarbeit besteht bei den Befragten mehr Zufriedenheit mit dem Vertrauen innerhalb ihrer Kooperation (vgl. 3.3).	0,000	Kendalls Tau-b: 0,369	237

6. Interpretation der Forschungsergebnisse

Abschließend wird diskutiert, wie sich die Ausprägungen der oben dargestellten Dichteparameter auf die Netzwerkkooperationen in den beiden organisationalen Feldern auswirken können. Es folgt die Interpretation der beiden signifikanten Ergebnisse aus den statistischen Zusammenhangsprüfungen.

6.1 Netzwerkdichte

Die höhere Beziehungsdichte der interorganisatorischen Netzwerke in der Sozialwirtschaft kann die Entstehung von Vertrauen erleichtern und dazu führen, dass sich Wissen zügiger verbreitet. Denn ein dichtes kohäsives Netzwerk fördert die Entwicklung von Vertrauen (vgl. Scheidegger 2008: 505) und verbessert den Austausch von Wissen und Informationen (vgl. Hollstein 2008: 91). Diese immateriellen Effekte der Vernetzung senken die Transaktionskosten und können sich dadurch materiell auswirken (vgl. Wald/Jansen 2006b: 191).

    Den interorganisatorischen Beziehungen in der Sozialwirtschaft wird als Schwäche oft ein zu intensiver fachlich-kommunikativer Austausch in Verbindung mit einer mangelnden

Zielorientierung vorgeworfen (vgl. Bossong 2003: 468). Die Beziehungen sind also überwiegend nicht transaktions- sondern interaktionsbezogen. Dies bestätigt auch die Interaktionsdichte, die im Feld der Nonprofit-Organisationen etwas höher ausfällt. Gerade diese Situation kann zur Reduzierung des finanziellen und zeitlichen Aufwands für Transaktionen führen, weil im Zuge des fachlich-kommunikativen Austausches Vertrauen entsteht. Dieser positive Effekt stellt sich nur ein, wenn der fachlich-kommunikative Austausch in einen Leistungsaustausch mit hohem Adressatennutzen mündet.

Die geringe Abhängigkeitsdichte in beiden organisationalen Feldern lässt sich durch die geringe Interaktionsdichte erklären. Denn mit einer hohen Interaktionsdichte geht ein hohes Maß an Interdependenzen einher (vgl. Sydow 2002: 92). Gleichzeitig wird durch die wechselseitige Beeinflussung von Akteuren aufgrund ihrer Interdependenzen die Reproduktion von Interaktionen befördert (vgl. Siegel et. al. 2009: 229). Diese Beeinflussung wird als „Rückkopplungseffekt" von Interdependenzen auf Interaktionen bezeichnet (Bock/Polach 2008: 433). Es ist davon auszugehen, dass sich der Rückkopplungseffekt in den erhobenen Netzwerken nur geringfügig auswirkt, da beide Dichteparameter schwach ausgeprägt sind.

6.2 „Wir-Gefühl" und Netzwerkkoordination

Über die Hälfte (54,8 %) der Befragten, die mit dem Wir-Gefühl sehr zufrieden sind, geben an auch mit der Koordination ihrer Kooperation sehr zufrieden zu sein. Und die Hälfte (50 %) der Netzwerkakteure, die mit dem Wir Gefühl in ihrer Kooperation unzufrieden sind, sind auch mit der Koordination ihrer Zusammenarbeit unzufrieden.

Die positive Auswirkung der Netzwerkidentität in beiden organisationalen Feldern auf die Zufriedenheit mit der Koordination lässt sich mit der Einbettung eines Individuums in ein soziales Gebilde erklären. Denn durch diese Einbettung entstehen Identitäten, aus denen sich Präferenzen entwickeln können (vgl. Stegbauer 2008b: 14). Solche Präferenzen können Prozesse im Netzwerk und deren Koordination betreffen. Insofern kann davon ausgegangen werden, dass sich die Verflechtung von Organisationen besser koordinieren lässt, wenn die Netzwerkpartner eine gemeinsame Identität entwickeln.

6.3 Vertrauen und Transaktionskosten

Die empirischen Ergebnisse zeigen, dass in den Fällen, in denen Befragte mit dem Vertrauen innerhalb ihrer Kooperation sehr zufrieden sind, die Zusammenarbeit zu fast 25 % auf Partnerebene geregelt ist. In knapp 19 % der Fälle, die mit dem Vertrauen in der Kooperation sehr zufrieden sind, wird die Zusammenarbeit auf der Kooperationsebene geregelt. Bei über der Hälfte der sehr Zufriedenen (rd. 55 %) wird die Kooperation sowohl auf der Partner- als auch auf der Kooperationsebene geregelt. Regelungen der Zusammenarbeit wirken sich auf die Zufriedenheit mit dem Vertrauen innerhalb der Kooperation aus. Zwischen den Regelungen der Zusammenarbeit und der Zufriedenheit mit dem Vertrauen besteht ein schwacher Zusammenhang. Eine Koordination, die auf zentralen und dezentralen Regelungen basiert, führt tendenziell zu einer Zufriedenheit mit dem Vertrauen innerhalb einer Kooperation. Durch das Zusammenspiel zentraler und dezentraler Regelungen ergeben sich Gestaltungsmöglichkeiten für die Netzwerkpartner, die mit dem Leistungsaustausch einhergehende Unsicherheit zu reduzieren.

Luhmann (1968: 89) verweist auf den komplexitätsreduzierenden Mechanismus des Vertrauens, ohne den nur kurzfristige Kooperationen möglich wären. Dieser Mechanismus bewirkt, dass die Unsicherheit hinsichtlich der Frage, ob der Interaktionspartner seinen Verpflichtungen nachkommt, gesenkt wird. Kommt der Partner seinen Verpflichtungen nach, wird das Vertrauen nicht enttäuscht. Es können Transaktionen durchgeführt werden, deren Umfänge anwachsen und so eine dauerhafte Kooperation ermöglichen. So kann das Vertrauensmaß im Laufe der Zeit parallel zur Anzahl von erfolgreichen Transaktionen steigen (vgl. Luhmann 1968: 42, Lambe et. al. 2001: 11, Whitener et. al. 1998: 513 f). Durch die Regelungen auf der Partnerebene wird somit eine höhere Verbindlichkeit zwischen den Akteuren erreicht. Diese Verbindlichkeit trägt dazu bei, dass die Netzwerkpartner ihren gegenseitigen Verpflichtungen nachkommen und Vertrauen untereinander aufbauen.

7. Fazit

Die hier generierten Forschungsergebnisse sind zwar nur eingeschränkt repräsentativ, es lassen sich aber einige Erkenntnisse für den Aufbau und die Steuerung von interorganisatorischen Netzwerken extrahieren:

Die Förderung des „Wir-Gefühls" innerhalb einer interorganisatorischen Netzwerkkooperation kann zu mehr Zufriedenheit mit der Steuerung der Zusammenarbeit führen, was die Koordination erleichtert. Insofern ist der Aufbau eines sozio-kulturellen Referenzrahmens auf der Strukturebene von Netzwerkkooperationen eine zentrale Aufgabe des Managements (vgl. Schubert 2005a: 91). Bei der Genese einer sozio-kulturellen Identität ist daran zu denken, dass diese über die Taktiken des Netzwerks mitbestimmt (vgl. Robins 2001: 423). Daher sollte sich das angestrebte „Wir-Gefühl" mit den Zielen der Kooperation decken.

In diesem Zusammenhang kann der Einsatz eines interorganisatorischen Interventionsdesigns für die Umfeld/System-Umwelt-Analyse (vgl. Noack 2010) sinnvoll sein. Dieses Interventionsdesign, kann im Rahmen eines eintägigen Workshops angewendet werden. Es ermöglicht den vernetzten Organisationen einen Austausch über ihr Verhältnis zu „der gemeinsamen Umwelt (...), wodurch erste Kontrollmöglichkeiten für die beteiligten Organisationen aufgebaut werden" können (Noack 2010: 5). Durch gruppendynamische Maßnahmen wird zum einen die „Herausbildung eines Verhältnisses des im Aufbau befindlichen Systems eines Netzwerks zu (...) seinen Umwelten und zum anderen die Entstehung einer eigenen System-Identität (eines Selbst des Systems) durch die Konstruktion einer Grenze zu den (...) Umwelten" (Noack 2010: 12) ermöglicht. Miller (2005: 115) beschreibt die Auswirkungen der Grenzziehung auf die Netzwerkkultur und den Effekt der Netzwerkkultur auf die Steuerung einer Kooperation folgendermaßen:

> „Grenzziehungen sind einerseits notwendig, damit das Netzwerk ein eigenes Profil entwickeln kann mit dem sich die Akteure identifizieren können, und damit seine Arbeits- und Funktionsfähigkeit gesichert wird."

Damit bei der Steuerung der Zusammenarbeit möglichst wenige Transaktionskosten anfallen, können vertrauliche Leistungsaustauschbeziehungen genutzt werden. Dafür wird eine Netzwerkarchitektur benötigt, die dem netzwerktypischen Spannungsfeld von Stabilität und Flexibilität gerecht werden kann (vgl. Burmeister/Steinhilper 2010: 113):

> „Netzwerke entstehen, weil sie Steuerungs- bzw. Kommunikationslücken füllen. (…) Netzwerkphänomene sind im Zusammenhang mit den Defiziten der eher stark strukturierten Organisationsform zu sehen – weil tradierte Steuerungsmechanismen wie hierarchische Strukturen formaler Organisationen oder die zentralistische Bürokratie nicht mehr mit der Komplexität und Dynamik moderner Gesellschaften mithalten können. (…) Das situationsangepasste permanente Fließen von Informationen zwischen eigenständigen Akteuren der Netzwerke kompensiert so die Defizite formaler Beziehungs- bzw. Interaktionsstrukturen." (Burmeister/Steinhilper 2010: 110)

Insofern erscheint die Implementierung einer zentralen Koordinationsinstanz im Feld von Profit- und Non-Profit-Organisationen zur Reduzierung von Transaktionskosten und für eine flexible Situationsorientierung sinnvoll. Diese sollte den Leistungsaustausch an den Schnittstellen von Teilprozessen der Netzwerkpartner zunächst auf der Grundlage eines Vertrages auf der Kooperationsebene planen und überwachen. Trotzdem sollte ein solcher Kontrakt genug Freiraum für spontane Interaktionen zwischen den Organisationsvertretern lassen.

Abbildung 5: Flexible Situationsorientierung

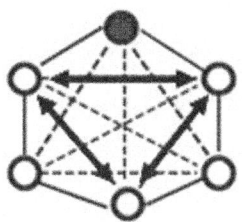

Dann können die Netzwerkakteure ihren Ideenreichtum nutzen und so schrittweise eine gemeinsame Handlungsverantwortung im interorganisatorischen Netzwerk herausbilden. Zudem wurde in vertiefenden qualitativen Fallanalysen festgestellt, dass sich Vertrauen im Netzwerk reproduziert, wenn die Netzwerkkoordination den Netzwerkpartnern Autonomie vermittelt. Insofern eignet sich eine Mischung aus strategischen Koordinationselementen (Allopoiese) auf der der Mesoebene des Netzwerks und Selbststeuerungsmechanismen (Autopoiese) auf der Mikroebene. Dadurch wird die Aktivierung verschiedener Netzkonfigurationen (Doppelpfeile in Abbildung 5) innerhalb eines formellen, vertraglichen Rahmens ermöglicht, mit denen eine Kooperation flexibel auf sich ändernde Anforderungen des Kooperationsgegenstandes[2] reagieren kann.

---

2   Ein konkretes Beispiel für wechselnde Anforderungen eines Kooperationsgegenstandes ist interorganisatorische Erbringung personenbezogener, sozialer Dienstleistungen in der Jugendhilfe. Hier wechseln die Anforderung

Methodisch ist kritisch zu diskutieren, wie der Rücklauf bei Onlinebefragungen gesteigert werden kann. Die potentielle Fehlerquelle durch Selbstselektion sollte hier durch eine gezielte mehrmalige E-Mail-Kontaktaufnahme zu der Zielgruppe kontrolliert werden. Der geringe Rücklauf verweist darauf, dass dies nicht in vollem Maße geglückt ist. Als Erhebungsinstrument scheint die Methode des Computer Assisted Telephone Interviewing (CATI) zweckmäßiger, bei der die Stichprobenteilnehmer direkt und persönlich angesprochen werden, um so eine höhere Stichprobenausschöpfung zu erhalten (vgl Dillman 2000).

Literatur

Aldrich, H. (1976): Ressource Dependence and Interorganizational Relations. In: Administration & Society, 7 (4). S. 419–454.

Bock und Polach, C., V. (2008): Neue Institutionenökonomie und Netzwerkanalyse. Theoretische und methodische Anknüpfungspunkte am Beispiel des Spargelanbaus in Brandenburg. In: *Stegbauer, C.* (Hrsg.) (2008a): Netzwerkanalyse und Netzwerktheorie. Ein neues Paradigma in den Sozialwissenschaften. Wiesbaden: VS Verlag für Sozialwissenschaften. S. 429–443.

Bossong, H. (2003) Hilfe „just in time": Vernetzung sozialer Dienstleistungen. In: Neue Praxis. Zeitschrift für Sozialarbeit, Sozialpädagogik und Sozialpolitik. 33. Jg.; Heft 5, S. 466–485.

Burt, R. S. (1982): Toward a structural theory of action: Network models of social structure, perception, and action. New York: Academic Press.

Bradach, J. L.; Eccles, R. G. (1989): Price, Authority and Trust: From Ideal Types to Plural Forms, Annual Review of Sociology, 15, S. 97–118.

Dillman, D. A. (2000): Mail and internet surveys : the tailored design method. New York, NY [u.a.], Wiley.

DiMaggio, P., J.; Powell, W., W. (1983): The iron Cage Revisted: Institutional Isomorphism and Collective Rationality in Organizational Fields. American Sociological Review 48, S.147–260.

Döhler, M. (2006): Hierarchie. In: Benz, A.; Lutz, S.; Schimank, U.; Simonis, G. (2006): Handbuch Governance. Theoretische Grandlagen und empirische Anwendungsfelder. Wiesbaden: VS Verlag, S. 46–54.

Ebers, M. /Gotsch, W. (2006): Institutionenökonomische Theorien der Organisation, in Kieser, A./Ebers, M. (Hrsg.) (2006): Organisationstheorien, 6. Aufl., Stuttgart: Schäfer Poeschel. S. 247–308.

Fachhochschule Köln (2009): Organisations- und Netzwerkentwicklung (ONE). Projektbeschreibung. Fachhochschule Köln: Eigendruck.

Fuchs, M. (2006): Sozialkapital, Vertrauen und Wissenstransfer in Unternehmen. Wiesbaden: Deutscher Universitätsverlag.

Gerich, J.; Lehner, R. (2003): Ego-zentrierte Netzwerkerhebung mittels selbstadministrierte Computerinterviews. Österreichische Zeitschrift für Soziologie. Band 28, Heft 4, S. 46–70.

Giddens, A. (1988): Die Konstitution der Gesellschaft. Grundzüge einer Theorie der Strukturierung. Campus Verlag: Frankfurt/New York.

Glasersfeld, E. v. (1997): Der Radikale Konstruktivismus. Ideen, Ergebnisse, Probleme. Suhrkamp: Frankfurt a. M.

---

des Kooperationsgegenstandes insofern, als dass jeder Jugendliche, der eine Hilfe zu Erziehung benötigt, in seine eigene Situation bzw. Lebenswelt eingebettet ist. Aus den von Fall zu Fall variierenden lebensweltlichen Ressourcen und Defiziten leitet sich die Notwendigkeit ab, Netzkonfigurationen flexibel von Hilfeleistung zu Hilfeleistung modifizieren, weil nie alle Netzwerkpartner bzw. immer dieselben Netzwerkpartner kooperativ an die personenbezogene, soziale Dienstleitung erstellen, sondern nur jene, die über die im jeweiligen Einzelfall benötigten Kompetenzen und Ressourcen verfügen.

Harms, V. (2002): Prozessgestaltung bei Dienstleistungen. In: Pepels, W. (2002): Betriebswirtschaft der Dienstleistung. Handbuch für Studium und Praxis. Herne/Berlin: Verlag neue Wirtschaftbriefe.

Hass, J.; Mützel, S. (2008): Netzwerkanalyse und Netzwerktheorie. Eine empirische Übersicht und theoretische Entwicklungspotenziale. In: Stegbauer, C. (Hrsg.) (2008a): Netzwerkanalyse und Netzwerktheorie. Ein neues Paradigma in den Sozialwissenschaften. Wiesbaden: VS Verlag, S. 49–65.

Hasse, R.; Krücken, G. (1999): Neo-Institutionalsimus. Bielefeld: Transcript.

Hinte, W. (2000): Ziele und Standards als ordnende Kategorien in der Sozialverwaltung. In: Hinte, W.; Litges, G.; Springer, W. (2000) (Hrsg.): Soziale Dienste: Vom Fall zum Feld. Berlin: Sigma. S. 65–74.

Homburg, C. (1998): Kundennähe von Industriegüterunternehmen, 2. Auflage. Wiesbaden: Gabler.

Jansen, D. (1999): Einführung in die Netzwerkanalyse. Opladen: Leske und Budrich.

Liepelt, K. (2008): KorRelationen: Empirische Sozialforschung zwischen Königsweg und kleiner Welt. In: In: Stegbauer, C. (Hrsg.) (2008): Netzwerkanalyse und Netzwerktheorie. Ein neues Paradigma in den Sozialwissenschaften. Wiesbaden: VS Verlag. S. 21–49.

Lambe, C. J.; Wittmann, C. M./Spekman, R. E. (2001): Social Exchange Theory and Research on Business-to-Business Relational Exchange, Journal of Business-to-Business Marketing, 8 (3), S. 1–36.

Leibniz Rechenzentrum (LRZ) (2010): Zusammenhangsmaße. Im Internet: http://docs.google.com/viewer?nicoschro. de/request.ph%3F6+Variablen+unterschiedlich+skaliert+bestimmung+zusammenhang+st.com (27.06.2010).

Luhmann, N. (1968): Vertrauen. Ein Mechanismus zur Reduktion sozialer Komplexität. Stuttgart: Ferdinand Enke Verlag..

Merchel, J. (1998): Zwischen Effizienzsteigerung, fachlicher Weiterentwicklung und Technokratisierung. Zum sozialpolitischen und fachpolitischen Kontext der Qualitätsdebatte in der Jugendhilfe. In: Merchel, J. (Hrsg.) (1998) : Qualität in der Jugendhilfe. Kriterien und Bewertungsmöglichkeiten. Münster: Votum Verlag. S. 9–20.

Meyer, John, W.; Rowan, B. (1977): Institutionalized Organizations: Formal Structures as Myth and Ceremony. American Journal of Sociology 83, S. 340–363. Zitiert in: Hasse, R.; Krücken, G. (1999): Neo-Institutionalsimus. Bielefeld: Transcript, S. 22.

Miller, T. (2005): Die Störanfälligkeit organisierter Netzwerke und die Frage nach Netzwerkmanagement und Netzwerksteuerung. In: Bauer, P. , Otto, O. (Hrsg.) (2005): Netzwerke. Band 2: Institutionelle Netzwerke in Steuerungs- und Kooperationsperspektive. Tübingen: dgvt Verlag. S. 105 –127.

Noack, M. (2010): Interventionsdesign: Für die Umfeld/System-Umwelt-Analyse mit den lokalen Stakeholder in einem Sozialraum. Norderstedt: Grin.

Otto, A. (2002): Kein Thema für die Supply Chain? – Das Management und Controlling institutionaler Vernetzung. In: Logistikmanagement, 4. Jg., H. 3, S. 25–36.

Pappi, F. (1987): Techniken der empirischen Sozialforschung. Frankfurt a.M.: Suhrkamp.

Peters, F. (2000): Auf der Suche nach reflexiven Institutionen. Integrierte, flexible Erziehungshilfen als strategische Antwort auf die ungeplanten Folgen fortschreitender Differenzierung und Spezialisierung. In: Dahme, H. J.; Wohlfahrt, N. (Hrsg.) (2000): Netzwerkökonomie im Wohlfahrtsstaat: Wettbewerb und Kooperation im Sozial- und Gesundheitssektor. Berlin: Sigma, S. 119–139.

Pfeffer, J./Salancik, G. R. (1978): The External Control of Organizations – A Resource Dependence Perspective, New York.

Porter, M., E. (2008): Wettbewerbsvorteile. Spitzenleistungen erreichen und behaupten. Campus Verlag: Frankfurt/ New York.

Ramme, I. (2003): Darstellung und Bedeutung von Dienstleistungen. In: Pepels, W. (Hrsg.) (2002): Betriebswirtschaft der Dienstleistung. Handbuch für Studium und Praxis. Herne/Berlin: Verlag neue Wirtschaftsbriefe, S. 3–21

Rößl, D.; Fink, M.; Kraus, S. (2007): Zwischenbetriebliche Kooperation und Netzwerk. Eine Begriffsexplikation. In: Wirtschaftliches Studium, Heft 2, S. 99–101.

Santen, V. E.; Seckinger, M. (2005): Fallstricke im Beziehungsgeflecht: Die Doppelleben interinstitutionelle Netzwerke . In: Bauer, P. ; Otto, O. (2005): Netzwerke. Band 2: Institutionelle Netzwerke in Steuerungs- und Kooperationsperspektive. Tübingen: dgvt Verlag, S. 201–221.

Schneider, B.; Goldstein, H. W.; Smith, D. B. (1995): The ASA Framework: An Update, Personel Psychology, 48 (4), S. 747–773.

Schnell. R; Hill, P., B.; Esser, E. (1999): Methoden der empirischen Sozialforschung. München: Wissenschaftsverlag.

Schubert, H. (2008): Netzwerkkooperation – Organisation und Koordination von professionellen Vernetzungen. In: Schubert, H. (Hrsg.) (2008): Netzwerkmanagement. Opladen: Leske und Budrich, S. 7–106.

Stegbauer, C. (2008): Netzwerkanalyse und Netzwerktheorie. Einige Anmerkungen zu einem neuen Paradigma. In: Stegbauer, C. (Hrsg.) (2008): Netzwerkanalyse und Netzwerktheorie. Ein neues Paradigma in den Sozialwissenschaften. Wiesbaden: VS Verlag, S. 11–21.

Siegel, A. et. al. (2009): Kooperation und Wettbewerb im integrierten Versorgungssystem „Gesundes Kinzigtal. In: Amelung, V., E.; Sydow, J.; Windeler, A. (Hrsg.) (2009): Vernetzung im Gesundheitswesen. Wettbewerb und Kooperation. Stuttgart: Kohlhammer, S. 223–237.

Siegler, B., F. (1997): Ökonomik Sozialer Arbeit. Freiburg im Breisgau: Lambertus.

Schellberg, K. (2008): Betriebswirtschaftslehre für Sozialunternehmen. Augsburg: ZIEL Verlag.

Sydow, J. (2002): Strategische Netzwerke. Evolution und Organisation. Wiesbaden: Gabler.

Universität Graz (2010): Kapitel 6: Kreuztabellen. Im Internet: http://www.kfunigraz.ac.at/~hadlerm/elementare/edvscripts/6.htm (23.6.2010).

Vahs, D. (2007): Organisation. Einführung in die Organisationstheorie- und Praxis. Stuttgart: Schaeffer Poeschel.

Wald, A.; Jansen, D. (2006a): Netzwerke. In: Benz, A.; Lütz, S.; Schimank, U.; Simonis, G. (2006): Handbuch Governance. Theoretische Grundlagen und empirische Anwendungsfelder, S. 93–106.

Wald, A.; Jansen, D. (2006b): Netzwerktheorien. In: Benz, A.; Lütz, S.; Schimank, U.; Simonis, G. (2006): Handbuch Governance. Theoretische Grundlagen und empirische Anwendungsfelder, S. 188–200.

Weinert, A., B. (1998): Organisationspsychologie. Weinheim: Psychologie Verlags Union.

Whitener, E. M./Brodt, S. E./Korsgaard, M. A./Werner, J. M. (1998): Managers as Initiators of Trust: An Exchange Relationship Framework for Understanding Managerial Trustworthy Behavior, Academy of Management Review, 23 (3).S. 513–530.

Williamson, O., E. (1990): Die ökonomischen Institutionen des Kapitalismus. Tübingen: Mohr.

Auf den Inhalt kommt es an:
Netzwerkstrukturen aus sozialkonstruktivistischer Sicht

Anika Neumann / Tobias Schmidt

Abstract

Wird soziales Handeln zur Erklärungsaufgabe von Netzwerkforschung, gilt es neben der Form der Netzwerkstrukturen den Inhalt der Kanten aus der Perspektive subjektiver Sinnsetzung mit zu rekonstruieren. Diese Erkenntnis – die im Rahmen dieses Artikels plausibilisiert werden soll – ist das Resultat von hermeneutischen Deutungsanalysen empirisch gewonnener Daten des laufenden Projektes „Raumpioniere im Stadtquartier. Zur kommunikativen (Re-)Konstruktion von Räumen im Strukturwandel". Raumpioniere sind Akteure und Akteursgruppen, die raumbezogen engagiert sind. Sie erzeugen Resonanz, indem sie mit neuen raumbezogenen Visionen, innovationsverdächtigen Ideen oder Konzepten andere bzw. bestehende Sichtweisen auf Räume irritieren. Insofern sie damit Modifikationen und Transformationen zum Beispiel von stigmatisierten Raumdeutungen anregen, können sie mit ihrem Engagement sozialräumliche Veränderungspotenziale eröffnen. Wie aber können Raumpioniere – im Gegensatz zu vielen anderen Akteuren und Akteursgruppen – ihre Raumdeutungen umsetzen und Resonanz erzeugen? Ihre Resonanzkraft im Raum lässt sich nicht allein strukturell nachvollziehen, d.h. über ihre formalen Netzwerkkontakte. Es sind zugleich die akteursbezogenen Merkmale der Raumpioniere, ihre Wissensbestände, ihre Handlungsmotivationen und -ziele sowie ihre Kommunikationsstile, die ihre Raumvisionen Dominanz gewinnen lassen. Einen Theorie bildenden Anspruch vorausgesetzt, der ein adäquates Verständnis von Genese und Wandel sozialer Netzwerke ermöglicht, legen diese Ergebnisse eine Integration wissenssoziologischer Theorien in formale Netzwerkansätze nahe.

1. Einleitung

Das Projekt „Raumpioniere im Stadtquartier. Zur kommunikativen (Re-)Konstruktion von Räumen im Strukturwandel" untersucht ethnografisch, wie Vorstellungen von Räumen in kommunikativen Prozessen durch einzelne Akteure, Gruppen, Netzwerke und öffentliche Diskurse konstruiert werden (Christmann 2010: 34). Vor dem Hintergrund eines wissenssoziologischen Ansatzes lautet eine zentrale Forschungsfrage, inwiefern so genannte ‚Raumpioniere' mit spezifischen Handlungspotenzialen solche Raumkonstruktionsprozesse beeinflussen können. Raumpioniere – als Sonderfall von Akteuren – sind raumbezogen engagiert. Sie regen zu Transformationen bestehender Raumbilder an, indem sie mit ihren Projekten, Konzepten

und Ideen andere Sichtweisen auf den Raum irritieren und in Frage stellen. Das schafft sozialräumliche Veränderungspotenziale, etwa in Hinsicht auf die Verbesserung von Lebensqualität
oder den Abbau von Negativ-Images eines Stadtquartiers.

Eine entscheidende Frage ist dabei: Wie können bestimmte Raumpioniere mit ihren Vorstellungen vom Raum mehr Resonanz erzeugen als andere?

Um verstehen zu können, wie es im sozialen Handeln von Raumpionieren zu größerer
Durchsetzungskraft, zu erfolgreichen Handlungsstrategien sowie dem Aufbau und vor allem
auch der Nutzung von strategischen Handlungsressourcen kommt, hat sich im Rahmen einer
interpretativen Analyse ihrer Projektnetzwerke die kombinierte Betrachtung von individuellen und relationalen Merkmalsdimensionen als besonders aufschlussreich erwiesen. Soziales
Handeln der Raumpioniere wird zum Einen analysiert auf Basis relationaler Merkmale wie
beispielsweise der Formen oder des Umfangs ihrer projektspezifischen Vernetzungskontakte;
verstehen können wir es aber erst unter Berücksichtigung der Wissensbestände, Handlungsmotivationen, kommunikativen Stile oder auch der Bildungs- und ökonomischen Kapitalien
dieser Akteure. Erst dann lässt sich empirisch schlüssig nachvollziehen, weshalb Egonetzwerke, die *strukturell* ähnliche Merkmale aufweisen, von Akteuren *individuell* unterschiedlich genutzt werden.

Dass Akteure immer auch ganz anders handeln können als es ihre strukturellen Handlungsspielräume erlauben würden, wollen wir im Folgenden anhand zweier Fallbeispiele aus
der laufenden Forschungsarbeit zeigen. Einleitend erfolgt dazu eine Erläuterung des theoretischen Raumkonstruktionsmodells unseres Projekts (2) und die knappe Darstellung unseres
netzwerkbezogenen Untersuchungsansatzes (3). Aus der Diskussion der zwei Fallbeispiele
(4) leiten wir anschließend ab, dass eine sinnrekonstruktive Perspektive im Rahmen qualitativer Netzwerkforschung mit der strukturell-formalen Betrachtungsweise von Netzwerken
verbunden werden sollte (5).

2. Raumkonstruktion als kommunikativer Prozess

Dem sozialkonstruktivistischen Ansatz von Berger und Luckmann (2007) gemäß, der unter
anderem durch Thomas Luckmann und Hubert Knoblauch eine kommunikative Erweiterung
erfahren hat (Knoblauch 1995), betrachten wir Kommunikation(en) als konstitutives, d.h. Bedeutung bzw. Wissen generierendes Element sozialer Prozesse, zu denen auch die kommunikative Konstruktion von auf den Raum bezogenen Deutungs- und Wahrnehmungsschemata gehört.[1] Die kommunikative Genese und Aushandlung konkurrierender Raumdeutungen
untersucht das Projekt „Raumpioniere im Stadtquartier" anhand von Umbruchdynamiken in
den Stadtquartieren Berlin-Moabit und Hamburg-Wilhelmsburg. Beide Stadtteile weisen besondere soziale Problemlagen und ausgeprägte Negativ-Images auf. In beiden finden wir aber
auch engagierte Bewohner, die mit ihren Ideen gegen solche Stigmatisierungen kämpfen und
alternative Raumbilder kommunizieren. Hier zeigt sich eine große Dynamik raumbezoge-

---

1   „Kommunikation ist ein Handeln, das sich, in die Umwelt hinein wirkend, Zeichen bedient und an anderen
     orientiert ist: wechselseitiges, zeichenhaftes Wirkhandeln." (Knoblauch 1995: 53)

ner Aushandlungsprozesse. Das erlaubt uns zu untersuchen, wie an Altes angeknüpft wird, wie Raumwissensbestände transformiert werden, aber auch wie und unter welchen Voraussetzungen sich neue bzw. innovative Ideen[2] durchsetzen. Angesichts einer breit gefächerten Medienlandschaft lassen sich in solchen Großstadtquartieren außerdem diskursive Veränderungsprozesse rekonstruieren – welche die Medien nicht nur spiegeln, sondern als eigenständiger und wirkmächtiger Diskursakteur beeinflussen können (Christmann und Büttner 2011).

Wie bereits eingangs erläutert, werden Raumpioniere als Schlüsselakteure im Rahmen kommunikativer Raumkonstruktionen angesehen. Illustrierend lässt sich an dieser Stelle ein Beispiel aus Berlin heranziehen:

Akteurin A wohnt schon lange in der Bahnhofsstraße in Berlin-Moabit. Sie ist dort durch die unmittelbare Nähe ihrer Wohnstraße zum neuen Hauptbahnhof mit einer Vielzahl von Veränderungsprozessen konfrontiert, die sich materiell in neu entstehenden Bauwerken manifestieren. Diese baulichen Veränderungen nimmt Akteurin A mit äußerstem Argwohn zur Kenntnis. In problemzentrierten Interviews äußert sie diesbezüglich – und hier schlagen sich die Veränderungsprozesse bereits immateriell in Form sich wandelnder Wissensbestände und Raumbilder nieder – Ängste vor Gentrifizierungsprozessen, die sie als konkrete Bedrohung ihrer Lebenswelt vor Ort empfindet. Sie erzählt, Investoren würden ihren Kiez zerstören. Akteurin B hingegen – ebenfalls Bewohnerin dieser Straße – deutet uns gegenüber die Umgestaltungen jedoch positiv und ist der Meinung, Aufwertung würde ihrem Kiez gut tun und könne gar nicht ohne Investoren gelingen.

Hier stellt sich die Frage: Wie entstehen solche unterschiedlichen Sichtweisen auf ein und denselben Raum? Wie können so verschiedene Sichtweisen auf den Raum eventuell miteinander vereinbart werden? Hier kommt die zentrale Analysedimension der Kommunikation ins Spiel. Denn nur über Kommunikationsprozesse, beispielsweise innerhalb von Gruppen und Netzwerken, können Raumbilder verhandelt, gegebenenfalls modifiziert und auf einen Nenner gebracht werden (Christmann und Büttner 2011). So wie im Moabiter Nachbarschaftstreff der Bahnhofsstraße, wo Akteurin A und Akteurin B sich einmal monatlich über ihre privaten Verabredungen hinaus mit anderen austauschen. Dort werden ihre Raumbilder mit denen anderer Gruppenmitglieder konfrontiert. Selbstverständlich tragen die dortigen kommunikativen Konfrontationsprozesse Konfliktpotenzial in sich, insbesondere, wenn sehr unterschiedliche Auffassungen über ein und denselben Raum aufeinandertreffen, die dann in Face-to-Face-Kommunikationen verhandelt werden. Die Kommunikationskultur des Moabiter Nachbarschaftstreffs zeigt sich in solchen Konfliktsituationen basisdemokratisch und integrativ. Eine wichtige Bedingung dafür, dass sich die Gruppe trotz unterschiedlicher Vorstellungen von ihrem Lebensumfeld häufig dennoch auf eine gemeinsame Haltung einigen kann: „Das soll unsere Wohnstraße bleiben."

---

2   Innovationen werden im Rahmen dieses Beitrages als soziale Innovationen verhandelt, die im Anschluss an Wolfgang Zapf verstanden werden als „neue Wege, Ziele zu erreichen, insbesondere neue Organisationsformen, neue Regulierungen, neue Lebensstile, die die Richtung des sozialen Wandels verändern, Probleme besser lösen als frühere Praktiken, und die deshalb wert sind, nachgeahmt und institutionalisiert zu werden." (Zapf 1989: 177)

Aus der strukturhermeneutischen Analyse der Daten aus den teilnehmenden Beobachtungen wissen wir allerdings, dass nicht die Kommunikationskultur der Gruppe allein über die Durchsetzungskraft spezifischer Raumbilder entscheidet. Auch individuelle und relationale Merkmale der Akteure haben Einfluss darauf, welche Raumwissensbestände dominant werden. Akteurin A beispielsweise kommt innerhalb des Nachbarschaftstreffs eine ganz zentrale Rolle zu. Sie genießt die Anerkennung vieler Bewohner der Straße, ist mit vielen gut befreundet und kann auf ein umfangreiches Unterstützungsnetzwerk zurückgreifen. Auch die Mitglieder des Nachbarschaftstreffs bringen ihr Vertrauen entgegen, was ihr großen Einfluss verleiht wenn es darum geht, thematische Prioritäten festzulegen, neue Ideen einzubringen oder gemeinsam Entscheidungen zu treffen. Durchsetzungskraft bei Gruppensitzungen kommt ihr aber auch aufgrund ihrer Rolle als Moderatorin des Gremiums zu. Charakteristisch ist außerdem ihr sachlicher, vermittelnder Kommunikationsstil, mit dem sie Konflikte in konstruktiver Weise auszugleichen in der Lage ist und maßgeblich zum integrativen Gruppenklima beiträgt. In ihrem Engagement bringt Akteurin A außerdem immer wieder Menschen mit unterschiedlichen Raumdeutungen zusammen, die über den Raum sprechen. Insofern sie damit Transformationen bestehender Raumbilder anregt, verkörpert sie einen Raumpionier.

Der Nachbarschaftstreff ist über diese Raumpionierin A als Brückenkontakt (Burt 1992) mit vielfältigen anderen Gruppen innerhalb des Stadtteiles vernetzt. Zum Beispiel ist A bei anderen Bürgervereinigungen als Moderatorin oder aktive Teilnehmerin öffentlicher Sitzungen präsent. Über dieses Beziehungsnetz bekommt Raumpionierin A regelmäßig neue Informationen, sie kann aber vor allem die unter ihrem Einfluss verhandelten Raumdeutungen des Nachbarschaftstreffs einem größeren Publikum bekannt machen. Wirkmächtigkeit erhalten diese Raumdeutungen allerdings erst dann, wenn sie von einer breiteren Öffentlichkeit aufgegriffen, also medial vermittelt werden. Im Falle des Nachbarschaftstreffs hat bei der Außenkommunikation das lokale Online-Magazin „XY" Priorität. Ihre strukturelle Schnittstellenposition als leitendes Redaktionsmitglied dieses Magazins macht es Raumpionierin A relativ leicht möglich, die raumbezogenen Wahrnehmungsschemata des Nachbarschaftstreffs in einen breiteren Leserkreis der lokalen Öffentlichkeit hinein zu streuen. Über diese Wege können schließlich Topoi der Quartiersebene, wie beispielsweise „Das soll unsere Wohnstraße bleiben", zu thematischen Kernen von Diskursen auf Stadtteilebene werden, zum Beispiel über Gentrifizierung. Solche Diskurse können dann wiederum von anderen Akteuren und Akteursgruppen in Kommunikationsprozesse integriert werden und so Wirkmächtigkeit entfalten.

3. Qualitative Netzwerkforschung im Rahmen eines ethnografischen Projekts[3]

Der Entwicklung dieses theoretischen Raumkonstruktionsmodells liegt eine umfangreiche ethnografische Feldforschungsphase zu Grunde. Während punktueller Feldaufenthalte wurden Daten zu kommunikativen Handlungen und den darin verhandelten Raumdeutungen und Handlungszielen erhoben, zum Einen über teilnehmende Beobachtungen in Gruppensitzun-

---

3   Zur ausführlicheren Diskussion von Methode und Auswertungsstrategie s. Neumann und Schmidt 2011.

gen und öffentlichen Veranstaltungen, zum Anderen über problemzentrierte Interviews mit Engagierten und Experten. Darüber hinaus wurden Dokumente gesammelt und analysiert.

Methodologisch folgen wir dabei der fokussierten Ethnografie, wie Hubert Knoblauch sie vorgeschlagen hat (Knoblauch 2001). Dieser geht es um die thematische Fokussierung auf bestimmte Aspekte von Feldern (in unserem Fall ausgewählte kommunikative Handlungen) und nicht – wie der 'klassischen' ethnologischen Ethnografie – um eine holistisch angelegte dichte Beschreibung des gesamten Feldes (Knoblauch 2001: 125). Charakteristisch sind für die fokussierte Ethnografie in der Regel zeitlich punktuelle (statt längerfristiger) Feldaufenthalte, die Feldbeobachtungs- anstelle einer Teilnehmerrolle sowie eine Betonung von Daten- und Analyseintensivität gegenüber der Erfahrungsintensivität (Knoblauch 2001: 129). Insofern fokussierte Ethnografie beansprucht, „die Prinzipien der gesellschaftlichen Konstruktion des untersuchten Phänomenbereichs offenzulegen" (Knoblauch 2001: 136), erlaubte es schließlich ein solcher Forschungsansatz neben der teilnehmenden Beobachtung als Kernmethode auch Interviews, Netzwerkkarten und Diskursanalysen zu integrieren.

3.1 Die empirische Erhebung egozentrierter Netzwerkbilder

Das Instrument zur Erhebung egozentrierter Netzwerkbilder ist als eigener Interviewteil in die leitfadengestützten, problemzentrierten Interviews mit potenziellen Raumpionieren integriert. Als so genanntes *Netzwerkspiel* erfolgt es gegen Ende des Interviews, vor der Erhebung sozialstatistischer Daten des Befragten.

Es knüpft aus dem thematisch fokussierten Interviewverlauf heraus an Narrationen zu *Ort, Ortsbindung, Projekt und eigenem Engagement* des Befragten an. Nach einer kurzen Erläuterung des Ablaufs werden Erzählstimuli als Namensgeneratoren genutzt, die auf die projektbezogene Vernetzung und Kooperation der Befragten vor Ort abzielen (zum Beispiel „Wenn sie hier vor Ort etwas erreichen wollen, wer ist da besonders wichtig?"). Die Netzwerkdatenerhebung als Interviewteil ist damit in intensive Interaktionen zwischen Interviewer und Befragtem eingebettet. Zudem soll die Strukturierungsleistung bei der Erhebung des Netzwerkbildes so weit wie möglich beim Befragten verbleiben. Aus diesem Grund wird bewusst auf jegliche, möglicherweise vorstrukturierende Elemente wie beispielsweise Kreissegmente (Kahn und Antonucci 1980) bei der Erhebung der egozentrierten Netzwerke verzichtet, ebenso auf klassische Namensgeneratoren wie etwa von Burt oder Fischer (Burt 1984; Fischer 1982). Ein Blanko, das Befragten beim Einstieg ins Netzwerkspiel als an die Wand projiziertes Bild präsentiert wird, zeigt lediglich eine Ego-Figur auf einer planen Fläche. Vor dem Beamerbild stehend oder sitzend, instruiert der Befragte den Interviewer am Laptop, welche Items in welchen Konstellationen zueinander ins Netzwerkbild aufzunehmen sind. Die spezifischen Nähe- und Distanzkonstellationen zwischen den Items des entstehenden Bildes werden dabei als Ausdruck der „gefühlten Nähe" (im Sinne einer ‚Wissensnähe', beispielsweise als ideell nahe oder eher fern stehend) zu anderen Akteuren erfragt. Dabei werden sowohl Einzelakteure (Personen), Gruppen und Institutionen als auch Orte (als kommunikative ‚Umschlagplätze' von Wissen) erfasst. In einem zweiten Schritt erfolgt die narrative Klärung der jeweiligen Beziehungsqualitäten von Ego zu den einzelnen genannten Alteri. Die Elizitierung subjektiven Sinns seitens des Befragten wird im Konstruktionsprozess des Netzwerkes während der Gesprächssituation über regelmäßige Aufforderungen zum *lauten Denken* (Huber und Mandl 1994; Richardson 1996) zusätzlich angeregt.

Auf diese Weise kann sich die Netzwerkkonstruktion nicht nur möglichst eng an den raumbezogenen Relevanzstrukturen der Akteure selbst orientieren. Mit Hilfe der neuen Software *VennMaker*[4] ist zudem die Möglichkeit gegeben, die kommunikative Interaktion zwischen Interviewer und Interviewee für eine sequenzanalytische Analyse in Kombination mit dem Netzwerkbild fruchtbar zu machen. Die Software-Oberfläche wurde im Modus *free network drawing* für diesen Erhebungszweck entsprechend vorkonfiguriert. Auf einem Laptop gestattet das Programm in der Gesprächssituation nicht nur ein einfaches und schnelles Handling bei der Übertragung genannter Namen und Items auf das elektronische Netzwerkbild. Da die Aufnahmefunktion von VennMaker eine synchrone Aufnahme der Interview-Konversation (Audio) und der einzelnen Entstehungsschritte des Netzwerkbildes (simultaner Videomitschnitt des Bildschirmgeschehens) im Kontext der konkreten Erhebungssituation erlaubt, werden sequenzielle Feinanalysen in Triangulation mit Konversationsanalysen des kommunikativen Konstruktionsprozesses möglich.

3.2   Eine fallrekonstruktive Auswertungsstrategie

In Variation dessen, was Arnulf Deppermann (2000; Deppermann und Schmitt 2009) für die ethnografische Gesprächsanalyse vorgeschlagen hat, verknüpft unser Vorgehen bei der Auswertung der egozentrierten Netzwerkbilder eine wissenssoziologische Hermeneutik (Schröer 1997) mit sequenziellen Analysen der Interviewkonversation. Der Einstieg in die Analyse erfolgt in der Regel über eine Deutung des Netzwerkbildes durch Mitglieder der Forschungsgruppe, die nicht an Felderschließung bzw. Datenerhebung im zu untersuchenden Fall beteiligt waren. Unter Ausschluss ethnografischen Vorwissens kann so ein Ausgangspunkt für den Analyseprozess gewährleistet werden, der sich nicht vorab von spezifischer Fallkenntnis beeinflusst zeigt.

Eine solche Person entwickelt erste Globalhypothesen, beispielsweise in Bezug auf Merkmale wie Netzwerkgröße, Nähe-Distanz-Muster oder Mengenverhältnisse zwischen Einzelakteuren, Gruppen und Orten. Erste vergleichende Systematisierungen anhand der auffälligsten Merkmale wirken dabei Material erschließend und legen erste Fallvergleiche nahe.

Anhand solcher merkmalsspezifischen Gruppierungen verschiedener Netzwerkbilder erfolgen die datengeleitete Validierung und Modifikation von Strukturhypothesen. Dazu werden sukzessive weitere Mitglieder der Forschungsgruppe mit ihrem ethnografischen Wissen in den Interpretationsprozess einbezogen, Interviewsequenzen herangezogen oder Hintergrundwissen und Daten aus der teilnehmenden Beobachtung integriert. Fallstrukturhypothesen führen

---

4   VennMaker ist eine neue Software zur Erhebung, Darstellung und Analyse qualitativer, egozentrierter Netzwerkdaten und liegt seit Anfang des Jahres in Marktreife vor. Das Tool wurde im Rahmen des Exzellenzclusters „Gesellschaftliche Abhängigkeiten und soziale Netzwerke" unter Leitung von Prof. Dr. Schönhuth an der Universität Trier entwickelt und stand dem Projekt „Raumpioniere im Stadtquartier" als Testversion während der Beta-Phase zur Verfügung.

schließlich zu einer theoretisch begründeten Fallauswahl (*theoretical sampling*). Im Sinne einer hermeneutischen Spirale zwischen Induktion und Deduktion pendelnd lässt sich so – von der strukturhermeneutischen Deutung der Netzwerkbilder ausgehend – eine *Grounded Theory* (Mey und Mruck 2007) der Vernetzungs-, Kooperations- und Kommunikationsstrukturen von Raumpionieren in ihren raumbezogenen Projekten entwickeln.

4. Zwei Fallbeispiele – ein Fallvergleich

Ein Ziel ist es also, ausgehend von netzwerkspezifischen Strukturmerkmalen zu Aussagen über Handlungskapazitäten und Durchsetzungschancen der raumbezogenen Deutungsschemata des jeweiligen Raumpioniers zu gelangen.

Das Netzwerk der Raumpionierin A ist durch seine besonders große Anzahl an genannten Projektkontakten aufgefallen. Mengenmäßig dominieren darin persönliche Kontakte zu Einzelpersonen die Beziehungen zu Gruppen und Institutionen. Darüber hinaus lässt sich eine Häufung multiplexer Beziehungen innerhalb dieses Netzwerkbildes feststellen. Erkennbar wird weiter, dass diese Akteurin überwiegend freundschaftliche und ideell nahe Beziehungen zu ihren Alteri pflegt. Dies macht bereits ein gewisses Potenzial an *strong ties* (Granovetter 1973) wahrscheinlich, die laut Dorothea Jansen zu Solidarität und Vertrauen als Grundlage von sozialem Einfluss führen. Daneben scheint Raumpionierin A aber auch über zahlreiche uniplexe, von ihr vor allem als „strategisch wichtig" bewertete Beziehungen zu verfügen, die beispielsweise zur Gewinnung neuer Informationen dienlich sein können. Blockadewirkungen werden von ihr weniger Einzelpersonen, sondern tendenziell mehr Gruppen und Institutionen unterstellt. Auch wenn Raumpionierin A Konflikte offenbar nicht grundsätzlich scheut, weist ihr Netzwerkbild im Vergleich dazu verhältnismäßig wenige hinderliche Beziehungen auf. Sie erscheint in dieser Hinsicht als Akteurin, die konstruktiven Partnerschaften den Vorrang vor Konfliktbeziehungen gibt. Es lassen sich davon ausgehend Strukturhypothesen begründen, die Raumpionierin A als Integrationsfigur mit umfangreichem lokalem Unterstützungsnetzwerk charakterisieren, da sie angesichts ihrer Netzwerkgröße und zahlreicher *strong ties*, aber auch strategisch hilfreicher *weak ties* über hohe Durchsetzungschancen verfügt.

Die Validierung solcher ersten Strukturhypothesen erfolgt schließlich anhand von Daten aus dem problemzentrierten Interview und den teilnehmenden Beobachtungen. Thematische Sequenzen von Konfliktprozessen geben beispielsweise Aufschluss darüber, inwiefern Raumpionierin A tatsächlich auf ein solches Unterstützungsnetzwerk zurück greifen und sich durchsetzen kann. Erzählungen im Interview, aber auch die teilnehmenden Beobachtungen offenbaren in ihrem Fall einen betont integrativen Kommunikationsstil, den sie sowohl als Moderatorin des Moabiter Nachbarschaftstreffs als auch in ihrer Rolle als selbst engagierte Akteurin im Bereich nachbarschaftlicher Nah-Beziehungen vor Ort kultiviert hat. Es lassen sich zudem vielfältige informelle Interaktionsbeziehungen zu unterschiedlichsten Akteuren beobachten, die im Netzwerkbild genannt worden sind – sowohl auf Ebene des Stadtteils, der lokalen Politik als auch innerhalb des eigenen Wohnquartiers.

Der weitere Einbezug ethnografischen Hintergrundwissens macht zudem klar, dass sie offensichtlich mehrere strukturelle Schlüsselpositionen der Engagiertenkultur im Stadtteil besetzt. So ermöglicht es etwa ihre leitende Funktion in der Redaktion des Online-Magazins „XY", das lokale Leitmedium im Stadtteil, ihre Raumbilder und die ihrer Gruppe relativ leicht in einen breiteren Leserkreis auf Ebene der lokalen Öffentlichkeit zu streuen und auf diesem Wege raumbezogene Diskurse zu beeinflussen. Da sie, wie im eigenen Quartier, sowohl unter anderen Engagierten als auch den Nicht-Engagierten im Stadtteil große soziale Anerkennung genießt, wirkt nicht nur die strukturelle ‚Streuweite' ihrer kommunikativen Kanäle groß. Groß erscheint in der Folge auch die Wahrscheinlichkeit dafür, dass ‚ihre' Themen auch tatsächlich von anderen Akteuren und Medien rezipiert, in deren Kommunikationen integriert und raumbezogene Deutungsschemata von Raumpionierin A damit reproduziert werden.

Da Raumpionierin A in Wohnstrasse und Stadtteil über hohes soziales Prestige verfügt, kann sie potenziell auf ein tragfähiges, aktivierbares lokales Netzwerk von Unterstützern zurück greifen. Zahlreiche informelle Kontakte, von denen sie einige selbst als als strategisch bedeutsam bezeichnet, bergen strukturell autonome Entwicklungsmöglichkeiten. Doch deren strategische Nutzung – und dies ist hier ein wesentlicher Befund – wird unter anderem in Abhängigkeit von ihrer *biografischen Identitätskonstruktion* innerhalb ihres Milieukontextes begrenzt, dessen Wertearchitektur besonders die gemeinschaftlich-organischen Solidaritäten (Tönnies 1988) im Rahmen ihrer lebensweltlichen Einbettung vor Ort hoch bewertet. Diesen scheint sie, darauf deutet die Auswertung des Interviews hin, gegenüber der strategischen Stärke ‚schwacher' Beziehungen (Granovetter 1973; Jansen 2000) normativ Priorität einzuräumen. Unter vergleichsweise hohem Anpassungsdruck an eine als lebensweltlich ‚intakt' inszenierte lokale Gemeinschaft ihrer Wohnstrasse – denn als solche lässt sie sich ethnografisch rekonstruieren – wird ein strategisch-taktisches Ausnutzen ihrer strukturautonomen Handlungsmöglichkeiten negativ sanktioniert, sofern es (potenziell) sozialintegrative Solidaritäten im lokalen Milieu ihrer Wohnstraße zu untergraben droht.[5]

Schließlich können auch bereits vorhandene Theoriebestände in einem solchen Analyseprozess herangezogen werden. Die latenten Handlungskapazitäten eines integrativen, vermittelnden Akteurstypus' wie Raumpionierin A umfassen dann alle fünf Grundlagen von Sozialkapital,[6] die Jansen unterscheidet:

1.   „Familien- und Gruppensolidaritäten, die auf sozialen Schließungsprozessen beruhen,

2.   Vertrauen in die Geltung allgemeiner sozialer Normen,

3.   Information,

4.   Profitchancen durch strukturelle Autonomie,

5.   sozialer Einfluss." (Jansen 2000: 27f)

---

5   Beim derzeitigen Stand des Projekts bleibt zu prüfen, inwiefern bereits Herkunftsmilieu und individueller Lebenskontext in ihrem Fall eine antikapitalistisch sozialkritische Werthaltung nahelegen, die sie insbesondere an einer strategischen Nutzung ihrer weak ties zu Institutionenvertretern als ‚Flirt mit der Macht' hindern.

6   Sozialkapital wird im Anschluss an Pierre Bourdieu konzipiert als „Gesamtheit der aktuellen und potentiellen Ressourcen, die mit dem Besitz eines dauerhaften Netzes von mehr oder weniger institutionalisierten Beziehungen gegenseitigen Kennens und Anerkennens verbunden sind." (Bourdieu 1983: 191)

Kennzeichnend (und damit begrenzend) für diesen Raumpioniertypus des Vermittlers ist in dieser Ausprägung jedoch, dass er offenbar nur die ersten drei nutzt. Welche Handlungsoptionen innerhalb der strukturellen ‚Spielräume' tatsächlich aktualisiert werden, scheint jedoch ohne die Integration individueller, akteursbezogener Merkmale (hier vor allem auch: der biografischen Identität) nicht adäquat erklärbar. Zwar erfahren wir in einer strukturbetonten Betrachtungsweise – wie sie etwa eine formale Netzwerkanalyse inne hätte – mitunter einiges über Handlungs*optionen*; wo wir allerdings Akteurshandeln empirisch in Form und Verlauf, also in seiner *Dynamik* rekonstruieren und nachvollziehend verstehen wollen, scheint die Integration von struktur- *und* akteursbezogenen Elementen notwendig.

Über kontrastierende Fallvergleiche lassen sich im Anschluss weitere Typvermutungen in Hinsicht auf lokale Integrationsfiguren bzw. desintegrativ wirksame Akteure in raumbezogenen Aushandlungsprozessen differenzieren. Nicht aus einer netzwerkanalytischen Betrachtung allein, sondern erst in Bezugnahme auf das ethnografische Material aber können solche Typvermutungen strukturgenetisch schlüssig rekonstruiert werden. Und erst eine integrative Auswertungsstrategie erlaubt es hier, erste, am Netzwerkbild entwickelte Strukturhypothesen datenbezogen zu validieren.

Interessanterweise verfügen andere Vertreter desselben Akteurstypus' strukturell über ganz ähnliche Handlungskapazitäten. Als minimaler Kontrast lässt sich Raumpionierin A beispielsweise der Fall von Herrn B. zur Seite stellen, der sich jedoch auf der Merkmalsebene in seinen Handlungsstrategien von ihr unterscheidet. Auch Herr B. lässt sich als multipel engagierte und lebensweltlich zentral eingebettete Integrationsfigur vor Ort beschreiben. Er geht mit seinen Handlungsressourcen jedoch ganz anders um. Er nutzt durchaus strategisch und taktisch jene „Profitchancen durch strukturelle Autonomie" und seine Chancen auf „sozialen Einfluss" (Jansen 2000: 28). Dies einmal im Kontext seines lokalen Engagements, dann aber auch im Kontext seiner privaten unternehmerischen Interessen als Vermieter von Ferienwohnungen im Stadtquartier. Er zeigt sich im Gegensatz zu Raumpionierin A weit unabhängiger von normativen Milieubezügen, die als Bestandteil ihrer personalen Identitätskonstruktion bei Raumpionierin A mögliche strategische Handlungsimpulse, wie die stärkere taktische Nutzung ihrer *weak ties*, offenbar einschränken können. Herr B. wirkt unternehmerisch, wenn es darum geht, sozialen Einfluss hinsichtlich der Durchsetzung von Raumbildern geltend zu machen und sich dabei für seine eigene Gruppe von Engagierten in der Konkurrenz um knappe finanzielle Ressourcen gegenüber anderen Gruppen vorteilhaft zu positionieren. Seine Kooperations- und Vernetzungsstrategie strebt gezielt strategisch-taktische Allianzen an, die bewusst gepflegt und bei Bedarf auch zweckorientiert genutzt werden. Strukturelle Autonomien scheinen hier ein klares Zweckmotiv darzustellen.

Handlungsmuster und -motive dieses Akteurs wirken also weniger von ideologisch-normativ einschränkenden Elementen dominiert. Als Vermittler-Typus verkörpert er zugleich einen *Social Entrepreneur* (Jähnke et al. 2011), der zwar lebensweltlich stark verwurzelt ist und sich mit seinem sozialräumlichen Lebensumfeld identifiziert, dessen Engagement mit betont pro-aktiver Einstellung im Interview aber deutliche Züge einer Professionalisierung im Ehrenamt zeigt und nicht nur solche Wissensbestände integrieren kann, die sich von vornherein

gleich als passungsfähig zu milieuspezifischen Wissensbeständen und gemeinschaftlichen Solidaritäten im eigenen Nahraum erweisen.

In beiden Fällen gibt damit letztlich erst eine subjektorientierte Betrachtungsweise Aufschluss über die tatsächliche Nutzung struktureller Handlungskapazitäten. Sie wirkt hier typ-
bildend: Im Rahmen der raumbezogenen, kommunikativen Aushandlungsprozesse, die das
Projekt untersucht, lässt sich Raumpionierin A so über die Verbindung ihres strukturbezogenen
Netzwerkprofils (ihrer strukturellen *Handlungsressourcen*) mit ihren individuellen *Handlungsstrategien* als Akteurstypus rekonstruieren. Sie scheint sowohl über starke, auf emotionaler
Intensität, hoher Kontakthäufigkeit und Reziprozität beruhende Verankerungen (Granovetter
1973: 1361) zu den lebensweltlichen Kontakten vor Ort zur verfügen (hat also vermutlich
hohen Anteil an lokalen Wissensbeständen), als auch über schwache Bindungen vor allem zu
behördlichen, politischen und medialen Repräsentanten.

Dass Raumpioniere im Rahmen von innovationsgestützten Raumtransformationsprozes-
sen nicht nur von der Stärke schwacher Beziehungen, sondern zugleich von der *strength of
strong ties* (Krackhardt 1992) profitieren, widerspricht nun der Annahme Dorothea Jansens,
die die schwachen Bindungen als ausschlaggebend für Mobilitäts-, Modernisierungs- und Innovationsprozesse charakterisiert (Jansen 2000: 39). Sofern Raumpioniere ihre Transforma-
tionsbemühungen erfolgreich etabliert sehen und Wirkmächtigkeit bzw. Resonanz im Raum
entfalten wollen, benötigen sie offenbar nicht nur die Stärke schwacher Bindungen. Sie brau-
chen die starken, emotional intensiven Beziehungen gleichermaßen. Denn mit einem ausba-
lancierten Verhältnis von *weak und strong ties* kann es Akteuren leichter gelingen, räumliche
Transformationsprozesse über soziale Innovationen anzuschieben. In Kombination mit individuellen Merkmalen (wie etwa integrativen Kommunikationsstilen) entfalten sich für solche
Akteure dann nicht zuletzt auch umfangreiche Vermittlungspotenziale zwischen Akteuren der
bottom-up- und *top-down*-Ebenen.

5. Soziale Einbettungen sind mehr als Knoten und Kanten

Solche empirischen Beispiele zeigen, wie und weshalb Akteure ähnliche potenzielle Handlungsressourcen, die sich aus strukturellen Ähnlichkeiten ihrer projektbezogenen Ego-Netzwerke ergeben, unterschiedlich nutzen. Die empirischen Betrachtungen legen somit nahe, die
sozialen Einbettungen von Akteuren nicht nur als abgrenzbares Set von Knoten und zwischen
ihnen verlaufender Kanten zu begreifen (Jansen 2006: 52). Zwar teilt die relationale Perspektive der Netzwerkforschung bereits durchaus die Einsicht, dass Präferenzen und Kognitionen
von Akteuren in essenzieller Weise durch das soziale Umfeld beeinflusst werden, in das ein
Akteur eingebettet ist. Wird soziales Handelns jedoch zum Gegenstandsbereich verstehender
Soziologie, genügt es nicht, allein aus der Netzwerkstruktur auf das akteursspezifische Handeln
zu schließen.[7] Vielmehr beeinflussen die Akteure ihrerseits durch ihre individuellen Wissens-

---

7   Den lediglich ermöglichenden und einschränkenden Charakter von sozialen Netzwerken für das Handeln der
      Akteure betont beispielsweise Clyde Mitchell, indem er Netzwerke definiert als „specific set of linkages among

bestände, ihre Handlungsorientierungen und -strategien die Beziehungskontexte ihres Handelns und spielen damit eine aktive Rolle bei der Bildung und Veränderung von Netzwerken.
Ohne Vernetzungsphänomene als rein emergente Phänomene sozialen Handelns konzipieren zu wollen, wird hier deshalb die Ansicht vertreten, dass netzwerktheoretische Ansätze eine Integration der Wissensstrukturen einzelner Akteure zu leisten haben. Sieht man das größte theoretische Problem der Netzwerkforschung „im noch zu wenig reflektierten Verhältnis zwischen konkreten Netzwerken und Interaktionen und subjektiven Bedeutungszuschreibungen" (Jansen 2006: 258), sollte die Rekonstruktion subjektiver Relevanzstrukturen die Rekonstruktion formaler Netzwerkstrukturen ergänzen, d.h. der Inhalt von Kanten aus der Perspektive subjektiver Sinnsetzung mit rekonstruiert werden. Im Sinne der weiteren Öffnung struktureller Netzwerkanalyse, wie sie vor allem von Betina Hollstein und Florian Straus vorgestellt wird (Hollstein und Straus 2006; Diaz-Bone 2007), sind damit Verfahren zur Erhebung und Analyse von Netzwerkdaten um die Akteursperspektive zu erweitern. Erst im *Zusammenhang* mit dem *Inhalt* sozialer Beziehungen eröffnet sich letztlich ein Verständnis für Varianz und Entwicklung, also die Genese individueller sozialer Netzwerke.

Literatur

Berger, Peter L. und *Thomas Luckmann*, 2007: Die gesellschaftliche Konstruktion der Wirklichkeit. Eine Theorie der Wissenssoziologie. 21. Auflage, Frankfurt am Main: Fischer Taschenbuch Verlag.
Bourdieu, Pierre, 1983: Ökonomisches Kapital – Kulturelles Kapital – Soziales Kapital. S. 183–198 in: Reinhard Kreckel (Hg.), Soziale Ungleichheiten. Sonderband 2 Soziale Welt, Göttingen: Schwartz.
Burt, Ronald S., 1992: Structural Holes. The Social Structure of Competition. Cambridge, Massachussetts, London: Harvard University Press.
Burt, Ronald S., 1984: Network Items and the General Social Survey. Social Networks 6: 293–339.
Christmann, Gabriela B. und *Kerstin Büttner*, 2011 (Im Erscheinen): Raumpioniere, Raumwissen, Kommunikation. Zum Konzept kommunikativer Raumkonstruktion. Berichte zur deutschen Länderkunde.
Christmann, Gabriela B., 2011a: Soziale Innovationen, Social Entrepreneurs und Raumbezüge. S. 193–210 in: Petra Jähnke et al. (Hg.), Social Entrepreneurship. Perspektiven für die Raumentwicklung. Wiesbaden: VS Verlag für Sozialwissenschaften.
Christmann, Gabriela B., 2010: Kommunikative Raumkonstruktionen als (Proto-)Governance. S. 27–48 in: Heiderose Kilper (Hg.), Governance und Raum. Baden-Baden: Nomos-Verlagsgesellschaft.
Deppermann, Arnulf und Reinhold Schmitt, 2009: Verstehensdokumentation. Zur Phänomenologie von Verstehen in der Interaktion. Deutsche Sprache 3: 220–245.
Deppermann, Arnulf, 2000: Ethnographische Gesprächsanalyse. Zu Nutzen und Notwendigkeit von Ethnographie für die Konversationsanalyse. Gesprächsforschung – Online-Zeitschrift zur verbalen Interaktion 1: 96–124.
Diaz-Bone, Rainer, 2007: Gibt es eine qualitative Netzwerkanalyse? Review Essay: Betina Hollstein und Florian Straus (Hg.) (2006): Qualitative Netzwerkanalyse. Konzepte, Methoden, Anwendungen. Forum Qualitative Sozialforschung 8, 1, Art. 28. Januar.

---

a defined set of persons, with the additional property that the characteristics of these linkages as a whole may be used to interpret the social behavior of the persons involved" (Mitchell 1969: 2).

Fischer, Claude S., 1982: To Dwell Among Friends. Personal Networks in Town and City. Chicago: The University of Chicago Press.

Fuhse, Jan und *Marco Schmitt*, 2010: Erklärungslogik der relationalen Soziologie. Von sozialen Tatsachen zu Kommunikation in Netzwerken und zurück. Unveröffentlichtes Manuskript.

Granovetter, Mark S., 1973: The Strength of Weak Ties. American Journal of Sociology 78: 1360–1380.

Gresshoff, Rainer, 2010: Methodologischer Relationismus und methodologischer Individualismus – eine Vergleichsüberlegung. Unveröffentlichtes Manuskript.

Hennig, Marina, 2006: Individuen und ihre sozialen Beziehungen. Wiesbaden: VS Verlag für Sozialwissenschaften.

Hollstein, Betina und *Florian Straus* (Hg.), 2006: Qualitative Netzwerkanalyse. Konzepte, Methoden, Anwendungen. Wiesbaden: VS Verlag für Sozialwissenschaften.

Huber, Günter L. und Heinz Mandl (Hg.), 1994: Verbale Daten. Eine Einführung in die Grundlagen und Methoden der Erhebung und Auswertung. Weinheim: Beltz Psychologie Verlags Union.

Jähnke, Petra, Gabriela B. Christmann und *Karsten Balgar*, 2011: Zur Einführung: Social Entrepreneurship und Raumentwicklung. S. 7-19 in: Dies. (Hg.): Social Entrepreneurship. Perspektiven für die Raumentwicklung. Wiesbaden: VS Verlag für Sozialwissenschaften.

Jansen, Dorothea, 2006: Einführung in die Netzwerkanalyse. 3. überarbeitete Auflage, Wiesbaden: VS Verlag für Sozialwissenschaften.

Jansen, Dorothea, 2000: Netzwerke und soziales Kapital. Methoden zur Analyse struktureller Einbettung. S. 35–62 in: Johannes Weyer et al. (Hg.), Soziale Netzwerke. Konzepte und Methoden der sozialwissenschaftlichen Netzwerkforschung. München, Wien: R. Oldenbourg Verlag.

Kahn, Robert L. und *Toni C. Antonucci*, 1980: Convoys Over the Life Course. Attachement, Roles, and Social Support. S. 253–286 in: Paul B. Baltes und Orville G. Brim (Hg.), Life-Span Development and Behavior. New York: Academic Press.

Knoblauch, Hubert, 2001: Fokussierte Ethnographie. Sozialer Sinn 1: 123–141.

Knoblauch, Hubert, 1995: Kommunikationskultur. Die kommunikative Konstruktion kultureller Kontexte. Berlin, New York: de Gruyter.

Krackhardt, David, 1992: The Strength of Strong Ties: The Importance of Philos in Organizations. S. 216–239 in Nitin Nohria und Robert Eccles (Hg), Networks and Organizations: Structure, Form and Action. Boston: Harvard Business School Press.

Kronenwett, Michael, 2010: VennMaker 1.0. Handbuch. Trier. In: http://vennmaker.uni-trier.de/dl/VennMaker_1_0_Anwenderhandbuch.pdf; 12.02.2010.

Luckmann, Thomas (Hg.), 2002: Wissen und Gesellschaft. Ausgewählte Aufsätze 1981–2002. Konstanz: Universitätsverlag Konstanz.

Mey, Günther und *Katja Mruck* (Hg.), 2007: Grounded Theory Reader. Zentrum für Historische Sozialforschung 19.

Mitchell, J. Clyde, 1969: Social Networks in Urban Situations. Analyses of Personal Relationships in Central African Towns. Manchester: University Press.

Neumann, Anika und Tobias Schmidt (2011) (im Erscheinen): Netzwerk und Narration. Erfahrungen mit der computergestützten Erhebung qualitativer Egonetzwerke. In: Michael Schönhuth et al. (Hg.), Vom Papier zum Laptop – Perspektiven elektronischer Tools zur partizipativen Visualisierung und Analyse sozialer Netzwerke. Bielefeld: transcript.

Richardson, John T. E. (Hg.), 1996: Handbook of Qualitative Research Methods for Psychology and the Social Sciences. Leicester: BPS Books.

Schröer, Norbert, 1997: Wissenssoziologische Hermeneutik. S. 109–132 in: Ronald Hitzler und Anne Honer (Hg.), Sozialwissenschaftliche Hermeneutik. Eine Einführung. Opladen: Leske + Budrich.

Schweizer, Thomas (Hg.), 1989: Netzwerkanalyse. Ethnologische Perspektiven. Berlin: Dietrich Reimer Verlag.

Stegbauer, Christian (Hg.), 2008: Netzwerkanalyse und Netzwerktheorie. Ein neues Paradigma in den Sozialwissenschaften. Wiesbaden: VS Verlag für Sozialwissenschaften.

Tönnies, Ferdinand, 1988: Gemeinschaft und Gesellschaft. Grundbegriffe der reinen Soziologie. Darmstadt: Wissenschaftliche Buchgesellschaft.

Zapf, Wolfgang, 1989: Über soziale Innovationen. Soziale Welt 40: 170–183.

Autorenangaben

Bernhard, Stefan, Dr., Institut für Arbeitsmarkt- und Berufsforschung (IAB), Nürnberg. Forschungsgebiete: Politische Soziologie, Arbeitsmarktpolitik, Europasoziologie, qualitative Sozialforschung und soziologische Theorie. Veröffentlichungen: „Die Konstruktion von Inklusion. Europäische Sozialpolitik aus soziologischer Perspektive", Frankfurt a.M., 2010; „Feldanalyse als Forschungsprogramm" (2 Bände), Wiesbaden, 2012 (mit Christian Schmidt-Wellenburg).

Brandes, Ulrik, Prof. Dr., seit 2003 Ordinarius im Fachbereich Informatik und Informationswissenschaft der Universität Konstanz und seit 2008 Mitglied im Direktorium des International Network of Social Network Analysis (INSNA). Forschungsgebiete: Algorithmik, insbesondere in Bezug auf die Analyse und Visualisierung von Netzwerken. Publikationen: A Faster Algorithm for Betweenness Centrality. Journal of Mathematical Sociology 25(2):163–177, 2001. Network Analysis, Berlin/Heidelberg/New York: Springer, 2005 (Hrsg., zusammen mit Thomas Erlebach).

Cress, Ulrike, Professorin für Empirische Bildungsforschung an der Universität Tübingen, Leiterin der Arbeitsgruppe Wissenskonstruktion am Institut für Wissensmedien, Tübingen. Forschungsgebiete: Computer Supported Collaborative Learning (CSCL),Social Software, Wissensmanagement, Soziales Dilemma, Evaluation von medienunterstützten Lern- und Arbeitsumgebungen. Veröffentlichungen: Cress, U., Kimmerle, J., & Hesse, F. W. (2009). Impact of temporal extension, synchronicity, and group size on computer-supported information exchange. Computers in Human Behavior, 25 (3), 731–737. Cress, U., & Kimmerle, J. (2008). A Systemic and Cognitive view on Collaborative Knowledge Building with Wikis. International Journal of Computer-Supported Collaborative Learning, 3(2), 105–122. Cress, U. (2008). The need for considering multi-level analysis in CSCL research. An appeal for the use of more advanced statistical methods. International Journal of Computer-Supported Collaborative Learning, 3(1), 69–84.

Dunkake, Imke, Dr., Institut für Bildungsforschung in der School of Education, Bergische Universität Wuppertal. Forschungsgebiete: Bildungssoziologie, Soziologie abweichenden Verhaltens, Familiensoziologie, Soziologische Theorien, Strukturgleichungsmodelle, Netzwerkanalyse. Veröffentlichungen: Dunkake, Imke, 2010: Der Einfluss der Familie auf das

Schulschwänzen: Theoretische und empirische Analysen unter Anwendung der Theorien abweichenden Verhaltens. Wiesbaden: VS Verlag.

Halatchliyski, Iassen, Doktorand am Institut für Wissensmedien, Tübingen, Arbeitsgruppe Wissenskonstruktion. Forschungsgebiete: Soziale Netzwerkanalyse, Computer Supported Collaborative Learning (CSCL), Social Software. Veröffentlichungen: Halatchliyski, I., Kimmerle, J., & Cress, U. (in press). Divergent and convergent knowledge processes on Wikipedia. In H. Spada, G. Stahl, N.Miyake, & N. Law (Eds.), Connecting Computer-Supported Collaborative Learning to Policy and Practice: CSCL2011 Conference Proceedings (Vol. II,pp. 566–570). Hong Kong: International Society of the Learning Sciences.

Hennig, Marina, Prof. Dr., Arbeitsbereich: Netzwerkforschung und Familiensoziologie an der Johannes Gutenberg-Universität Mainz. Forschungsgebiete: Sozialstrukturanalyse, Empirische Sozialforschung, Soziale Netzwerkanalyse, Familie. Veröffentlichungen: Rahmen und Spielräume sozialer Beziehungen. Zum Einfluss des Habitus auf die Herausbildung von Netzwerkstrukturen, VS Verlag für Sozialwissenschaften. Wiesbaden. 2011 (mit Steffen Kohl). Rollenverhalten und soziale Netzwerke in großstädtischen Familien. In: Zeitschrift für Familienforschung. Journal of Family Research 3/2009, S. 311–326, The Influence of Family Networks on the Educational Behavior of Elementary School Students. In: Schneider, Hanna L. and Lilli M. Huber (Hrsg.) Social Networks: Development, Evaluation and Influence. Nova Science Publishers, Inc., New York, S. 79–98, 2009 (mit Marcel Helbig)

Kohl, Steffen, Dipl. rer. soc., wiss. Mitarbeiter am Arbeitsbereich: Netzwerkforschung und Familiensoziologie an der Johannes Gutenberg-Universität Mainz. Arbeits- und Forschungsgebiete: Kinderarmut, Netzwerkforschung, Familiensoziologie, Habitustheorie und soziale Ungleichheit. Veröffentlichungen: „Rahmungen und Spielräume sozialer Beziehungen. Zum Einfluss des Habitus auf die Herausbildung von Netzwerkstrukturen", Wiesbaden, VS-Verlag, 2011 (mit Marina Hennig); „Zur Lage der Kinder in Deutschland 2010: Kinder stärken für eine ungewisse Zukunft", Köln, UNICEF, 2010 (mit Hans Bertram)

Kosub, Sven, PD Dr., seit 2008 Dozent für Formale Grundlagen der Informatik an der Universität Konstanz. Forschungsgebiete: Modellierung und Analyse komplexer Systeme sowie algorithmische Methoden der Netzwerkforschung. Veröffentlichungen: Dichotomy results for fixed-point existence problems for boolean dynamical systems. Mathematics in Computer Science, 1(3):487–505, 2008. Sonderausgabe Modeling and Analysis of Complex Systems.The complexity of detecting fixed-density clusters. Discrete Applied Mathematics, 154(11):1547–1562, 2006 (mit K. Holzapfel, M. Maaß, H. Täubig). Local density. In: U. Brandes, T. Erlebach (Hrsg.): Networks Analysis. Springer-Verlag, Berlin, 2005.

Noack, Michael, M.A ist Sozialarbeiter und wissenschaftlicher Mitarbeiter am Forschungs-
schwerpunkt sozial raum managent des Institut für angewandtes Management und Organisation
in der Sozialen Arbeit (IMOS) an der Fachhochschule Köln. Forschungsgebiete: Möglichkeiten und Grenzen einer lebensweltrorientierten und Transaktionskosten günstige Kooperation
zwischen sozialen Dienstleistungsunternehmen, insbesondere Möglichkeit der Kombination
professionEller und zivilgesellschaftlicher Ressourcen für eine AdressatInnenorientierte Erbringung sozialer Dienstleistungen, gekoppelte Nutzung fallspezifischer und fallunspezifischer
Netzwerke in sozialraumorientierten Kinder- und Jugendhilfesystemen. Veröffentlichungen:
Noack, M. (2011): Sozialraumorientierung in der Sozialen Arbeit. Zur Notwendigkeit der Analyse von Räumen für die Annäherung von Lebenswelt und Hilfesystem. In: Riege, M.; Schubert, H. (2011): Sozialraumanalyse. Grundlage – Methoden – Praxis. 3. Auflage. Köln: SRM
Verlag (im erscheinen), Noack, M. (2010): Soziale Dienstleistungen in Netzwerkkooperati-
onen – Aufbau und Steuerung von Interaktions- und Transaktionsnetzwerken. In: Blätter der
Wohlfahrtspflege, 157. Jg. (2010)

Neumann, Anika, Dipl.-Soz., Leibniz-Institut für Regionalentwicklung und Strukturplanung
(IRS) Erkner. Forschungsgebiete: Stadt- und Raumsoziologie sowie Innovationssoziologie verknüpft mit wissens- und kommunikationssoziologischen Ansätzen Veröffentlichungen: Neumann, Anika, Schmidt, Tobias (2011) (im Erscheinen): Netzwerk und Narration. Erfahrungen
mit der computergestützten Erhebung qualitativer Egonetzwerke. In: Schönhuth, M./Gamper,
M./Kronenwett, M./Stark, M. (Hrsg.): Vom Papier zum Laptop – Perspektiven elektronischer
Tools zur partizipativen Visualisierung und Analyse sozialer Netzwerke. Bielefeld: transcript.

Nick, Bobo, Dipl.-Math.,seit 2008 wissenschaftlicher Mitarbeiter am Lehrstuhl Algorithmik
der Universität Konstanz. Forschungsgebiete: Modellierung, Analyse und Visualisierung dy-
namischer Netzwerke. Veröffentlichungen: Asymmetric Relations in Longitudinal Social Networks, Proc. InfoVis, 2011 (mit Ulrik Brandes).Network Effects on Interest Rates in Online
Social Lending, Proc. Informatik, 2011 (mit Ulrik Brandes, Jürgen Lerner und Steffen Rend-
le).Structural Trends in Network Ensembles, Proc. CompleNet, 2009 (mit Ulrik Brandes, Jürgen Lerner und Uwe Nagel).Network Creation Games with Disconnected Equilibria, Proc.
WINE, 2008 (mit Ulrik Brandes und Martin Hoefer).

Petermann, Sören. Dr. phil., wissenschaftlicher Mitarbeiter am Max-Planck-Insitut zur Erforschung multireligiöser und multiethnischer Gesellschaften. Forschungsgebiete: spersönliche
Netzwerke und soziales Kapital mit besonderem Bezug zu stadträumlichen Aspekten und den
Beziehungen zwischen Migranten und Einheimischen. Veröffentlichungen: Persönliche Netzwerke in Stadt und Land. Siedlungsstruktur und soziale Unterstützungsnetzwerke im Raum
Halle/Saale. Wiesbaden, 2002. Computerunterstützte Telefoninterviews und die Personalisie-
rung von Netzwerkabfragen. S. 41–53 in: Bernd Martens und Thomas Ritter (Hrsg.): Eliten
am Telefon. Neue Formen von Experteninterviews in der Praxis. Baden-Baden, 2008. Soziale

Netzwerke und politischer Einfluss von Kommunalpolitikern. S. 139–177 in: Wenzel Matiaske und Gerd Grözinger (Hrsg.): Sozialkapital – eine (un)bequeme Kategorie. Ökonomie und Gesellschaft Jahrbuch 20. Marburg, 2008. Räumlicher Kontext, migrationsbezogene Vielfalt und Kontakte zu Ausländern in der Nachbarschaft, MMG Working Paper WP 11-06. Göttingen, 2011.

Schubert, Herbert, Prof. Dr. phil. Dr. rer. hort. habil., Professor für Soziologie und Sozialmanagement an der Fakultät für Angewandte Sozialwissenschaften der Fachhochschule Köln, Direktor des Instituts für angewandtes Management und Organisation in der Sozialen Arbeit (IMOS) und Leitung des Forschungsschwerpunkts „Sozial Raum Management", Habilitation und apl. Prof. an der Fakultät Architektur und Landschaft der Leibniz Universität Hannover. Forschungsgebiete: Netzwerkmanagement, Sozialplanung, Governance im Sozialraum. Veröffentlichungen: Netzwerkmanagement und kommunales Versorgungsmanagement, in: H.-J. Dahme/N. Wohlfahrt (Hrsg.): Handbuch Kommunale Sozialpolitik. Wiesbaden, 2011, S. 347–359; Neue Arrangements der Wohlfahrtsproduktion – am Beispiel der Organisation von Netzwerken früher Förderung, in: W. R. Wendt (Hrsg.): Wohlfahrtsarrangements – Neue Wege in der Sozialwirtschaft, Baden Baden, 2010, S. 53–86; Prozessketten knüpfen – Netzwerkmanagement im Sozialraum, in: SOZIALwirtschaft Zeitschrift für Sozialmanagement, 19. Jg./2009, S.6–9; Netzwerkmanagement – Koordination von professionellen Vernetzungen, Wiesbaden, 2008.

Schmidt, Tobias, Soziologie M.A., Leibniz-Institut für Regionalentwicklung und Strukturplanung (IRS). Forschungsgebiete: Kommunikation, Macht und Konflikt in Stadtentwicklung und Zivilgesellschaft; Soziale Raumkonstruktion; Methoden qualitativer Sozialforschung. Veröffentlichungen: Schmidt, Tobias (2011): Einheimische und Zugereiste – Partizipation und soziale Modernisierung im ländlichen Raum. Wiesbaden: VS, Verlag für Sozialwissenschaften. Schmidt, Tobias (mit Anika Neumann)(im Erscheinen): Netzwerk und Narration. Erfahrungen mit der computergestützten Erhebung qualitativer Egonetzwerke. In: Michael Schönhuth et al. (Hg.): Vom Papier zum Laptop – Perspektiven elektronischer Tools zur partizipativen Visualisierung und Analyse sozialer Netzwerke. Bielefeld: transcript.

Spieckermann, Holger, M.A. Soziologe, Fachhochschule Köln, Fakultät für Angewandte Sozialwissenschaften, Forschungsschwerpunkte: Stadtsoziologie, Gemeinwesenarbeit, Sozialraumorientierung, Empirische Sozialforschung, Evaluation, Netzwerkforschung. Veröffentlichungen: Netzwerkmanagement in einer „Lernenden Region", in: Herbert Schubert (Hrsg.), Netzwerkmanagement, Koordination von professionellen Vernetzungen im Sozialraum – Grundlagen und Praxisbeispiele, VS-Verlag Wiesbaden 2008, S. 179–187. Arbeitshilfen zum Aufbau von Netzwerken Früher Förderung Evaluation des Projektes „Netzwerk Frühe Förderung – NeFF" zusammen mit Herbert Schubert, herausgegeben vom Landesjugendamt des Landschaftsverbandes Rheinland, Köln 2009. Evaluation as learning, The collaboration between social work and research in cross-agency evaluation in Germany and Slovenia zusammen mit Dimokritos Kavadias, Britt Dehertogh, Liljana Rihter, Herbert Schubert, European Journal of Social Work, 14(1),S. 89–108

Christian Stegbauer ist Privatdozent für Soziologie an der Goethe-Universität Frankfurt. Schwerpunkte: Theoretische und empirische Netzwerkforschung, Kultursoziologie, Medien- und Kommunikationssoziologie. Veröffentlichungen: Handbuch Netzwerkforschung (Hg., mit Roger Häußling), Wiesbaden 2010, Netzwerkanalyse und Netzwerktheorie (Hg.), Wiesbaden 2010, 2. Aufl., Wikipedia. Das Rätsel der Kooperation. Wiesbaden 2009.

Windzio, Michael, seit 2006 Prof. für Soziologie mit dem Schwerpunkt Migration und Stadt-forschung an der Universität Bremen, seit 2010 Direktor des Instituts für Empirische und An-gewandte Soziologie (EMPAS). Veröffentlichungen: (2011) Integration of Immigrant Children into Interethnic Friendship Networks: The Role of 'Intergenerational openness' In: Sociology 45 (im Druck). (2011) Homophilie unter guten Freunden. Starke und schwache Bindungen zwischen Kindern mit Migrationshintergrund und einheimischen Peers (mit N. Winkler und A. Zentarra). In: Soziale Welt 62: 25–43.

The manufacturer's authorised representative in the EU is Springer
Nature Customer Service Centre GmbH, Europaplatz 3, 69115 Heidelberg,
Germany. If you have any concerns regarding our products, please
contact ProductSafety@springernature.com

Printed and bound by CPI Group (UK) Ltd, Croydon, CR0 4YY
27/04/2026
02097628-0009